课程治理现代化丛书

张秋来 王 琦 杨四耕 主编

王 琦◎主编

高品质学校课程体系

华东师范大学出版社

·上海·

图书在版编目(CIP)数据

高品质学校课程体系/王琦主编. —上海:华东师范大学出版社,2025. —(课程治理现代化丛书).
ISBN 978 - 7 - 5760 - 5867 - 3

Ⅰ. G632.3

中国国家版本馆 CIP 数据核字第 2025Y4M018 号

课程治理现代化丛书

高品质学校课程体系

丛书主编　张秋来　王　琦　杨四耕
主　　编　王　琦
责任编辑　刘　佳
项目编辑　林青荻
特约审读　李　欢
责任校对　陈梦雅
装帧设计　卢晓红

出版发行　华东师范大学出版社
社　　址　上海市中山北路 3663 号　邮编 200062
网　　址　www.ecnupress.com.cn
电　　话　021 - 60821666　行政传真 021 - 62572105
客服电话　021 - 62865537　门市(邮购)电话 021 - 62869887
地　　址　上海市中山北路 3663 号华东师范大学校内先锋路口
网　　店　http://hdsdcbs.tmall.com

印 刷 者　上海商务联西印刷有限公司
开　　本　787 毫米×1092 毫米　1/16
印　　张　16.5
字　　数　178 千字
版　　次　2025 年 4 月第 1 版
印　　次　2025 年 4 月第 1 次
书　　号　ISBN 978 - 7 - 5760 - 5867 - 3
定　　价　54.00 元

出 版 人　王　焰

(如发现本版图书有印订质量问题,请寄回本社客服中心调换或电话 021 - 62865537 联系)

编委会

丛书总序

为了高水平推进区域课程治理现代化,深圳市坪山区立足"创新坪山、未来之城"的建设,唱响"深圳坪山,无限可能"的口号,相信每一所学校的力量,相信每一位教师的力量,相信每一个学生的力量,深化区域课程教学改革,推进课程治理机制创新,深化育人重点领域和关键环节改革,提升课程智治水平,转变育人方式,高水平推进深圳东部中心课程治理现代化。

坪山区确定了课程治理现代化的总体目标:完善课程治理机制,优化课程治理方式,创新课程治理载体,提升课程治理效能,形成国家主导、区域统筹、学校实施、社会参与和学生选择的课程治理新局面,开辟高水平推进区域课程治理现代化新赛道,争当深圳市课程治理现代化先行者,努力成为全面展现中国特色社会主义教育制度优越性的示范窗口和典型样板。在此基础上,形成了区域课程治理现代化的具体目标。

1. 完善课程治理机制。构建上下联动、问题倒逼、试点推广和协同推进等课程治理新机制,持续深化基础教育课程改革;广泛吸纳各种力量参与,通过由学校引导机制、师生参与机制、专家干预机制和社会力量融入机制等组成的复合型机制,促进课程资源高质量供给,有效达成课程改革的多重目标。

2. 优化课程治理方式。采用文化治理与依法治理相结合、内部治理与外部治理相结合、全面治理与专项治理相结合、横向治理与纵向治理相结合的多维课程治理方式,实现课程治理方式的优化组合。根据治理的问题难度、治理的主体组合和治理的过程情况,灵活采取一种或多种治理方式,实现课程治理最优化。

3. 创新课程治理载体。进一步厘清政府、社会、学校及教师的课程治理权限,强化课程治理的国家意志,把握课程政策走向,理解课程标准,设计课程计划,研制课程规划,优化课程设计,推进课程审议,落实课程研修,开展课程视导,寻求技术赋能,创建多元协同课程治理共同体,不断创新课程治理载体。

4. 提升课程治理效能。培育一批深入实施新课程的先进学校,提升教师课程治理能力,促进学生个性全面发展;总结发现一批课程育人成效显著的典型案例,形成一套更加完善的、有时代特征、坪山特点、中国特色的课程治理制度体系,为率先实现高水平课程治理现代化提供坚实保障,奠定坪山区教育现代化的制度基石。

如何高水平推进区域课程治理现代化?深圳市坪山区把握以下几条原则。

一是坚持正确方向,强化课程治理的国家意志。课程治理是国家事权,要坚持正确方向,充分体现课程治理的国家意志,确保社会主义办学方向,坚持立德树人,服务国家战略需求,将社会主义核心价值观融入课程体系之中。

二是坚持问题导向,破解课程治理的系列难题。围绕着课程理念难更新、课程逻辑难理顺、课程实施难深入、课程资源难协调、课程研究难深化、课程治理体系不配套等突出问题,深化体制机制改革,着力破解课程治理的系列难题,助力学生健康成长。

三是坚持守正创新,把握课程治理的内在逻辑。加强学校课程顶层设计,总结课程改革成功经验,着眼于课程制度建设,坚持守正创新,鼓励各校深入探索、勇于创新、不断完善,把握课程治理的内在逻辑,持续激发学校课程治理活力,讲好坪山课程故事,传递中国课程话语。

四是坚持放管结合,构建课程治理的协同机制。处理好政府办学主体责任和学校办学主体地位之间的关系,遵循多元治理原则,明确政府、社会、学校和教师的治理权限,发挥自上而下与自下而上相结合的课程改革动力作用,坚持顶层设计与分步推进相结合的课程改革方法论,构建课程治理的协同机制,深化基础教育课程改革。

五是坚持有序推进,完善课程治理的路径选择。强化党委统筹、政府依托和各方参与间的协调配合,坚持渐进调适与全面深化相结合的课程治理路径选择,注重从实际出发,加强分类指导,因校制宜,积极稳妥推进,处理好改革、发展、稳定三者的关系,切实增强课程治理的针对性、协调性和有效性。

为高水平推进区域课程治理现代化,深圳市坪山区注重系统性,避免零打碎敲;要注重渐进性,实现平稳过渡;要注重协同性,实现点面结合,全面建设高品质课程体系。深圳市坪山区主要围绕以下六大任务推进区域课程治理现代化。

第一大任务:健全立德树人落实机制

1. 价值引领机制。以课程规划为抓手,建立健全德智体美劳全面发展的人才培养体系。在坚定理想信念、厚植爱国主义情怀、加强品德修养、增长知识见识、培养奋斗精神、增强综合素质上下功夫,建构坪山区"5T"课程目标观,着力培养有思想

(thinking)、有才干(talented)、有韧性(temper)、会合作(teamwork)、可信赖(trusty)的新时代坪山学子,使学生有理想、有本领、有担当,培养德智体美劳全面发展的社会主义建设者和接班人。

2. 系统衔接机制。完善中小幼一体化德育课程体系,大力培育和践行社会主义核心价值观,推进各学段纵向衔接、各学科横向融通、课内外深度融合。提高智育水平,培养关键能力,激发创新意识。完善体质健康教育,增强师生审美能力。加强劳动教育,完善家庭、学校、社会教育体系。实现不同学段、不同环境中的课程思政的前后贯通和优势互补。

3. 动力形成机制。以评价改革为纽带,通过设计和推进适用于政府、学校、社区和教师等不同主体的立德树人评价标准,探索多样化的适合师生需要的激励方式,增强不同教育主体立德树人的动力,不断激发课程育人的积极性、主动性和创造性。

4. 能力提升机制。以学科育人为重点,通过加深教师对学科课程哲学和育人价值的理解,通过对各学科课程目标、结构、内容、实施方法和评价要求的把握,发挥好立德树人主渠道的作用,不断提升课程育人能力。

5. 力量汇聚机制。以供给侧改革为统领,通过对人、财、物、时间、空间五大要素的优化整合与合理配置,构建社会支持、机构指导、协会自治、联盟推进、家校共育的合作体系,形成学校全面开放、家长深度参与、社会共同支持的力量汇聚机制,形成立德树人合力,不断提高课程育人成效。

第二大任务:建设高质量课程体系

高质量课程体系建设要突出课程育人属性,面向全体学生,因材施教,通过多主体协作、多资源统整、多场域协同,研制学校课程规划,优化学校课程结构,形成学校课程特色,满足学生多元发展需求。

1. 研制学校课程规划。坚持"一校一策",把国家统一制定的育人"蓝图"细化为学校的个性化育人"施工图"。学校要立足实际,分析资源条件,确立学校课程哲学,厘定培养目标,细化课程目标,因校制宜规划学校整体课程,以育人方式和学习方式变革为重点,创造性设计课程实施方案,激活学校课程管理,提升课程的文化内涵,彰显课程的逻辑力量。

2. 优化学校课程结构。以促进学生个性全面发展为目标,设计刚需课程、普需课程和特需课程,高质量落实体现国家课程刚性要求的刚需课程,建设体现学生兴趣爱好的普需课程,设计基于学生个性发展的特需课程,将课程理念、原则要求转化为具体的育人实践活动,满足学生多样化发展需要。

3. 形成学校课程特色。学前教育阶段按照幼儿学习与发展五大领域的要求,注重共同课程与特色课程的全面建构;义务教育阶段确保全面落实国家课程,注重与地方课程和校本课程的统筹实施;普通高中在保证开齐开好必修课程的基础上,注重适应学生特长优势和发展需要,提供分层分类、丰富多样的选修课程,形成体现学校办学特色的课程育人体系。

第三大任务:开发高品质课程内容

积极回应社会发展的新要求和育人实践的新挑战,把握课程迭代发展要求,构建以国家课程为主体、地方课程和校本课程为重要拓展和有益补充的课程内容体系,促进课程资源的高质量供给。

1. 推动学科课程群建设。以学科课程标准为依据,立足学校实际,培育优势学科和特色学科,基于学生发展需求,从学科课程哲学、学科课程目标、学科课程框架、学科课程思路、学科课程实施和学科课程管理等方面研制学科课程群建设方案,推动学科课程群建设,形成学科教学特色,优化学科教学过程,落实学科核心素养,严格学科常规管理,抓实学科教研活动,促进学科教研组建设,打造一批特色学科建设示范学校,实现优质均衡发展。

2. 落实科学素养提升行动。立足科技发展前沿,深化科学教育改革,开齐开足科学课程,强化做中学、用中学、创中学,推进跨学科综合教学。加强科学教育实践活动,持续深入开展科普教育,激发青少年好奇心、想象力、探求欲,提升学生解决实际问题的能力,发展学生科学素养。继续推进 STREAM 课程、创客教育课程、大师进校园课程和人工智能课程,关注未来社会,传播未来思想,增强未来意识,建立未来观念,探索未来教育课程体系,增强课程摄入的主动性。

3. 推进综合素养课程建设。继续推进家校共育"燃"课程、阳光阅读"亮"课程、底色艺术"炫"课程、悦动体育"嗨"课程、劳动教育"润"课程和生涯教育"导"课程,积极融入时代潮流,充分彰显课程的时代内涵,提升学生的综合素养。

第四大任务:提升课程实施质量

立足课程标准,通过试点先行和示范引领机制,探索单元整体课程设计,推进教学方式深度变革,提高作业设计水平,着力解决课程改革重难点问题,全面提高课程实施质量。

1. 探索单元整体课程设计。聚焦核心素养培育,基于学科课程标准,以学科大概念为核心,从明确单元课程理念、分析单元课程情境、厘定单元课程目标、研发单元课程内容、激活单元课程实施和设计单元课程评价等方面入手,探索单元整体课程设计,实现标准要求与目标设计、课程设计与教学设计、内容设计与学习设计、任务设计与活动设计、教学设计与评价设计的有机统一,提升学科课程育人价值。

2. 推进教学方式深度变革。根据核心素养形成规律,依据学生学习发生的基本途径,在学习、交往、实践和反思的基础上,逐步把间接学习和直接学习,知识学习与问题解决,形式训练与任务完成,课堂学习与实践活动,课内外、校内外、家庭学校社会结合起来,多主体协同、多途径融合、多情境转换,课程实施路径与学生学习方式紧密结合,注重学科实践和跨学科学习,让学生通过亲身体验丰富学习的直接经验,促进经验之间的转化和融合。加强课程学习与综合实践、社会生活的联系,建立以学习为中心的课程连续体,丰富学生的学习情感态度,体验学习过程与方法,促进学生核心素养的形成。

3. 全面提高作业设计水平。在用好基础性作业的基础上,多维度引导教师提高作业设计水平,鼓励教师设计探究性作业和实践性作业,探索设计情境性跨学科综合作业;广泛开展优质作业设计展示交流,加强作业设计培训。

第五大任务:创新课程评价方式

课程评价是课程建设质量的根本保证,对高品质课程建设具有激励、监督和调控作用。

1. 课程发展的文本评价。系统考查学校课程规划、学校课程指南、学科课程群建设方案、跨学科课程创意设计、校本课程纲要、单元整体课程设计等课程文本是否齐备,查看相关内容要素是否完整、表述是否科学、设计是否规范。

2. 课程建设的主体评价。课程建设的主体评价主要包括校长、教师和学生。其中,评价校长的课程领导力,主要从价值理解力、逻辑建构力、目标厘定力、框架设计力、课程开发力、实施推进力、评价激励力和资源保障力角度进行;评价教师的课程执行力,最主要看教师对所教课程的理念理解度和目标达成度;评价学生的课程学习,最主要是看通过课程的学习,学生的行为模式和学业成绩的提升效果,即学校育人目标的达成度。此外,外部因素对于课程实施的影响,比如政府机构的支持力度,相关社会力量诸如社会团体、社区资源以及学生家长的支持和理解等,也是课程实施过程评价需关注的内容。

3. 课程实施的效果评价。从以下三个维度进行评价:一是学生的学习结果,包括学生在课程学习过程中的表现、学生对课程学习的态度、学生核心素养的培养、学生对不同学习方式的运用、学生对课程的满意程度;二是教师的专业发展,包括教师课程领导力的提升、教师参与课程设计能力的提升、教师进行评价能力的提升、教师共同体的成长、教师对课程方案的满意程度等;三是学校的发展成效,包括课程建设是否促进学校的发展、是否为学校发展带来新的契机,家长对学校课程的满意程度,课程评价结果对于学校课程发展的价值等。

第六大任务:提高课程智治水平

课程治理现代化是在信息化、数字化、智能化背景下,通过创新教育模式、优化课程体系、推进课程实施、加强课程管理,全面提升课程品质的过程。升级课程资源数据库,构建课程智治长效发展机制,全面提高课程智治水平,是课程治理现代化的重要任务。

1. 加快课程数字化转型。充分利用人工智能和大数据技术,建设泛在学习环境,推进课程数据库建设,实现课程供给的个性化精准服务和资源多元融合,推进课程数字化转型,发展终身学习体系。

2. 推进数字化赋能教学。充分利用数字化赋能基础教育,推动数字化在拓展教学时空、共享优质资源、优化课程内容与教学过程、优化学生学习方式、精准开展教学评价等方面广泛应用,基于大数据开展信息技术与教育教学的深度融合,推进个性化精准教学,促进教学更好地适应知识创新、素养形成发展等新要求,构建数字化背景下的新型教与学模式,助力提高教学效率和质量。

3. 建立课程反馈改进机制。完善课程管理规范体系,建立学习数据隐私保护机制。统筹推进课程数据无感采集、深度挖掘和开放共享,建立贯通的课程大数据归集和分析系统,形成课程反馈改进机制,为有效推进课程实施提供参考依据。

为了落实上述六大任务,深圳市坪山区变革传统教研方式,以问题为导向,在区域层面推进科研、教研、师训、信息四大研究部门贯通与融合,整合各类资源,建立健全协同研究机制。联合教科研机构、高校及培训、电教、装备等部门,充分发挥外部专业力量与内生力量的共同作用。探索课程备案与审议制度,强化专业引领,促进课程品质的整体提升。同时,构建课程督导机制,强化政府履行教育职责,提升政府对课程改革的保障能力,优化课程资源配置,优化区域课程改革环境。推进课程视导,落实课程专项督导制度,提升课程专项督导水平。引入第三方课程视导机制,合理运用视导结果,将结果作为资源配置的重要依据。

五年来,坪山区推进课程治理现代化取得了丰硕的成果,抢占了时代制高点,找准了理想落脚点,突出了现实结合点,把握了根本着力点,形成了常态落实点,积累了独具特色的坪山课程改革经验。

张秋来　王琦　杨四耕

2024 年 6 月 7 日

目录 | contents

第四章　　高关注性课程摄入　　　　　　　　95

课程是时代发展的教育产物,与时代有密切的关系。每个时代的课程都折射该时代的教育理念、社会观念、知识成果和科技前沿。高品质课程建设离不开高关注性课程摄入,需要吸收时代的新气息和新内容,需要融入现代教育的新思维和新技术。在一所学校中,高关注性课程摄入需反映学生的学习需求和发展愿望,充分体现学校文化与课程理念,考虑学科的知识融合与发展趋势,兼顾社会的现实需要与未来发展,应综合考虑学生、学校、学科及社会四个重要因素,以此形成赋予时代内涵的课程体系。

HAPPY课程:让每一个孩子享受金色童年　　　100

第五章　　高参与性课程实施　　　　　　　　133

高参与性课程实施是缔造取向的课程实施,具体表现为全员参与、全程参与、深度参与和有效参与。高参与性课程实施是面向全体学生的,满足学生多样化发展的需要;重视课前激发学生兴趣,课中引导学生主动参与、主动探究,课后主动反思;倡导体验式、探究式、实践式等学习方式,持续推进教与学方式变革;倡导在实践中学习,让书本知识与社会生活融为一体,努力提升学习的整体效益,全面提升学生综合素质。

第六章　　　高成长性课程评价　　　　　　　　　　　　　169

高成长性课程评价即发展性课程评价,其评价体系的建立,是在现代课程评价发展的过程中,以泰勒课程开发模式和评价模式为基石,从我国基本教育国情出发,形成的由课程设计评价、课程实施评价、课程结果评价相互交融的螺旋结构。其中,课程设计评价是促进课程改进和提高的评价结构;课程实施评价是实现课程实施中即时反馈的评价结构;课程结果评价是根据测量结果进一步循环决策以期最终实现课程目标的评价结构。三个结构即时性地生成伴随式成长数据,最终实现让学生真正成为课程学习的主体。

高协同性课程治理是由多元主体协作,为达成提升学校课程育人水平、建设高质量课程体系,进而促进学生核心素养发展的教育目标,平等参与学校课程决策、开发、实施、评价等多环节的课程治理方式。高协同性课程治理注重治理主体协同,实现多元共治;关注治理对象协同,搭建共治平台;注重治理方式协同,建立共治渠道;主张治理机制协同,搭建共治桥梁。因此,高协同性课程治理是一个由多元主体、治理对象、治理方式、治理机制构成的共治体系和协同运行的过程。

前 言

建设高品质学校课程体系

人类站在地面上意识不到地球是圆的,只有通过提高维度俯视地球才能做到,只有建立了一个完整的包含地理、生态和文化的现实世界的系统模型之后,一个包含了人类所有文化秩序的世界才可能被看到。同样,我们要认识区域课程改革也需要提高文化的维度,也要寻求重建区域课程改革文化模型的方式,才能洞开观察区域课程改革新的意义世界。

审视来时之路,方知未来走向。2009 年,深圳市坪山新区(功能区)成立;2017 年,国务院批准成立坪山区(行政区)。这是一部改革发展巨变的历史,一幅最美工业文明画卷,正在坪山大地上雄阔铺展。农业文明与工业文明在此相遇,传统文化和现代文化在此碰撞。当前,坪山区正在发生着巨大而深刻的变化。农业生产从传统向现代转型,农村社会从封闭向开放转变,城乡关系从割裂向融合转化。在这个历史进程中,区域课程改革肩负着重大的历史责任和光荣的历史使命,必须深入研究这个变局、时刻关注这个变局、全面把握这个变局,以至引领和推动这个变局,把握坪山区域课程改革后发优势,实现"空间均衡",进一步释放城市活力,真正实现"创新之城""生态之城""人文之城""教育之城"的价值追求。面向新时代,坪山区高品质课程建设坚持立德树人,服务国家战略需求;坚持人民满意,助力学生幸福成长;坚持守正创新,传递中国课程话语,形成了自己独特的思考和做法。

一 高聚焦性课程理念

高聚焦性的课程理念要在课程的人文价值和工具价值之间寻找平衡点,要体现学校/区域的文化理念,要基于这个平衡点形成独特的课程哲学。

一流教育需要有一流教育理念支撑。课程作为文化的重要组成部分及重要载体,与文化是一种相互生成与建构的过程,课程的本质就是文化,文化的核心是价值取向,没有文化含量的课程就是没有课程观的课程。根据文化取向的特性,学校可以通过文化自觉彰显课程的意义建构,通过文化互动促进课程的文化协同,通过文化变革注入课程发展动力。要做好品质课程,必须在高聚焦性的课程理念上有起码的课程自觉。课程自觉是站在宏观的视角之下去理解和梳理整体的课程框架,是对于可能涉及的各方面环境和资源有一个清晰的认知;是对于目前的现实情况有一个很好的定位,即全面的可行性分析;面对现有情况而进行的最大程度的创新实践,从这里开始需要我们自主进行更加积极的行动。课程自觉主要表现在历史逻辑和价值逻辑方面。历史逻辑是理论逻辑产生和发展的现实基础。历史逻辑并不标识历史是一种主观的预先安排,而是指一事物从其萌芽、生长、发展到今天,在整个过程中发挥作用的、使得该事物无论结局如何都顺理成章的内在原理。我们需要自觉遵循学校历史脉络的源流性,注重学校课程发展的历史情境,把握学校课程在不同发展阶段的不同特点。价值逻辑自觉主要是从理念的聚焦性上把握,学校需要有独特的教育哲学、办学理念和课程理念,并在价值层面上达成逻辑协调。

区域课程改革必须以立德树人为根本任务,以社会责任感、创新精神、实践能力培养为重点,关注学生全面而有个性发展,关注学生终身可持续发展,关注学生主动适应未来经济社会需求的发展,把经济社会的发展需求、学科知识的内在逻辑、教育现代化发展需要与学生全面而有个性地发展有机整合在一起。先进的教育理念引领课程改革有效实施,催生人才培养机制和育人模式创新,课程改革又加快推进了先进教育理念传播,形成一个从理念到实践再上升到理念的良性循环。在这一点上,坪山区还需要进一步把握的核心问题是:坪山区有没有自己独特的区域教育理念?这一区域教育理念在课程改革中是如何体现的?各类课程项目是如何按照这一理念进行设计和实践的?

二　高一致性课程目标

高一致性的课程目标要落实立德树人根本任务,要在全面发展与个性发展之间寻找平衡点,要在课程改革的各领域、各阶段、各环节和各方面有科学的顶层设计。

高一致性的课程目标要落实立德树人根本任务,要体现为党育人、为国育才的要求。为此,建议按照教育方针要求,建构坪山区"5T"课程目标观,意思是坪山区育人目标主要包含五个方面的人格特质:一是有思想(thinking),二是有才干(talented),三是有韧性(temper),四是会合作(teamwork),五是可信赖(trusty)。在此基础上,加强区域课程改革顶层设计,将"5T"课程目标观统筹兼顾到学校教育、家庭教育、社会教育各个领域,统筹兼顾学前教育、义务教育、高中教育等各个阶段,统筹兼顾课程设计、课程实施、课程评价各个环节,统筹兼顾课外活动与课堂教学、知识传承与实践体验等各个方面。

高品质的课程目标需要具备两个方面的高一致性,即内部高一致性和外部高一致性。内部高一致性是指按照教育方针要求,各级各类学校的育人目标之间具有较高水平的契合性和梯度性,课程目标之间具有较高水平的层次性和衔接性,符合国家教育方针的要求,有利于全面深入地落实国家教育政策。内部高一致性的育人目标是科学厘定学校课程目标的前提和基础。外部高一致性是指课程目标的厘定需要建立在对学科的研究、对学生的研究以及对社会生活需要的研究基础之上。泰勒在《课程与教学的基本原理》中把学习者的需要、当代社会生活的需求、学科发展并列为课程目标的三个来源。因此,课程目标要与学科发展相一致,与学生发展相一致,与社会发展相一致,充分体现出课程目标在面对新时代发展要求下的调整变化。例如,学科新发现与新突破、不同年龄段学生的认知差异与行为差异、社会经济实力增强以及技术水平提升等,课程目标厘定需要与这些因子保持高一致性。

综合内部高一致性和外部高一致性之原则要求,确定学校课程目标大致包括以下四个基本环节。第一,基于教育目的,确定育人目标。教育目的或教育宗旨是课程与教学的终极目的,它是特定教育价值观的体现。学校育人目标必须服从教育方针要求,基于教育目的确立学校育人目标,要求全面发展的基本维度。第二,确定课程目标的基本来源。课程目标的基本来源或课程开发的基本维度是特定教育价值观的具体化。学习者的需要、当代社会生活的需求、学科的发展三者是怎样的关系?课程目标或课程开发究竟应以什么为基点?当课程开发的基点确立下来以后,应如何处理好与其他处于从属地位的目标来源的关系?对这些问题的不同回答形成了不同的课程开发的向度观,这是确立合理的课程目标的关键。第三,确定课程目标的年段要求和具体表现。按照课程目标的基本取向,在"普遍性目标""行为目标""生成性目标""表现性目标"等取向之间作何选择?怎样处理这几种目标取向之间的关系?这不仅反映了特定的教育价值观,也与课程开发的向度观有着内在联系。目标取向的确立为目标内容的选择和目标的陈述奠定了基础。第四,确定课程目标。在教育目的、课程目标的基本来源、课程目标的基本取向确定以后,课程目标的基本内容和陈述方式也就确立下来,在这种条件下即可进一步获得内容明确而具体的课程目标体系。

三　高选择性课程结构

高选择性的课程结构要对各类课程进行科学分类,并明确各类课程的结构关系,要在必修课程与选修课程之间寻找平衡点,给予充分的学习选择权。

课程结构是课程要素的组织形式,是整个课程体系的基本骨架。新时代高品质课程建设离不开课程结构的优化和调整。《基础教育课程改革纲要(试行)》指出:应改变课程结构过于强调学科本位、科目过多和缺乏整合的现状,体现课程结构的均衡性、综合性和选择性。经过20多年的不懈努力,我国课程研究者在课程结构中不断均衡理论与实践之间的联系,设置开发综合实践活动,增设选修课程,学生可以根据自己兴趣选择课程等,使课程结构不断适应地区间经济文化差异、各类学校的特点以及学生的成长。基于此,高品质的课程结构要按照逻辑分类的要求,对各类课程进行科学分类,并明确各类课程的结构关系,建构逻辑严密的课程图谱。

义务教育课程改革,必然带来课程结构的重组和学科课程功能、内容、实施及评价等多方面的变化。课程结构的重组,要求学科课程不仅要关注学生的基础知识和基本技能,还要关注社会实际和学生生活经验,注重学生的创新精神、实践能力及社会责任感的培养。为了更好地适应义务教育课程方案的要求,学校在推进品质课程过程中,如何在活动课程和学科课程之间平衡? 活动课程和学科课程,哪一个更重要? 高选择性的课程结构要重塑学生的课程场域,让每个学习者都能找到激发自身潜能的可能,获得自身学习能力赖以发展的机会;要秉持动态、开放、包容的理念,扩大学生的学习空间,不限定学习者的社会性因素,不规约学习者的思维路径,让学习者的思考更加真实且深入。

为此,建议坪山区各学校重构课程分类体系,按照学习需求将课程分为刚需课程、普需课程和特需课程。

刚需课程是满足均衡发展、全面发展需求的课程。刚需课程体现国家课程的刚性要求,是所有学习者都要过关的底线要求和基本标准。刚需课程是国家课程的刚性要求,要按照《普通高中课程方案(2017年版2020年修订)》和《义务教育课程方案和课程标准(2022年版)》的要求,推进学科课程群建设,落实单元整体课程设计与实施。建设高质量教育体系是新时代教育改革的主旋律。区域课程改革如何在学科课程的落实上出台有关政策?这需要我们聚焦学科课程建设和学科教学改革、区域层面的特色学科评估、学科实践、跨学科学习。课程与课堂有机结合,从课程角度理解教学,扎实落实国家课程,是区域课程改革的首要任务。严格落实国家课程计划,开齐开全课程,开足课时。重视教师的备课,关注教师对课程的认识与理解。坪山区提出"九个一"(即"一份规划""一个方案""一门课程""一份纲要""一张课表""一个主张""一本教案""一堂好课""一张试卷""一次教研")来保证国家课程的实施,促进教师对课程的把握。

普需课程是满足个性发展、差异发展需求的课程。普需课程是反映学习者兴趣爱好普遍倾向的课程,是和群体的情感倾向相关的课程类型。普需课程满足学生的兴趣爱好,可以很好地整合原有引领性课程和普及性课程,以兴趣小组和社团活动的方式加大推广力度,给予学生充分的学习选择权。

特需课程是满足个别化、超常化发展需求的课程。因材施教是课程改革的一个重要方向。特需课程是针对特定学习者个性发展而设计的个性化课程方案。要探索坪山区优秀人才、拔尖人才、创新人才培养的新机制、新模式。特需课程要深入研究学生,根据学生的个性特长,发动多方力量,研制基于学生个性发展的个别化课程方案,推进高质量的家校共育。

刚需课程、普需课程和特需课程,是以学习需求为中心的课程结构,秉承让每一个儿童成为他自己的课程设计理念。每一所学校的课程设计都要反映刚需课程、普需课程和特需课程的要求,处理好国家课程的刚性要求(刚需课程)、校本课程的普遍追求(普需课程)和个性课程的特别定制(特需课程)的关系,合理规划各类课程,扎实推进各类课程实施。按照学习需求,建构学校整体性课程。

四 高联结性课程内容

高联结性的课程内容要基于课程目标导引,打通书本世界与生活世界的经脉,按照年级和学期推进学程设计,实现课程内容的完整联结和内在贯通。

课程内容是高品质课程的主体部分,是符合课程目标要求的一系列比较规范的文化知识体系,往往包含一系列的学科知识、学习活动和实践经验等。课程改革要积极回应社会发展的新要求和育人实践的新挑战,把握迭代发展要求,适应高质量发展的迫切要求,立足科技发展前沿,深入研究课程的结构、容量、难度、顺序与学生认知水平、认知规律的关系,使课程结构内容与人的认知成长规律相适应。精选终身发展必备的基础知识与基本技能,及时更新课程内容,科学设计课程容量与难度,删减繁琐、重复及纯粹记忆性内容,调整优化课程结构,加强课程的多样化和选择性,实现学生在共同基础上有个性的发展。评估组需要通过调查,开发学校课程的门类,保障课程内容丰富。随着时代变迁与社会发展对人才培养要求的不断提升,课程内容的选择和组织也在不断发生变化。从目前来看,我国经济社会发展正处于高质量发展的重要历史阶段,对于未来人才的国际理解能力、批判性思维能力、情境问题解决能力及综合问题解决能力等有着越来越高的要求。

坪山区中小学课程内容设计须确立服务学生发展、服务社会发展的核心理念,努力实现课程内容的高联结性。一方面,课程内容应注重联结学习者的经验基础和现实生活情境,学习者所获得的是与生活世界相关的内容,不仅是适应,还包括创新,让学习者与社会发生紧密的联系,找到自身存在与社会发展之间的平衡意义;另一方面,按照年级和学期推进学程设计,在课程内容的组织上须注重联结,尤其是课程内容之间的相互联结,思考课程内容内部的逻辑完整性与情境贯通性,加强使用具有一般意义上的广泛的原则(大概念)能够有效强化课程内容的联结性。

五 高关注性课程摄入

高关注性的课程要及时摄入新思想、新科学、新技术等内容,要增强摄入的主动性,充分彰显课程时代内涵,实现目标引领与内容建设相统一。

课程改革置身于独特的时空范畴下,是特定历史时期社会、哲学和科学发展的时代意识形态影响的结果,也是课程改革不断推进和深化的重要动力。历史走到今天,信息时代逐步迈入新媒体时代,表现出特定的时代精神,形成具有本时代特点的知识基础、文化观念和价值追求,深刻改变人的思维方式,影响教育价值、人才标准和课程内容载体等的深层次变革。课程改革需要实现从确定性思维到关系性思维的认知逻辑和从边界割裂到交互对话的时空场域的转变,实现目标引领与内容建设相统一。以课程目标引领进行课程内容建设,以课程内容为依托实现课程目标,进而实现二者的契合与统一,这是进行高关注性的课程摄入的内在要求。

高关注性的课程摄入要围绕课程固有属性来进行,围绕实现一体化来安排,围绕凸显学生主体性需要来设计,遵循以下两个基本要求。一是高度关注时代性和科学性要求。遵循时代性要求,就是要不断强化课程内容建设的时代内涵;遵循科学性要求就是要遵循认知规律,按照螺旋上升与阶段性特点,注重连续性并体现学段差异,避免出现重复、断层问题。二是高度关注整体性与层次性要求。遵循整体性要求是指要打破以往各学段内容建设各行其是、各自为政的局面,以整体观念为指导,使各学段内容建设成为一个相互联系、有序衔接的整体,进而使各学段形成合力,取得实效;遵循层次性要求是指课程内容在学段分布上要体现认知发展阶段性特征,不同学段课程内容的难度和深度上要具有针对性,即和学生的接受度、理解度和主体发展相适应。

构建课程内容要注重时间与空间的整合,兼顾学生的现实与未来的生活,实现多元与特色相融合,注重课程的整合性和情境性。高关注性的课程摄入要强化课程的时代内涵,构建具有时代气息的科学内容体系。要积极关注核心价值要素,以时代风尚潮流为抓手,建构充分凸显时代气息的课程内容体系。例如,以主线和重点内容为抓手,系统进行社会主义核心价值观教育、法治教育、劳动教育、心理健康教育、中华优秀传统文化教育,形成科学布局的课程内容体系。当然,高关注性的课程摄入要注意在课程目标引领下,对于相同或相似主题课程内容分布在不同学段的情况,教师要从整体上进行把握,明确自身教学的起点,遵循课程内容连续完整与分层实施相统一的要求,做好学段课程内容之间的衔接。

六　高参与性课程实施

高参与性的课程实施要激活课程实施的多元路径,要由符号学习向实践学习、交往学习和体验学习等具身学习方式转变,提升学校课程实施活跃度和学生课程参与性。

课程实施是将课程计划付诸实践的过程,是实现预期的课程目标和教育结果的手段。随着课程改革的深入,课程也逐步在外在的、线性的、稳定的基础上,体现出更多内在的、非线性、变化的特点;学生的学习也由单一的符号学习,向符号学习与以实物为对象的操作学习、以他人为对象的交往学习、以自我为对象的反思学习,以及情境中的观察学习等多种学习类型相结合,课程实施路径也更为丰富和多元。结合当前学校教育的功能定位、课程类型及实施条件,课程实施主要通过课堂教学、实践活动、社会考察、团队学习、自主学习等途径展开。

根据核心素养形成的运行机制,学校课程实施的视野和途径逐步拓展,开始突破较为单一的学习方式,强调以学生的学习为中心,依据学生学习发生的基本途径,在学习、交往、实践和反思的基础上,逐步把间接学习和直接学习,知识学习与问题解决,形式训练与任务完成,课堂学习与实践活动,课内外、校内外、家庭学校社会结合起来,多主体协同、多途径融合、多环境转换,课程实施路径与学生学习方式紧密结合,共同促进学生核心素养形成。

学科课程实施要注重学科实践等具身学习,通过学生亲身体验丰富学习的直接经验,促进经验之间的转化和融合。要加强课程学习与综合实践、社会生活的联系,建立以学生学习为中心的课程连续体,丰富学生学习情感态度,体验学习过程与方法,全面提升思维水平。此外,课程实施重在通过学科落实提升学科核心素养的同时,应重视在跨学科课程、整合学习和综合实践中培养通用素养。首先,加大学科内整合,包括学科知识、过程、方法与价值的学习整合,以及学科知识与实践活动的整合,构建完整的学科课程体系,发挥课程育全人的作用。其次,重视跨学科整合,着眼学生通用素养形成,基于学科,贯通多个学科、学科与实践,建立课内外、校内外的联系,引导学生探究真实生活的跨学科现象或主题,把生活世界的不同概念、问题、现象联系起来,理解它们之间的交互关系。最后,突出主题课程学习。主题课程具有课程整合性、学科交叉性、内容重构性、学生主体性、学习创造性等特点,需围绕通用素养对相关学科课程内容、活动、教学方法及评价标准等进行重构,这是当前课程实施需突破的难点问题。

七 高贯通性课程衔接

高贯通性的课程衔接要立足核心素养发展,构建起结构完整、方向一致、目标聚焦的一体化课程体系,实现前继课程与后续课程彼此观照、融合和印证,更好地体现课程育人价值。

课程是学校落实立德树人根本任务的重要载体,需要立足学生全面素养发展的核心要义,建构起结构完整、方向一致、目标聚焦的一体化课程体系,实现课程与课程的联合、学习与生活的联结、教学与育人的联动。《中国教育现代化2035》指出,围绕学生发展加强核心素养培养,科学规划大中小学课程,注重纵向衔接和横向配合,构建更加灵活开放的课程体系等。因此,高贯通性的课程衔接包括纵向与横向两个维度,纵向指中小幼课程之间的过渡与衔接;横向指在任一学段的课程中注重对资源整合的教育价值。具体而言,高贯通性的课程衔接也就是中小幼课程一体化,一方面是指在遵循各年龄段学生发展特征的基础上,准确规范各层级诸类型课程的属性、目标、内容和方法等,使各学段间课程能有效衔接、分层递进,最终实现一体化的贯通和连接;另一方面是指合理整合和利用其他学科资源,将各领域、各学科课程有机融合,创造性地开设相关综合课程和融合课程,以充分发挥跨学科课程的教育功能。

高贯通性的课程衔接有三个特征:一是差异性,尊重不同年龄阶段学生的发展特点,遵循由浅入深、循序渐进的教育原则,差异化安排各学段课程的具体目标和内容,关注个体差异,对同一年龄段不同学校类别和学习层次间的课程进行差异设计、分类实施;二是整体性,在追求因材施教和差异指导的同时,坚持整体观和系统论的指导思想,使各学段课程形成一个开放而有序的闭合系统,体现整体性的育人理念和培养目标;三是连贯性,中小幼各阶段要有的放矢地重点关注与之相衔接学段的课程教学情况,加强与上下学段的有机衔接,起始年级和毕业年级共同做好承上启下工作,帮助各学段学生尽快适应变化,顺利开启下一阶段的学习任务。

高贯通性的课程衔接是对立德树人根本任务和全过程育人要求的贯彻落实,是建立长时段、可持续和贯穿式的育人体系的努力,要遵循课程组织连续性和顺序性的原则,将不同阶段精心选择的课程内容由浅入深、由简到繁地"螺旋式"组织起来,并设计相应的学习活动,使学生能在实践活动中将知识信息内化为核心素养。

八　高成长性课程评价

高成长性课程评价应体现发展性,通过评价创意为课程增值赋能。增值评价在科学与价值、个性与公平之间具有辩证张力,契合教育高质量发展的时代要求,是高成长性课程评价的常用方式。

课程评价有着丰富而广泛的意义,是基于一定标准和事实并运用科学方法对课程产生的效果进行客观描述与价值判断的过程。课程评价是课程建设与实施质量的根本保证,对于整个高质量课程建设都起着激励、监督及调控的重要作用。

《深化新时代教育评价改革总体方案》指出,教育评价事关教育发展方向,有什么样的指挥棒就有什么样的办学导向,未来教育评价改革需要坚持立德树人,坚持问题导向,坚持科学有效,坚持统筹兼顾,坚持中国特色。《义务教育课程方案和课程标准(2022年版)》强调,更新教育评价观念,创新评价方式方法。长期以来,中小学课程评价强调结果的输出与比较,过分注重考试分数和升学率,且无法清晰地呈现学生的发展过程。

高成长性课程评价应体现发展性。增值评价在科学与价值、个性与公平之间具有辩证张力,契合教育高质量发展的时代趋向。增值评价作为一种创新性的评价方式,可以打破"唯结果论"的评价理念,可以清晰地呈现一段时间内的发展进步情况,实现从关注"横向结果"到"纵向进步"的转变。增值评价之所以具有突破性意义,正是因为它转变了传统教育评价的参考系,使得教育评价从一种绝对性思维走向了某种辩证性思维,呈现出辩证张力。从评价手段来讲,增值评价既能满足时代对科学性的需求,又能彰显教育回归发展的传统本真,使得教育从筛选功能的工具价值走向本体功能的人本价值。从评价效果来讲,增值评价兼顾个性与公平,能够具体地体现每位学生的增值情况,促进每位学生充分发挥自己的潜能,是一种基于内在标准的个体差异性评价,具有个性化与人本性,在彰显个性化的同时,也能够凸显公平性。因此,它具有绝对性与相对性之间、终结性与发展性之间、静态性与动态性之间的辩证张力。

课程评价的维度关涉其背后的运行逻辑,不同的划分都蕴含着特定的价值取向。高成长性课程评价应指向以下四个基本维度。一是课程内容的文本分析,要系统考察学校课程的总体方案、学校课程指导纲要、学科课程指南等课程文本是否齐备,以及查看相关内容要素是否完整、表述是否科学、设计是否规范。二是课程实施的过程关照。对于实施而言,其主体不仅仅只包括课程政策的设计者、课程推行的行政领导,还应该包括校长、教师和学生,其中,教师和学生是课程实施最为重要的两个主体。评价教师对于课程的使用,主要是看教师在教育过程中是否以课程的实施作为教育的出发点,以及教师对所教课程和学校课程所蕴含教育理念的达成度。评价学生对于课程的学习,主要是看通过课程的学习,学生的行为模式和学业成绩的提升效果,即学校育人目标的达成度。此外,外部因素对于学校课程实施的影响,例如,政府机构的支持力度,相关社会力量诸如社会团体、社区资源及学生家长的支持和理解等,也都是学校课程评价须关注的重要方面。三是学校课程建设的特色呈现。这一维度的评价更多的是侧重于在课程多样化发展的改革背景下,学校如何结合自身的优势基因,因地制宜、因校制宜地对学校的课程进行合理的调适和再造。对学校课程的特色呈现,可参考以下内容:学校课程建设是否基于对学校发展历史的考察,是否基于学校的文化传统,是否对学校所在社区、家长以及学生进行深入调查;学校的课程建设是否与学校的办学理念具有内在的一致性,是否与学校的培养目标以及发展愿景相符合;学校课程建设是否能充分体现学校的发展规划;学校课程的建构过程中,校长的重视程度及教师、学生的参与程度等方面。四是学校课程建设的主体表达。可以参考以下内容:学生的学习结果,包括学生在课程学习过程中的表现、学生对课程学习的态度、学生核心素养的培养、不同学习方式的运用、学生对课程的满意程度;教师的专业发展,包括教师课程领导力的提升、教师参与课程设计能力的提升、教师评价能力的提升、教师共同体的成长、教师对课程方案的满意程度等;学校的发展,包括课程建设是否促进学校的发展、课程建设是否为学校发展带来新的契机;家长对学校课程的满意程度;对教师课程方案总结书面报告的分析;课程评价结果对于学校课程发展的价值等。

九 高协同性课程治理

高协同性的课程治理不仅要建立国家指引、地方统筹、学校自主、家长参与和社会监督评价的学校外部课程治理机制,而且要建立学校主导、家长和社区参与、专业力量支持的学校课程内部治理机制,多主体协同共治,促进课程健康发展。

推进区域课程改革,课程治理体制机制变革十分重要。2014年,教育部《关于全面深化课程改革落实立德树人根本任务的意见》提出,要基本形成多方参与、齐心协力、互相配合的育人工作格局。2017年,中共中央办公厅、国务院办公厅印发的《关于深化教育体制机制改革的意见》指出,政府依法宏观管理、学校依法自主办学、社会有序参与、各方合力推进的格局更加完善,为发展具有中国特色、世界水平的现代教育提供制度支撑。从国家、地方、学校三级课程管理到政府、学校、社会、家长及各利益相关者共同参与的育人格局,体现了从国家对课程直接管理到多主体协商共同治理的变化。

在学校课程治理的内外部机制中,关键是学校课程外部的体制机制。第一,建立国家指引、地方统筹、学校自主、家长参与和社会监督评价的学校外部课程治理机制。目前,学校课程由国家、地方和学校进行三级课程管理,这是一种分权治理的思路。国家负责开发满足公民共同利益需要的课程,地方负责开发适应地方需要的课程,学校负责开发满足学生兴趣特长需要的课程。国家对学校课程治理的权力主要在于规范地方和学校课程的政治方向,国家对学校课程发展的责任在于为学校课程发展提供方向和质量标准,为学校课程发展提供专业服务支持;地方政府的作用在于统筹学校课程发展的各种力量,为区域内学校课程的优质均衡发展提供公平环境和专业服务支持;学校的作用在于主动开放,充分调动师生、家长、社会的支持及参与,通过多样化、优质化的课程供给满足学生全面而有个性发展的需要。第二,建立学校主导、家长和社区参与、专业力量支持的学校课程内部治理机制。要保证学校课程发展权力运行通畅,要建立学校课程发展委员会机制,以课程为学校中心工作,整合其他职能部门。这样才能从组织制度上保证学校立德树人根本任务的落实。学校课程发展委员会由学校领导、中层干部、教师代表、社区代表和家长代表、学生代表、专家代表组成;学校课程发展委员会下设总体课程规划组、学习领域课程研发组、课程实施与评价组、课程支援组、课程宣传组等机构;各机构需要明确具体人员、职责和活动方式。这样使学校课程发展在科学流程和制度化轨道上运行,接受上级部门和社会的督导与监督,保证学校课程权力的合法合理运用。

坪山区从政府、学校、社会等多个层面入手,优化课程治理体系,为推进区域课程改革提供保障。其一,给予学校更多的办学自主权,鼓励学校特色发展,充分发挥基层学校的创造力,探索推行办学新模式,发挥优质资源的辐射引领作用;其二,放活规划设计权,引领学校直面教育教学重点和难点问题,研制学校课程规划,建设各具特色的学校课程体系;其三,放宽课程研究权,坚持课题导向,引领中小学深入开展学校课程研究;其四,探索家长参与制度,创建家长学校、家长社团、家长义工等制度,调动家长参与学校课程的积极性和主动性;其五,探索学校与社区双向互动的办法,如各社区有序向学校开放诸如文物遗迹、非物质文化遗产等资源,支持学生参观、调查和研究,充分利用社会资源,开发特色课程;其六,积极主动地引导媒体正向、正面宣传报道学校,鼓励学校将成功经验和典型事迹通过媒体与社会分享,扩大学校的知名度、美誉度,争取更多的支持者,同时借助媒体的眼光和视野,助推学校课程育人体系的不断完善。

守正创新,讲好坪山课程故事。经过多年的实践探索,坪山区已经拥有自己独特的课程话语。当前,坪山课程改革已经进入到了一个新的历史起点,我们不仅要站在"深圳平台"上看坪山课程现象,同时还要看站在"中国视角"看坪山课程改革给世界提供了什么样的模式和经验。立足新时代,高质量课程建设需要坚持守正创新,深度挖掘坪山课程话语体系中的核心元素,向外部传递坪山课程故事。我们应该把坪山课程故事置于学术视域下,深刻地阐述区域课程改革作为一种"高深知识",具有专门性、复杂性和学理性;专业人员、校长和教师等课程主体在实践过程中,具有探究性、创意性和交流性,这是区域课程品质提升的一个秘密武器。

王 琦

2024 年 6 月 30 日

第一章

高聚焦性课程理念

课程哲学决定着学校课程建设的理念与价值追求,深刻地影响着学校课程理念及其设计过程。高聚焦性课程理念应基于学校文化情境,厘定学校教育哲学,确立学校办学理念,演绎学校课程理念。分析学校文化情境是确立高聚焦性课程理念的前提,厘定学校教育哲学是确立高聚焦性课程理念的基础,把握学校办学理念是确立高聚焦性课程理念的起点,演绎学校课程理念是确立高聚焦性课程理念的关键。

有学者认为,课程哲学不是对课程实践进行现实性的描述和技巧上的解答,而是从哲学的视域对课程理论与实践的合理性进行质疑、反思、批判与超越的智慧。其研究主题包括课程本体论、课程认识论、课程价值论、课程伦理学、课程美学五个领域。① 应该说,课程变革与哲学存在着天然的血肉关系。对课程哲学研究,实质上就是对哲学的课程意义和价值的揭示。课程的哲学基础是课程存在的理论基础与发展动力。学校课程哲学深刻地影响了学校课程理念及其设计过程,在课程目标的厘定、课程内容的选择与组织、课程实施的激活以及课程评价的抉择等方面,以整体的机制左右着课程理念的发展和课程实践的变革。

苏霍姆林斯基曾经说过:"学校的领导,首先是教育思想上的领导,其次才是行政上的领导。"由此可见,在学校的课程建设过程中,首先,更新校长的课程理念、提升校长对课程的领导力是非常重要的;然后,做好课程规划,开发课程;最后,要靠教师通过课堂去发挥课程的育人作用。在课程建设中,课程理念具有高聚焦性,渗透于课程目标的厘定、课程内容的选择与组织、课程实施的激活以及课程评价的抉择。高聚焦性课程目标的厘定来源于三个维度:儿童本位、社会本位、学校本位,即儿童本身的需要、社会发展的需要及学校的育人目标。② 然而,这只是课程内容选择的第一步,在确定了课程内容选择的目标及价值取向以后,还要以此进一步确定相应的标准,从而能够选择出更有价值的课程内容。我们认为,高聚焦性的课程理念对课程内容确定有着渗透性的指导作用。那么,我们该如何确立高聚焦性课程理念?

一是分析学校文化情境,这是确立高聚焦性课程理念的前提。杜威在《学校与社会·明日之学校》一书中提出:"只有以文化助推教育,用文化培育人格,学校施加于教师、学生的影响才会更为生动、持久。"有学者认为,分析学校文化情境从宏观、中观和

---

① 夏永庚. 课程哲学研究论纲[J]. 当代教育科学,2015(22):16—19+43.
② 邹建平. 例谈高职院校大学语文课程教育目标的厘定[J]. 广西教育学院学报,2020(4):202—207.

微观三个层面入手。宏观情境分析既要分析社会政治、经济与宏观文化背景,又要分析国家教育方针、课程政策及课程改革的基本走向。中观情境分析主要分析学校所在区域实际、社区资源及家长期望和要求。学校通过走访、座谈、问卷、观察、查阅资料等方式,确定本土文化或地域文化,分析这些本土资源的可利用性,以及社区对学校课程变革的支持性和可行性,研究家长参与课程变革的可能性和具体要求等。微观情境主要包括学生、教师和学校。学校可以通过 SWOT 分析方法,分析学校课程发展的优势(strengths)、劣势(weaknesses)、机会(opportunities)、威胁(threats),对学校课程发展作出准确的分析。[①]

二是厘定学校教育哲学,这是确立高聚焦性课程理念的基础。胡适先生曾对哲学暂下这样一个定义:"凡研究人生切要的问题,从根本上着想,要寻一个根本的解决:这种学问,叫做哲学。"学校教育哲学是一种价值追求,是学校的文化的梳理,也是一种教育信仰,是一种教育本质的回归,其最终的落脚点是关于"人"的发展和提升,它包括学校的办学理念、发展定位和培养目标,是一种全面丰富而富有内涵的内容体系,对学校各项工作有着渗透性的指导作用。学校的教育哲学需要顶层设计者的整体规划,形成自己基于学校实情的分析诊断,把自身的教育信仰和教育理念整合成一个共识的教育理解。学校教育哲学是学校共同体成员的教育信仰,提炼学校教育哲学一定要坚持民主合作原则,发挥学校共同体成员的协同作用。[②] 构建学校教育哲学可从学校特色课程、已有理念、地域文化、时代精神等进行演绎与提炼。

三是把握学校办学理念,这是确立高聚焦性课程理念的起点。办学理念是一所学校的个性和魅力所在。首先,从地域文化中提炼办学理念,是构建特色校园、创新教育管理、促进学校内涵发展的一条重要途径。其次,办学理念是学校的精神之所在、观念文化之根基。一所学校的办学理念是在学校的土壤中生长起来的。应在总结学校发展的历史,筛选学校发展的经验,反思学校发展中存在的问题,并客观地分析学校发展的现状及问题的基础上提出和提炼办学理念。只有对学校历史与现状做充分分析,才能增强办学理念对学校自身的适应性。

四是演绎学校课程理念,这是确立高聚焦性课程理念的关键。学校教育哲学、办学理念、课程理念三者存在着密切的融通及互相影响的内在逻辑。学校教育哲学是学

---

① 杨四耕.学校课程情境的语境论特征与分析模型[J].教育学术月刊,2022(12):3—9.
② 陈建华.论学校教育哲学及其提炼策略[J].教育研究,2015(10):57—63.

校课程建设的逻辑起点,是学校课程价值观和理想信念,高聚焦性课程理念应由学校教育哲学逻辑演绎而来,对课程建设具有引领、指导性作用。

总之,确立高聚焦性课程理念,要注意基于学校课程情境,包括研究学校的历史和现状,把握学校教育哲学和办学理念,在此基础上进行必要的逻辑演绎与深度推理,以使学校教育哲学、办学理念与课程理念逻辑上内在相连。[①]

(撰稿人:深圳市坪山区科悦实验小学　林惠英)

弄潮儿课程:给予儿童眺望未来的力量

深圳市坪山区科悦实验小学地处碧岭街道,占地面积1.08万平方米,建筑面积4.29万平方米,办学规模为30个教学班,可提供1350个学位。学校设有多功能报告厅、舞蹈教室、音乐教室、图书馆、体育馆等,丰富的多功能场所为学生提供寓教于乐的学习实践空间。学校结合绿色生态和科技时尚发展理念,注重生态环境建设,校园内四季常绿,是一所环境优美、与时俱进的现代化学校。自创校以来,学校各位同仁风雨兼程,勠力同心,全面贯彻党的教育方针,努力促进学生的全面发展,办学质量不断提升。为了进一步整合资源,把学校打造成"看见儿童、看见未来"的湾区品质学校,我们依据《中共中央国务院关于深化教育教学改革全面提高义务教育质量的意见》和教育部《关于全面深化课程改革落实立德树人根本任务的意见》《义务教育课程方案和课程标准(2022年版)》等精神,推进学校课程建设,取得了可喜的成效。

[①] 杨四耕.学校整体课程规划的七个关键[M].上海:华东师范大学出版社,2021:56.

第一节 一所看得见未来的学校

学校课程发展基础分析是进行学校课程规划的第一步。课程规划必须建立在学校所处的地区特点、学校自身优势和不足，以及学生群体个性发展的基础上，这是进行课程发展分析的主要内容。

作为坪山区第一所也是唯一一所以"实验"命名的完全小学，深圳市坪山区科悦实验小学有自己独特的办学思考，拥有坚实的办学基础。学校坚持社会主义办学方向，为党育人，为国育才。守护童心，鼓励创新，营造自由、民主、快乐的教育氛围。建构有内涵的学校，培育有梦想的儿童，造就有情怀的教师，办一所看见儿童、看见未来的湾区品质学校。

一 强大的思想保障

科悦实验小学坚持党建引领，建立健全组织机制。以学校党支部为思想核心，构建学校互嵌式组织架构，推行党支部委员与学校行政干部、党员与骨干教师的双向嵌入。要求全体党员干部要心中有大局，脚下有方向。树牢将"办一件实事"落实到每一天，坚持每日一事，提升党员党性修养和政治素质，传承和发扬红色精神，厚植师生爱国主义情怀，落实立德树人根本任务。

二 清晰的价值追求

办一所怎样的学校？学校最朴素本真的愿望就是"为未来创新人才奠基"。学校坚持社会主义办学方向，为党育人，为国育才，秉持儿童立场，力保儿童好奇心，鼓励创新、宽容失败，努力营造自由、民主、快乐的教育氛围，悦己、悦人、悦世界。学校将在双语教学、STEAM（科学 Science、技术 Technology、工程 Engineering、艺术 Art、数学 Mathematics）、智慧学习、阅读、运动等方面进行实验改革，打造丰富可选择的"科·悦"课程体系，让每个孩子都能找到属于自己的专有跑道，给予儿童眺望世界的力量，赋予孩子批判力、创造力、沟通力、合作力等核心能力，培养具有"中国心、世界眼、未来脑"的未来创新人才,办一所看见儿童、看见未来的湾区品质学校。

三 鲜明的办学特色

学校着眼"科""悦"二字,在育人模式、评价体系、学科探索等方面进行大胆探索与实践,全面推进特色办学。"科",一是指科学,即坚持科学正确的办学方向和教育规律,学校构建科学的课程体系、教学体系和评价体系;二是指全科,包含各学科和跨学科,学校打造一流学科,全面探索实施跨学科融合课程;三是指科技,即科技赋能教育管理、赋能教育改革创新,推动学校治理现代化,面向未来培养创新人才,培育学生具备 21 世纪核心素养。"悦",一是指悦己,即培养学生具有高度的自我认同和学校认同,能够高兴并愉快地认识自我、接受自我、欣赏自我、发展自我,并享受这一过程;二是指悦人,即培养学生具有分享快乐、传递正能量的意识和能力,乐于与他人分享阳光、分担风雨,在悦纳自我的同时悦纳他人,善良、包容、诚恳,近悦远来;三是指悦世界,即培养学生成为具有国际视野和社会责任感、在弘扬本民族文化的基础上懂得尊重和欣赏他国文化、能够适应 21 世纪社会发展与时代挑战的世界公民。"科"与"悦"是作用与反作用的辩证关系,寓意在学校科学的教育理念引领下,学校处处洋溢着自由、民主、向上的环境,学生健康、快乐、优秀地成长;同时,学校良好的环境和学生积极的心态更好地促进了学校的发展、学生的进步。学校全面发展素质教育,推进"潮教育"实验,建构丰富可选择的"弄潮儿"课程模式,让每个孩子都能找到属于自己的专有跑道。"弄潮儿"课程将给予儿童眺望未来的力量,赋予孩子强大的健康力、良善的人格力、良好的沟通力和持续的创造力,培养"立潮头,敢争先;有志气,爱拼搏;会学习,能创新"的少年儿童。

四 扎实的课程实施

我们用心打造每一门课程,用心设计每一门课程,点燃"潮课堂",建设"潮学科",创设"潮社团",推行"潮研学",激活"潮校园",做实"潮节日",评选"潮儿童",创建"潮联盟",充分发挥课程育人功能,实现儿童全面发展。学校将开展丰富多彩的社团活动,主要包括 STEAM 社团、编程社团、禾梦社团、玩科学社团、乐高社团、鹅妈妈英语童谣社团、戏剧社团、皮影戏社团、魅力思维社团、舞蹈社团、运动类社团等 50 多个社团。学校创新课程实践,提出"导师制"与"走班制"的学生成长支持模式。采用学生自选导师与学校整体安排相结合的方式,将学生与教师合理分组,让每一组学生都能拥有专属的导师,为学生提供"精准到人"的思想、学习、生活的全方位呵护与指导。走班制课程每周设置固定的走班学习时间,通过四十余种走班课程设置、实施与评价晋级,让不同学生的先天禀赋、学习潜能、自身兴趣与特长得到最好的发展,获得更多的学习成长体验。学校聚焦线上教学与线下教学混融共生的教育改革,探索适合儿童的"线上与线下学习相结合"的新模式。

五 奋进的课程团队

一流师资加持教育。学校师资雄厚,教师团队既有市区级名师,也有两次坪山区年度教师提名奖获得者,有多位名校应届毕业生加盟,研究生占比达80%以上,高素质、高水平的教育队伍,将为学校高质量发展添砖加瓦。教师团队中有广东省小学综合实践活动课程专委会理事,区一届政协委员,区人民陪审员,区责任督学,曾获深圳市校长培训班优秀学员,区先进教育工作者、优秀督学、优秀团干、优秀教师;有东北师范大学在读研究生,深圳市小学英语骨干教师,市英语中心教学组成员,坪山区名教师、区工作室主持人,坪山区年度优秀教师提名奖获得者,坪山区责任督学,区党代表;也有广东省名师工作室成员,深圳市小学英语教研中心组成员,深圳市优秀教师,市、区名师,区名师工作室主持人;教师获深圳市教师技能大赛一等奖、坪山区年度教师提名奖等国家、省、市、区级奖项70余项;有全国青少年模型教育优秀辅导员,深圳市模型教育金牌教练,坪山区第四届区挂牌督导类督学,坪山区十佳青年教师,多次获得坪山区教师基本功比赛一等奖,指导学生获全国竞赛和荣誉50余项。学校以卓越的名师队伍和先进的管理理念为软实力,不忘初心、牢记使命,努力当好教育排头兵,为加快教育强市建设贡献力量。借助良好教科研氛围,促进学校教师专业成长。

学校在课程建设方面虽然有了比较清晰的思路和抓手,但是还需要对学校教育哲学进行深度思考,选择能体现办学特色的课程,通过对资源的深度开发、教师课程开发意识与能力的提升,以学校特色的凝练与丰富多元的发展为目标,创造学校课程发展的新生长点。

第二节　给予儿童眺望未来的力量

学校课程哲学是一所学校的课程价值观，是学校对课程及其发展定位的理解，是学校课程框架的灵魂，引领着课程模式的构建，贯穿于课程体系形成的过程，对学校课程发展有渗透性的指导作用。

一　教育哲学

深圳市坪山区科悦实验小学是一所高起点、高愿景、高品质的公办学校。学校坚持社会主义办学方向，为党育人，为国育才；守护童心，鼓励创新，营造自由、民主、快乐的教育氛围。结合绿色生态和科技时尚的发展理念，学校提出了"悦己，悦人，悦世界；潮起，潮涌，潮教育"的办学立意，尊重儿童的天性，发掘学生的潜能，致力于让每一个生命自由舒展。

学校建构"潮"文化（"潮悦"文化）。在我们看来，"潮"是一个向量，有方向、有力度；"潮"，意味着引领风尚、敢为人先、富有个性、思想超前。因此，"潮"文化是未来文化，是个性文化，是超越文化，是创构文化。"潮"意味着时尚、个性、超越、创造和未来。"潮"是主体在审美观照中所获得的超时空的审美体验，是主体在感物、妙悟、升华的审美活动中建构起来的感性艺术形态。换言之，"潮"就是情与景的合一、心与物的冥会、有与无的超越，它凝聚了化实为虚的审美思维和虚实相生的主体自觉。"潮"是生命灵气所透露出来的美学意蕴，具有存在的丰富性、心灵的能动性和超越的无限性等特点。

从教育学角度来看，"潮"是教育的一种境界和意识。教育是个性的表达，是超越的实践，是未来的眼光，是灵性的创构，是智慧的创获。好的教育应有深刻的思想、个性视角、时代意识和未来眼光。"潮"是意义世界的美学创构，是对实有世界的意义创造。在教育领域，意义世界是实有世界的精神澄明，意义世界是照耀实有世界的灵光。教育是立足实有世界、建构意义世界的积极尝试。

基于"潮"文化，学校确立"潮教育"之哲学。"潮教育"的字面意思是契合时代精神、敢为人先的教育。在我们看来，教育是时尚的艺术，是个性的表达，是超越的实践，是未来的眼光,是灵性的创构,是智慧的创获。"潮教育"是精彩纷呈的素质教育,是追求个性的主体教育,是儿童立场的完整教育,是引领时代的特色教育。从理念指向角度看,"潮教育"是促进个性全面发展的素质教育,是张扬儿童个性发展的个性教育,是发挥主体精神的主体教育,是凸显办学特色的特色教育,是科学与人文并重的大成教育。

教育必须契合时代精神。"潮教育"是聚焦个性全面发展的一种新时代教育形态,是学校发展素质教育的实践探索,是学校内涵发展的理论概括,是学校的教育价值观和内涵发展方法论。"潮教育"是对未来教育的责任、期望、场所、内容、方法、关系、形态和文化等的本质界定,是以马克思人的全面发展理论为指导,关注儿童人格、认知、情感、审美和身体发展,促进儿童完整人格培育的一种教育范式,是学校发展素质教育的实践探索,是学校内涵发展的理论概括。

在我们看来,"潮教育"是完整教育,倡导科学人文有机统一;"潮教育"是主体教育,坚持教育的儿童立场;"潮教育"是个性教育,张扬儿童的生命个性;"潮教育"是特色教育,引领时代教育风尚;"潮教育"是素质教育,回归教育的生长原点。"潮教育"的目的不在于促使儿童发展得更快,而是让其在发展的每一个阶段都获得丰富的生命体验,使其能充分地享受生命的每一刻。我们期望,每一个孩子都向着未来睁大好奇的眼睛,丰富儿童的学习经历,让生命如其所是地绽放。因为,我们与未来只差一个你——丰富的你,本真的你,独特的你!

基于这一思考,我们提出如下办学理念:给予儿童眺望未来的力量。学校是守望未来的地方,是个性张扬的空间,是诗意盎然的地方,是思想创构的场所,是智慧创获的所在,是精神时尚的家园,是生命超越的支点。我们学校的使命是:让智慧创获,让精神时尚,让个性张扬,让未来伸展。学校应该是儿童个性成长的公共生活空间,是儿童感知生命尊严与未来发展的力量源泉。办一所看见儿童、看见未来的学校,是我们的办学愿景。在办学定位上,我们努力办一所精神时尚的学校,办一所有未来的学校,创建有内涵的学校,培育有梦想的儿童,成就有情怀的教师,造就有智慧的校长。为此,我们秉持如下教育信条:

我们坚信,

教育是一种力量;

我们坚信,

学校是蓄力未来的地方；

我们坚信，

教师是生命成长的赋能人；

我们坚信，

每一个孩子都有无限的可能；

我们坚信，

给予儿童眺望未来的力量是教育最美的姿态；

我们坚信，

让每一个孩子成为时代的弄潮儿是教育的神圣使命。

二　课程理念

依据"潮教育"之哲学，学校课程理应为生命成长提供广阔的空间，让儿童走在时代的前列。由此，学校提出自己的课程理念：让每一个孩子成为时代的弄潮儿。这一课程理念的涵义如下。

1. 课程即生命眷注。每一个生命都是一道风景，每一个生命都有无数故事，每一个生命都有非凡来历，每一个生命都有喜怒哀乐，每一个生命都充满了灵性，每一个生命都无比珍贵！眷注生命，是课程的旨趣；让生命在课程中遇见美好，是课程的追求。

2. 课程即力量给予。培根说："知识就是力量。"课程不是死的知识，而是活的知识，对儿童成长而言，是力量的给予。我们希望通过学校课程，让儿童具有同情心，具有协作精神和服务他人的精神；学会一定的运动技能，具有健康的体格、良好的卫生习惯；养成探究的学习与生活态度，内心富足，且具有表意的潜力；能够欣赏自然美和艺术美，养成快乐向上的精神品质。一句话，课程应该给予儿童生命成长的力量。

3. 课程即未来图景。课程不仅仅是学习的内容，也是学校提供给学生身心成长的资源的总和，还是育人的资源和学习的场景。学校建设的场馆、开设的各门课程、营造的育人氛围、举行的各类活动都为学生的生命提供了课程场景。这些课程场景在"潮教育"的理念下，成为镌刻于儿童心灵的成长经历，儿童走过每一个瞬间，都是生命里的美丽风景，让每一个孩子都拥有蓬勃的生命盛景。

4. 课程即个性生长。每一个生命都是有个性的存在，根据儿童发展开设学生需求的、可选择的、个性张扬的课程是对每一个生命的尊重。我们认为，课程就是倾听来自儿童的声音，让儿童在课程中展现个性的生长、灵性的神韵、缤纷的色彩、多样的经历和本真的境界。

总之，学校课程理应让每一个孩子向着活泼泼的生命状态迈进。我们将学校课程模式命名为"弄潮儿课程"，喻指儿童生动活泼的生长状态。我们将"弄潮儿"融入学校文化体系中，"弄潮儿"在我们每一个人的心中，既是一份精神象征，也是一份美好期许。

第三节　让儿童成为时代弄潮儿

学校课程要基于儿童发展需要，为实现学校的育人目标服务。确定课程目标首先要明确学校的育人目标。

一　育人目标

学校倡导每一个人都做时代的弄潮儿，培养"立潮头，敢争先；有志气，爱拼搏；会学习，能创新"的弄潮儿。这一育人目标符合人的全面发展的要求，有丰富的意涵。

在我们看来，时代的弄潮儿之共性特征是：前瞻的眼光，着眼长远未来；战略的思维，把握时代脉搏；独到的视角，拥有守望精神；不懈的追求，敢于挑战自我；非凡的勤奋，超越常人毅力；合作的精神，懂得顺势而为。

二　课程目标

基于学校育人目标，课程目标根据儿童的特点进行分级实施，具体见表1-1。

表 1-1　深圳市坪山区科悦实验小学"弄潮儿课程"年段目标表

目标 \ 年级	有志气，爱拼搏	立潮头，敢争先	会学习，能创新
一年级	初步萌发热爱集体、热爱家乡、热爱大自然的情感，懂得学习是小学生的根本任务，保护环境卫生，会使用文明用语。	喜爱体育运动，初步养成良好的卫生习惯，有基本的生活自理能力，初步掌握一般的生活技能。至少养成 1 项兴趣爱好，乐于合作，不怕困难。	具有最基本的文化基础知识，初步具有听、说、读、写、算和表达交流的能力，具有简单的动手操作能力和探索精神；初步养成观察事物、思考问题的习惯，有好奇心。
二年级	初步萌发热爱集体、热爱家乡、热爱大自然的情感。知道自己是集体中的一员，热爱集体，乐于帮助他人。遵守纪律，尊敬老人，孝敬父母，爱护同学。	喜爱体育运动，初步养成良好的卫生习惯，具有初步的自我保护能力；参加力所能及的家务劳动，初步掌握一般的生活技能。初步培养热爱美、欣赏美的情趣；养成 1—2 项兴趣爱好。	具有最基本的文化基础知识，初步具有听、说、读、写、算和表达交流的能力，具有初步的动手操作能力和探索精神；初步养成观察事物、思考问题的习惯；留心生活，热爱生活。
三年级	萌发热爱集体、热爱家乡、热爱祖国的情感，有一定的民族自豪感；养成勤学好问、专心踏实的学习态度，待人热情有礼貌。	喜爱体育运动，懂得有关健康的基本知识和科学锻炼身体的健康方法；参加家务劳动及公益劳动，掌握一般的生活技能；初步培养感知美、表现美的能力；养成不少于 2 项兴趣爱好。	具有基本的文化基础知识和信息素养，具有听、说、读、写、算和表达交流的能力，具有动手操作能力和探索精神；基本养成观察事物、思考问题的习惯。
四年级	萌发热爱集体、热爱家乡、热爱祖国的情感，有民族自豪感；诚实，正直，讲文明，待人有礼貌，学习待人接物的日常礼节。	喜爱体育运动，懂得有关健康的基本知识和科学锻炼身体的健康方法；参加家务劳动及公益劳动，掌握一般的生活技能。培养热爱美、欣赏美的情趣，初步培养感知美、表现美的能力，懂得关心他人，乐于合作。	具有基本的文化基础知识和信息素养，具有听、说、读、写、算和表达交流的能力，具有动手操作能力和探索精神；基本养成观察事物、思考问题的习惯，有好奇心，敢于质疑。
五年级	具有热爱集体、热爱家乡、热爱祖国的情感；懂得尊敬师长，友爱同学；诚实，正直；感恩，孝顺，讲文明，懂礼貌。	每天定时参加体育锻炼，养成良好的卫生习惯，具有一定的自我保护能力；爱劳动，生活能自理，参加家务劳动及公益劳动。培养热爱美、欣赏美的情趣，感知美、表现美的能力。	具有基本的文化基础知识和信息素养，具有听、说、读、写、算和表达交流的能力，具有动手操作能力和探索精神；养成观察事物、思考问题的习惯，有好奇心，会学习，善学习。

目标 年级	有志气,爱拼搏	立潮头,敢争先	会学习,能创新
六年级	具有热爱集体、热爱家乡、热爱祖国的情感;懂得尊敬师长,友爱同学;诚实,正直,感恩,孝顺;讲文明,懂礼貌。能与他人合作,有良好的团结协作精神。	每天定时参加体育运动,养成良好的卫生习惯,参加家务劳动及公益劳动,掌握一般的生活技能。培养热爱美、欣赏美的情趣,感知美、表现美的能力;培养1—3项兴趣爱好,懂得关心他人,乐于合作,不怕苦,不怕困难。	具有基本的文化基础知识和信息素养,具有听、说、读、写、算和表达交流的能力,具有动手操作能力和探索精神;养成观察事物、思考问题的习惯,有好奇心,会学习,善学习,敢创新,会创造。

总之,每一个孩子都有无限可能,每一个孩子都有不可估量的未来,每一个孩子都是一个全新的故事。学校办学最大的亮点是倡导"潮教育",把培养"立潮头,敢争先;有志气,爱拼搏;会学习,能创新"的少年儿童作为教育价值追求。学校倡导每一个人都做时代的"弄潮儿",打造"科技范+艺术酷+书香气+体育炫+劳动强"的全面素质教育特色。

第四节　教完整而有力量的知识

育人目标需要课程体系予以支撑才能实现。为进一步加强课程规划顶层设计的科学性和先导性,理清课程元素间的内部逻辑关系,使课程内蕴教育哲学、外连育人目标,学校基于"潮教育"之哲学,构建了弄潮儿课程体系。

一　课程逻辑

依据学校课程实际,基于"潮教育"之哲学,确定"给予儿童眺望未来的力量"的办学理念和"让每一个孩子成为时代的弄潮儿"的课程理念,建构"弄潮儿课程"模式,设计"潮之品课程、潮之语课程、潮之智课程、潮之艺课程、潮之健课程、潮之创课程"六类课程,通过"潮课堂、潮学科、潮社团、潮节日、潮仪式、潮之旅、潮联盟、潮探究、潮田园"等多维途径深度实施课程,实现"立潮头,敢争先;有志气,爱拼搏;会学习,能创新"的育人目标。学校课程逻辑详见图1-1。

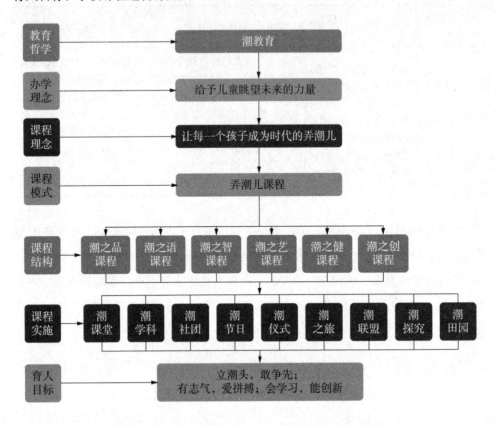

图1-1 深圳市坪山区科悦实验小学"弄潮儿课程"逻辑图

二 课程结构

根据多元智能理论,我们把"弄潮儿课程"分为"潮之品课程、潮之语课程、潮之智课程、潮之艺课程、潮之健课程、潮之创课程"六类,教儿童完整而有力量的知识,支持育人目标的实现,具体见图1-2。

图1-2中,各板块课程意涵如下。

1. 潮之品课程即社会与交往课程,注重学生品格和意志品质的培养,是学生安身立命、适应社会的核心课程,主要有道德与法治、红色革命教育、德育活动、开学课程、入队课程、十岁成长礼、国旗下主题课程、节日课程、仪式课程等。

图1-2 深圳市坪山区科悦实验小学"弄潮儿课程"结构图

2. 潮之语课程即语言与表达课程,关注语言表达素养培育,主要包括潮美语文课程、潮乐英语课程、创意读写课程、多彩故事课程等。

3. 潮之智课程即逻辑与思维课程,关注学生的逻辑思维能力培育,主要包括乐思数学、神秘科学、神奇创客、信息技术、能工巧匠等课程。

4. 潮之健课程即运动与健康课程,注重给予学生健康的知识、技能,发展学生身心素养,培养学生热爱生活的情感。此课程主要包括活力足球、花样跳绳、风行网球、武术课程、心理健康课程等。

5. 潮之艺课程即艺术与审美课程,是培养学生优雅气质,提升文明素养的课程,课程重心指向学生核心素养中的人文底蕴,包括音乐、美术、绘画、书法、舞蹈、合唱等。

6. 潮之创课程即科学与探索课程、科技创新活动,是促进学生创新能力发展的重要途径,着力培养学生创新精神、实践能力,主要包括建构类课程、编程类课程、绿色能源车课程等。

三　课程设置

结合学校的办学特色及现有的课程资源,我们将学校课程划分为"潮之品课程、潮之语课程、潮之智课程、潮之健课程、潮之艺课程、潮之创课程"等,板块内容按照年级和学期进行系统设计,教授儿童完整而有力量的知识,形成学校课程设置体系。除了基础课程之外,学校"弄潮儿课程"设置具体见表 1-2。

表 1-2　深圳市坪山区科悦实验小学"弄潮儿课程"设置表

年级	课程	潮之品课程	潮之语课程	潮之智课程	潮之健课程	潮之艺课程	潮之创课程
一年级	上学期	欢度国庆 团圆中秋 快乐春节 魅力深圳 周末有约	拼音游戏 情境识字 规范书写姿势 日有所诵 绘本阅读 我说你做 你画我猜 我的新学校 趣词我来听	有趣的数字 小小设计师 我的一天 勇闯智慧岛	体育课堂常规训练 加油 Amigo（韵律操） 趣味跳绳	奇妙的声音 好朋友 欢乐动物园 手掌画 漂亮的建筑 美丽的天空	认识小动物 奇妙磁铁 五官的作用 认识方位 学做值日涨知识 我与植物交朋友 叶片下的小动物 巧手制名牌
	下学期	文明守仪 劳动光荣 我入队啦 魅力深圳 周末有约	趣味识字 日有所诵 绘本阅读 请你帮个忙 言心情述心愿 模仿我最像 看图识单词 字母初启蒙	算术小达人 七巧板的奥秘 生活中的分类 摆一摆,想一想	体育课堂常规训练 加油 Amigo（韵律操） 趣味跳绳 牧童玩篮球	春天的歌声 住在童话里 小小音乐家 走进大自然 瓢虫的花衣裳 可爱的动物 你的家,我的家	空气知多少 水中的魔法 植物保育员 日月变幻 学自理,乐成长 汉字的奥秘 你好,向日葵 不一样的豆子
二年级	上学期	老师我爱您 我爱祖国 热爱集体 魅力深圳	字典识字 养成书写习惯 日有所诵 桥梁书籍阅读 商量	计算小能手 神奇的大象 排列与组合 身上的尺子	体育课堂常规训练 加油 Amigo（韵律操） 趣味跳绳	快乐的音乐会 跳起舞 新年好 繁星点点	气象万千 动物世界 开心游乐园 磁铁的秘密 当好值日生

课程 年级		潮之品课程	潮之语课程	潮之智课程	潮之健课程	潮之艺课程	潮之创课程
二年级		周末有约	规范留言 变废为宝 小小领读员 趣味读典范 字母书写展			流动的水 画里的故事 城市之美 京剧脸谱	四季与植物 水培初体验 花形相框 废品变身记 厨房小能手 小小交通员
	下学期	浓情端午 讲文明 懂礼貌 走进清明 周末有约	字典识字 养成书写习惯 日有所诵 桥梁书籍阅读 长大以后 我的好朋友 中国美食 对话天天练 小小领读员 趣味读典范	计算竞技场 美丽的剪纸 整理数据有 妙招 小小设计师	体育课堂常 规训练 加油 Amigo （韵律操） 趣味跳绳	难忘的歌 美丽家园 游乐场里欢 乐多 海底世界 可爱的树叶 花儿朵朵 星星的故事	我们的家园 四季与生物 神奇的科技 谁是大力士 我们爱清洁 火眼金睛善观察 向日葵小画家 创作展示大比拼 水果巧制作 班级小雷锋
三年级	上学期	感恩老师 祖国您好 环保小卫士 快乐春节 魅力深圳 周末有约	成语花园 练习硬笔书写 日有所诵 古诗词150首 童话故事 身边的小事 学编童话 单词拼写王 谁是演员王	开心算术 装扮美丽校园 有趣的维恩图 数字编码本领大	体育课堂常 规训练 We Will Rock You（篮球操） 趣味跳绳	乐器小世界 我会唱 舞动青春 色彩基础知识 基础技法 ——干画法 水彩花卉 ——山茶花	小气象员 空气的秘密 神奇的溶解 奇妙的声音 校园小主人 水培植物我最行 土培知识小热身 小小设计家 创意串珠画
	下学期	我爱劳动 快乐六一 爱护校园 周末有约	成语花园 熟练硬笔书写 日有所诵 古诗词150首 寓言故事 春游去哪儿玩 英语勤阅读 英语妙手书 英语风采秀	算术小游戏 装扮教室 统计喜欢的活动 我来做日历	体育课堂常 规训练 We Will Rock You（篮球操） 趣味跳绳 牧童玩篮球	小小演奏家 美妙歌声 动人的和声 基础技法 ——湿画法 水彩静物 绿色韵味 色彩的笔触	安全用电 形态万千 植物的秘密 小建筑师 垃圾我分类 红薯田园乐 葵花日记 巧手小工匠 瓦楞纸版画

课程＼年级	潮之品课程	潮之语课程	潮之智课程	潮之健课程	潮之艺课程	潮之创课程
四年级 上学期	我是小主人 爱上科学 我是小小志愿者 周末有约	初识字理 熟练书写硬笔正楷 朗读大咖秀 句子大比拼 讲演达人秀	计算大比拼 平行四边形的不稳定性 学做条形统计图 一亿有多大	体育课堂常规训练 We Will Rock You(篮球操) 趣味跳绳 牧童玩篮球	初识小乐器 快乐奏歌 音乐之声 水墨春天 彩墨瓶 石韵 山山水水（一）	神奇的旅行 童心建乐园 麦地管理员 绿豆变身记 灵动的豆芽 今天我下厨
四年级 下学期	快乐六一 继承传统 安全记心中 幸福生活 周末有约	初识字理 熟练书写硬笔正楷 科技故事 说新闻 每篇共聆听 英语流利说 讲演达人秀	巧算我能行 三角形的稳定性 直条对对碰 营养午餐知多少	体育课堂常规训练 We Will Rock You(篮球操) 趣味跳绳	趣味弹奏 奇妙音乐会 多样弹唱 彩墨花鸟 墨荷 蔬果飘香 山山水水（二）	呼吸的奥秘 飞得更高 燃烧的秘密 机械师 学收纳，会分类 采摘季 麦浪滚滚 神奇丝瓜络 艺术作品展销会
五年级 上学期	爱我中华 我是小小志愿者 环保小卫士 魅力深圳 周末有约	追根溯源学汉字 提升速度写正楷 制定班级公约 畅想家乡未来 推荐一本书 听力达人秀 课文共品读 写作小达人 风采舞台剧	奇妙的算术 多边形的面积 谁是大赢家 游戏规则我来定	体育课堂常规训练 创意绳操 花样跳绳	唱响童年 认识民乐 悠扬民族情 水墨童趣 水墨画鱼 花鸟画 梅兰竹菊	珍惜时间 生命的旅程 探秘游乐场 地球大变脸 学做家常菜 我的小乐园 绿地小主人 菜肴围边我最棒 品泡菜百味 我是拼盘师 最美安全员
五年级 下学期	红领巾寻访 劳动光荣 悦纳自己 魅力深圳 周末有约	追根溯源学汉字 提升速度写正楷 小古文 课文共品读 写作小达人 风采舞台剧	速算我最棒 立体图形的奥秘 变化趋势我知道 揭开"正方体"的外衣	体育课堂常规训练 创意绳操 花样跳绳	聆听好声音 载歌载舞 静雅国乐 墨与彩的韵味 水墨动物 家乡古桥 水墨画山水	玩具总动员 变废为宝 快乐收获节 完美设计师 葵园丰收会 植物调查员 小小体验师

课程\年级		潮之品课程	潮之语课程	潮之智课程	潮之健课程	潮之艺课程	潮之创课程
六年级	上学期	学习队作风 践行价值观 群星璀璨 周末有约	汉字英雄 尝试优美行楷 我是演说家 声临若其境 听我讲世界 阅读分享会 创编显能手 文化交流会	算术乐园 圆规创造美妙世界 读懂扇形统计图 起跑线中的秘密	体育课堂常规训练 创意绳操 花样跳绳	悠扬民歌 美丽童话 京腔京韵 剪纸文化 二分法 手拉手好朋友 花团锦簇	健康大本营 光芒万丈 种植讲堂开讲了 农场承包责任制 花样饺子传真情 班级树，感恩树 我是小厨神 探索家
	下学期	祖国明天更美好 跟党走 感恩有你 周末有约	汉字英雄 毕业季策划 声临若其境 听我讲世界 阅读分享会 创编显能手 文化交流会	计算大闯关 图形大团圆 统计大团圆 自行车中的数学	体育课堂常规训练 创意绳操 花样跳绳	古风新韵 银屏之声 神奇的印象 京剧脸谱 十二生肖 瑞兽闹春	人类的祖先 在希望的田野上 手拉手，共成长 成长手册写满情 束束鲜花送母校 葵花最美摄影师 志愿服务热心做

第五节　激活生命存在的价值

在课程改革中，课程实施具有重要意义。课程实施是课程理念、课程目标、课程内容在教育实践中贯彻落实的重要保障，是涉及多种要素、多个环节、多个方面的复杂系统。学校从"潮课堂""潮学科""潮社团""潮节日""潮仪式""潮之旅""潮联盟""潮探究""潮田园"等方面实施"弄潮儿课程"，践行学校课程理念，激活生命存在的价值，实现儿童全面发展。

一　打造"潮课堂"，提升学校课程品质

"潮课堂"课堂充满人文关怀，学生的个性、尊严得到充分尊重，潜能得到充分挖掘，师生双方在教学中相互尊重、相互信任、相互促进，课堂气氛愉悦和谐，情趣共生。"潮课堂"以恰当的教学策略、巧妙的教学设计，在教给学生知识的同时，让知识迁移转化为能力,让能力发酵提炼成智慧;学生在"不愤不启,不悱不发"的课堂情境中与教师产生思维的碰撞、观点的共鸣和情感的融合。具体到课堂教学的每个环节,每一位教师必须明晰"潮课堂"的文化内涵。

1. 目标明确。学习目标要依据学科课程标准、依据学段教学目标、依据不同班级学生的具体学情来具体设置,要紧扣三维目标的达成要求,还要契合不同学习水平儿童的学习需要。

2. 资源丰富。教师要深度解读课标,分析教材,读懂学生,立足于学生发展需要将对教材的解读及结合学生生活体验拓展的学习内容,巧妙整合,使学习资源丰富多维。

3. 过程有序。教师根据学习需要创设鲜活的情境,提出有针对性、有启发性的问题,并能根据学生的个体体验巧妙地点拨指导,促进学生思维的深度发展,整个教学组织有序,环节安排流畅自然。

4. 氛围人性。课堂充满生命活力,学生和教师作为学习共同体在课堂上都能获得生命成长。学生能掌握相关基础知识和基本技能,能形成有效的学习策略,发现问题、解决问题、综合运用解决问题等各方面的能力得到有效提升,同时收获积极的情感体验。教师在引导学生的过程中不断丰富自我教学机智,淬炼教学智慧。

在"潮课堂"文化形态的引领下,学校加强教学常规的规范化、精细化管理,深入开展创新教学方式和学习方式的研讨与实践,以教科研为先导,以教学活动为载体,通过课堂观察诊断、课型研讨、课题研究等活动,逐步形成了对"潮课堂"文化的理论与行动共识,具体实施策略如下。

其一,以课堂诊断为手段,把脉"潮课堂"。理想的课堂教学生态的形成基于对课堂教学现状和教学问题的梳理与分析。学校课程中心选取不同学科、不同年龄段、不同教龄教师的常态课,从学习目标、学习资源、学习过程、学习氛围、学习效果等不同的维度进行课堂观察,汇总相关数据,提炼优秀课堂的共性特质,加强对课堂问题的梳理,为基于问题改进的课堂教学实践与研究提供具体参考。

其二,以课题研究为引领,深化"潮课堂"。为保障"潮课堂"落地生根,学校双管齐下,坚持校本教研与课题研究两手同抓。充分发挥同伴互助的力量,抓好校本教研,做到常规教研不松懈,主题教研有实效,即时教研重反思。加强专项课题引领,引导教师从教学中的具体问题入手进行小课题研究,通过对一个问题的持续关注与实践反思,形成有效的课堂教学策略,从而促进"潮课堂"建构向纵深发展。

其三,以教学活动为载体,增效"潮课堂"。"潮课堂"文化要转化为具体的教学行为才能促使课堂改变真实发生。学校以"四课"为抓手,即新教师亮相课、青年教师过关课、骨干教师展示课、各级比赛公开课,开展以课例为载体的教学实践研究,将磨课、研课纳入青蓝培养工程,纳入教师专业发展规划,常态化开展学科及全校性课例观摩研讨活动,集思广益、互相切磋、共同提高。在"实践—研讨—反思—再实践—再反思"的行动研究中,不断提高"潮课堂"的教学效果。

二　建设"潮学科",丰富学校课程内涵

根据学科师资力量,倡导教师在国家课程校本化实施的基础上总结经验,以学科为原点,设计学科特色"1+X"课程群。"1"是教师所教授的国家基础性课程,"X"是指教师根据国家课程开展的拓展性课程,是基础性课程的延伸。"潮学科"依据学科课程,研发丰富的学科延伸课程,形成具有特色的学科课程群。学校建设了"潮美语文""潮智数学""潮乐英语""潮趣体育""潮涌心育""潮享音乐""潮思美术"等课程群。

1. "潮美语文"课程群建设

"潮美语文"基于语文人文性、工具性相统一的学科特点,以国家语文课程为核心,结合《义务教育语文课程标准(2022 年版)》,积极探寻语文之本源,坚持儿童本位,从识字写字、阅读、写作、口语交际和思维发展五方面入手,将经典古诗词、古文、绘本故事、整本书阅读引入课程建设,结合丰富多彩的活动,构建了螺旋上升的"潮美语文"课程群。晨诵课程主要使用《疯狂背古诗》读本,各年级老师根据学生年龄特点和《义务教育语文课程标准(2022 年版)》中相关学段要求,另外选定经典古文穿插其中,带领学生每天早上进行 25 分钟的诵读。故事课程的教材为校本教材,学校根据《义务教育语文课程标准(2022 年版)》中的阅读要求,结合学校教育目标,成立教材编撰小组为各年级学生编撰故事教材,使教师通过该教材能系统指导学生进行绘本故事、整本书阅读。除此之外,学校开设故事课,一至二年级每周一节故事课,安排在周三上午第四节课;三至六年级每周一节故事课,根据教学实际情况进行分散编排。每月进行一次"书香班级"评比和"阅读小明星"评比。每学期开展一次全员参与的阅读活动,上学期是"阅读达人秀",下学期是"快乐读书绘"。在语文课程的基础上,"晨诵课程""故事课程""阅读活动"共同构成了学校"潮美语文"课程群。

2. "潮智数学"课程群建设

《义务教育数学课程标准(2022 年版)》指出:数学教育的宗旨是培养学生的创新

精神和实践能力。"潮智数学"课程群主张以学生为中心,让数学教育回归现实世界,引导学生"用数学的眼光观察现实世界,用数学的思维分析现实世界,用数学的语言表达现实世界"。"潮智数学"课程群以数学课程为基础,依据数与代数、空间与图形、统计与概率、综合性学习四大学习领域,通过校内外、课后、周末分年级开展"神奇的七巧板""带着乘法去旅行""生活中的数学"等拓展性课程。

3. "潮乐英语"课程群建设

"潮乐英语"基于人文性、工具性相统一的学科特点,以英语课程为基础,结合《义务教育英语课程标准(2022年版)》,主张英语学习是语言交流与分享的快乐之旅,基于小学英语听、说、读、写学科能力建构的需要,分别从儿歌、故事、配音三个方面设置课程。快乐儿歌课程利用每节英语课前的5分钟进行练习,能提高学生学习英语的热情;故事磨耳朵课程通过让学生每日在家听一个英语故事进行;身临其境使用"一起作业"APP,每天通过给1—2分钟的英语短视频配音,让英语学习充满趣味。在规定英语课程之外,"快乐儿歌""故事磨耳朵""身临其境"共同构成了学校的"潮乐英语"课程群。

4. "潮趣体育"课程群建设

"潮趣体育"课程群以《义务教育体育与健康课程标准(2022年版)》的要求,坚持"健康第一"的指导思想,严格执行学生体质健康标准,立足儿童好动、爱玩的天性,引导学生在玩中学、在学中玩,玩出体育技能,玩出生活情趣,玩出体育品格。以体育与健康为基础课程,从力之健、力之能、力之美、力之乐四个方面构建"潮趣体育"课程群。"潮趣体育"课程群以跳绳、篮球、足球为主要内容,同时结合阳光大课间,展开普及训练,与活动、比赛相结合,在体育与健康课程的基础上,"'绳'彩飞扬""我爱篮球""乐风足球"共同构成了学校"潮趣体育"课程群。

5. "潮涌心育"课程群建设

依据《中小学心理健康教育指导纲要(2012年修订)》的要求,结合"潮教育"育人目标,根据学生生理、心理发展规律,以"自我认识、自我教育、自我控制"为切入点,培养学生健全的人格和良好的个性心理品质。"潮涌心育"课程群以"辅导、体验"为主要内容,同时结合"心理健康周""家庭教育访谈""团体辅导"等活动,构建"潮涌心育"课程群,为学生健康成长奠定基础。

6. "潮享音乐"课程群建设

"潮享音乐"是依托《义务教育艺术课程标准(2022年版)》,主张立足学生兴趣,用灵动的视觉、敏锐的听觉、乐于表达的情感,使学生能欣赏美、感受美、体验美、创造美。

课程群在音乐课程的基础上,以审美感知、艺术表现、文化理解等音乐学科核心素养为导向,进行单元整合,融乐器知识于其中,利用第二课堂、特色课、活动时间从赏韵鉴美、动律达美、创新塑美、融智品美四个方面设置课程。

7.“潮思美术”课程群建设

在《义务教育艺术课程标准(2022年版)》的指导下,“潮思美术”主张艺术创作源情而生、融情而作、旨在抒情、妙在创造,引导学生通过富有情感的各种美术表现形式,达到情趣与智创的双重提升。一至六年级每周两节美术课,两节课连排连上,实行美术长课时。在完成美术教材内容的基础上,渗入拓展课程,分别从有趣绘画、有创制作、有情评述、有智探索四个方面采用小组合作的方式,为学生提供多角度、多方面、多渠道的情感体验,使学生在审美中熏陶,在经典里浸染。

三 创设“潮社团”,发展儿童兴趣特长

“潮社团”是学校“弄潮儿课程”的重要组成部分,也是课程实施的主要途径,包括“行规礼仪”“语言素养”“运动健康”“艺术审美”“科学探究”五大类。

行规礼仪类社团是“潮之品课程”的重要组成部分,包括红领巾礼仪队、国旗护卫队、校园志愿者等特色社团,通过社团活动让学生全面掌握小学生行为规范,懂得基本的礼仪常识,成为举止文明的“潮明星”。

语言素养类社团是“潮之智课程”的重要组成部分,包括汉字听写、文学素养、故事达人秀、小小朗读者等特色社团,注重激发学生的语言学习兴趣,实施听、说、读、写等语言素养的训练,实现人文素养的全面提升,成为智慧灵动的“潮明星”。

运动健康类社团是“潮之健课程”的重要组成部分,学校结合自身特色,全面开展以球类为主的体育活动,包括花样跳绳、乐风足球、活力篮球、快乐网球、潮涌心育等特色社团,注重激发学生参与体育活动的兴趣,加强对学生心理问题的疏导,使学生成为身心健康的“潮明星”。

艺术审美类社团是“潮之艺课程”的重要组成部分,包括花儿舞蹈、欣然管乐、潮思美术、陶韵之声、雅乐合唱、创客空间、写意水墨画、墨香书法等社团,从表演艺术等维度全面发展学生的艺术特长,培养学生的审美能力、艺术素养和生活情趣,成为心灵手巧的“潮明星”。

科学探究类社团是“潮之创课程”的重要组成部分,包括机器人编程、新能源小汽

车、小小发明家特色社团,注重激发学生对自然科学和社会百科的求知欲、好奇心,培养学生解决问题的创造能力和动手能力,成为创新型少年。

为保障社团课程规范实施,学校制定了社团课程专项规划,明确提出"三个一"社团课程目标,即构建一套高效、灵活的社团管理体系;发展一批具有鲜明特色的精品社团;造就一批素质高、能力强的学生社团骨干,以目标为导向保障社团课程落地实施。

1. 筹建多元社团课程体系。评估学生发展需要,结合校内外教育资源,筹划建立数量规模适当、不同层次的社团,形成班级社团、年级社团、学校中心社团、精品型社团相互衔接的社团组织体系。

2. 注重社团骨干队伍建设。一方面高度重视学生社团负责人的选拔培养,大力发展学生社团骨干;另一方面聘请专家学者、社会知名人士和家长志愿者担任学生社团兼职指导教师,指导学生社团建设,同时帮助提高本校教师的社团课程研发、实施能力。

3. 加强社团实施过程管理。学校不断完善社团课程制度建设,制定了《深圳市坪山区科悦实验小学"潮社团"管理制度》《深圳市坪山区科悦实验小学精品社团评选办法》,对社团课程的活动时间、活动内容、活动形式、课程成果提出明确标准和要求,并加强对社团活动开展的过程性质量监控,以制度建设保障社团课程的实施成效。

四 做活"潮节日",浓郁课程实施氛围

"潮节日"课程分为传统节日课程、现代节日课程和校园节日课程三类。

1. 传统节日课程。传统节日课程是通过主题活动、实践活动等,让学生理解传统文化习俗与精神内涵,使传统文化得以传承与发展。具体课程设置内容见表1-3。

表1-3 深圳市坪山区科悦实验小学中华传统节日课程设置表

实施年级	传统节日	课程目标	实施方法
一至六	春节	1. 让学生知道春节的具体日期,初步了解节日的来历。 2. 通过收集有关春节的节日习俗资料,引导学生体会我国传统春节活动热闹的氛围,在活动中发现新鲜事、有趣事,感受人们对美好生活的向往。 3. 通过各种实践活动,发现春节的文化意义,并诵读诗文、写对联等。	主题队会 校本课程 节日课程

实施年级	传统节日	课程目标	实施方法
一至六	元宵节	1. 让学生知道元宵节的具体日期，初步了解元宵节的来历，了解元宵节的风俗习惯。 2. 通过查找资料，使学生全国各地不同的风俗习惯，并进行整理。 3. 通过收集和制作灯笼，在元宵节举行灯笼展览、猜字谜等活动，使学生了解其文化内涵。	主题队会 校本课程 节日课程
一至六	清明节	1. 开展清明节主题教育，使学生了解清明节的渊源、含义、习俗及纪念方式。 2. 使学生知道清明节原是祭祀祖先的节日，通过让学生参加祭扫先烈、缅怀先烈的活动，丰富清明节的节日含义。 3. 了解革命烈士的感人事迹，懂得幸福生活来之不易，从而珍惜今天的幸福生活。	主题队会 校本课程 节日课程
一至六	端午节	1. 通过端午节主题活动的开展，让学生了解端午节的来历、传说故事和习俗活动，感受中华民族传统节日折射出的浓郁的民族文化气息。 2. 讲屈原的故事，向学生宣扬中华民族气节。 3. 通过活动，体会端午节节日主题内涵，加深认识。	主题队会 校本课程 节日课程
一至六	中秋节	1. 通过中秋节主题教育，使学生了解中秋节的由来、习俗、庆祝意义，初步了解中秋节是家庭团圆的日子。 2. 通过参与中秋节日活动，培育学生重亲情、尊重自然，使学生体验关爱家人的情感，感受家园和睦的温馨之情。 3. 通过对中秋节有关资料的收集，继续培养学生搜集、处理信息的能力和动手实践能力。	主题队会 校本课程 节日课程
一至六	重阳节	1. 通过开展重阳节敬老主题教育，使学生了解有关重阳节的由来、习俗，从而使学生认识到尊老爱幼自古以来就是中华民族的传统美德。 2. 通过组织学生参加敬老活动，增强他们敬老尊长的意识，弘扬中华民族敬老爱老的优良传统。	主题队会 校本课程 节日课程
一至六	腊八节	1. 让学生知道腊八的具体日期，初步了解节日的来历和习俗。 2. 通过多种渠道收集与腊八节相关的资料，让学生感受、积淀、传承中国的传统文化。 3. 通过一些实践活动，让学生发现更深层次的内容，并诵读诗文等。	主题队会 校本课程 节日课程

2. 现代节日课程。现代节日课程是通过主题队会、实践活动等,为学生提供丰富的社会文化信息,认识、理解我国不同民族及世界多个地方的风俗民情、人文历史,感受其文化意蕴的丰厚,形成对历史、现代,对中国文化、世界文化的认同,促进文化的传承。具体课程设置内容见表1-4。

表1-4 深圳市坪山区科悦实验小学现代节日课程设置表

实施年级	现代节日	课程目标	实施方法
一至六	元旦 (1月1日)	1. 引导学生了解元旦的来历,新年新的开始,学会确立新一年的学习目标。 2. 培养学生融入生活,学会生活并能合理组织调配自己的物品。 3. 引导学生初步建立市场概念。	举行班级新年联欢庆祝活动 开展年级内跳蚤市场活动
一至六	学雷锋纪念日 (3月5日)	1. 培养学生掌握收集信息的一般方法,初步具有收集信息的一般能力。 2. 通过了解雷锋的光荣事迹,引导学生学习雷锋的助人为乐精神。 3. 营造学雷锋的精神引领氛围。	制作雷锋宣传卡 学雷锋做好事 雷锋标兵评选 "学雷锋"征文评比
一至六	世界地球日 (4月22日)	1. 培养学生掌握收集信息的一般方法,初步具有收集信息的一般能力。 2. 通过了解地球知识,引导学生建立保护地球、爱护地球的意识。	世界地球趣味谈 世界风光欣赏 "保护地球,从我做起"实践活动 保护环境文艺展 诗歌、文章欣赏
一至六	劳动节 (5月1日)	1. 培养学生掌握收集信息的一般方法,初步具有收集信息的一般能力。 2. 通过了解劳动节的来历,引导学生懂得珍惜别人的劳动成果,学会付出,懂得感恩。 3. 培养学生的动手能力,学会参加家务劳动,体会劳动的快乐和收获。	劳模故事会 学唱一支歌颂劳动的歌曲 诵读歌颂劳动的诗词文章 参观工厂 学做家务
一至六	儿童节 (6月1日)	1. 培养学生掌握收集信息的一般方法,初步具有收集信息的一般能力。 2. 引导学生了解儿童节的来历,懂得成才的目标和方向。 3. 给学生提供展示平台,成就学生成长。	静态社团作品展示 动态课程汇报

实施年级	现代节日	课程目标	实施方法
一至六	教师节 （9月10日）	1. 培养学生掌握收集信息的一般方法，初步具有收集信息的一般能力。 2. 引导学生了解教师节的来历，懂得感恩老师、尊敬老师。	观看歌颂教师的电影 采访老师 讲述老师爱自己、同学的故事 诵读歌颂老师的诗词、文章
一至六	国庆节 （10月1日）	1. 培养学生掌握收集信息的一般方法，初步具有收集信息的一般能力。 2. 了解国庆节的来历，培养学生爱国情怀。	1. 观看电影《开国大典》 2. 讲故事比赛（主题：国旗是革命者鲜血染红的） 3. 诵读有关国庆的诗词 4. 办有关国庆的剪贴报 5. 歌颂祖国的歌曲联唱
一至六	建队日 （10月13日）	1. 培养学生掌握收集信息的一般方法，初步具有收集信息的一般能力。 2. 了解少先队的光荣历程，培养少先队员的光荣感、使命感。	1. 少先队队史交流、竞赛 2. 讲述小英雄的故事 3. 以小英雄为形象，进行剧本表演
一至六	消防日 （11月9日）	1. 培养学生掌握收集信息的一般方法，初步具有收集信息的一般能力。 2. 了解全国消防日的来历，了解消防知识安全，进一步落实学生进行安全疏散演练。	1. 进行消防安全知识讲座 2. 进行消防安全知识竞赛 3. 制作家庭消防安全宣传报告 4. 学校多次进行消防安全疏散演练 5. 开展"消防安全小知识"主题队课活动

3. 校园节日课程。校园节日课程以学生的校园生活为依托，由学生自主设计校园文化课程，增强学生的责任心和参与度，培养学生乐观向上、积极进取的人文精神。具体课程设置内容见表1-5。

表1-5 深圳市坪山区科悦实验小学校园节日课程设置表

实施年级	校园节日	课程目标	实施方法
一至六	读书节	通过推进学生阶梯阅读、古文经典诵读、班级图书漂流等活动，培养学生广泛的阅读兴趣，营造书香校园；拓宽学生的视野，增长知识，提高学生综合素质。	读书交流 征文比赛 演讲比赛 阅读之星评选

实施 年级	校园节日	课程目标	实施方法
一至六	艺术节	面向全体学生，以育人为宗旨，重在激发学生对艺术的兴趣和爱好，培养学生健康的审美情趣和良好的艺术修养，引导他们尚美、崇真、向善，展现学生朝气蓬勃的精神面貌。	书画、舞蹈、摄影、剪纸、制作、校园剧等比赛
一至六	体育节	培养学生树立健康第一和终身锻炼的理念，培养学生合作、自信、果敢、公平竞争和团队精神等良好品质，发展学生的个性特长，促进学生身体、心理等方面的和谐发展。	田径、球类、健美操、跳绳等比赛
一至六	学科节	通过举办数学、英语等学科节活动，激发学生学习的情趣，提高他们学习的信心，让学科文化渗透校园，让快乐智慧走进学生。	趣味活动 故事会 手工制作 手抄报

五　落实"潮仪式"，推进养成教育

仪式课程以学生的生活为起点，将学校日常生活中孩子们喜欢的事、有意义的活动，或者特别的日子，通过庄重和雅致的仪式呈现出来，既满足孩子们的兴趣，也让每个孩子找到自己的成长点。仪式课程注重发挥每一个学生的积极主动性、创造性和个性，并让这种主体作用在仪式活动中体现它的价值，既保持隆重、热烈，又让仪式涉及具体教育情境中的人、事、物，以此触动孩子的灵魂，引起生命的共鸣。

1. 成长仪式课程。成长仪式课程是一种基于目标的系统性的教育活动，旨在为每一个孩子搭建展示综合素质的平台，让他们通过全科的学习成果及综合素质展示，全身心地投入体验成长的过程和自我教育的过程中。学校关注每个学生的生命主体性，理解、关爱、悦纳所有的学生。因此，在成长仪式课程中，教师遵循"主体性、全员性、文化性、实践性、发展性"的原则，充分调动学生的参与积极性。具体课程设置内容见表 1-6。

表1-6 深圳市坪山区科悦实验小学成长仪式课程设置表

年级	课程内容	课程目标	实施方法
一年级	入学仪式	让新一年级小朋友初步了解自己的学校,激发学生热爱学校的激情,并使他们能在学校的大家庭里愉快地学习、生活,希望他们能够迈好成长第一步,快乐成长每一天。	主题活动仪式课程
一年级	入队仪式	培养学生的爱国主义热情,了解祖国的历史,弘扬培育民族精神;培养学生的主人翁意识,培养新生的爱队意识,了解队史,掌握队仪,尊敬少先队,感受作为一名光荣少先队员的神圣使命。	主题活动仪式课程
三年级	十岁成长礼	通过开展集体生日,激发学生热爱学校、热爱集体、热爱长辈和热爱老师的思想感情,培养学生自主参与、合作创新的主人翁精神。	主题活动仪式课程
六年级	毕业典礼	回顾小学少先队生活,展示成长成果;学会感恩母校师长,珍惜同学情谊,留下珍贵回忆;心存感恩地展示自己六年的成长,表达对母校师长父母同伴的感谢;树立勇往直前为自己新的征途而不断努力的信念。	主题活动仪式课程

2. 升旗仪式课程。学校把升旗仪式以国旗下微课程的形式展现,拓展了参与的主体,丰富了参与形式,整合了参与元素,实现了教育的解放。围绕学生展开,立足于学生,用生命自觉的教育理念丰富国旗下课程。具体课程设置内容见表1-7。

表1-7 深圳市坪山区科悦实验小学升旗仪式课程设置表

年级	主题	课程内容	课程目标	实施方法
一至六	文明科悦	1. 向雷锋学习,做文明少年。 2. 爱绿护绿——为地球妈妈倡议。 3. 珍惜身边的每一滴水。 4. 榜样在我身边。	以学雷锋活动为载体,树立学校文明标兵。引导少先队员学榜样、乐实践、扬美德。把学习雷锋精神和立德树人工作紧密结合,不断赋予雷锋精神新的时代内涵。	舞台剧 演讲 诵读 歌舞融合
一至六	生命科悦	1. 铭记先烈,敬畏生命。 2. 扬中华美德,传民族精神。 3. 传承红色基因,做有志少年。 4. 芳菲四月,关爱生命。	以传统节日清明节为契机,对学生进行革命传统教育和传统美德教育。通过了解革命烈士的感人事迹,激发学生对革命先烈的缅怀之情和学习热情,珍惜今天的幸福生活。	舞台剧 演讲 诵读 歌舞融合

年级	主题	课程内容	课程目标	实施方法
一至六	雅趣科悦	1. 好习惯伴我成长。 2. 诵读经典，感恩母亲节。 3. 让阅读像呼吸一样。 4. 经典永流传。	培养学生多读书、读好书、好读书的良好习惯，以丰富多彩的活动为载体，创设具有文化气息的书香校园。	舞台剧 演讲 诵读 歌舞融合
一至六	丰硕科悦	1. 担当民族复兴梦，齐心共赢新时代。 2. 争做新时代好少年。 3. 交通安全记心间。	六月是丰收的季节，是收获的季节。学校以庆六一活动为载体，通过丰富多彩的活动形式，展现学校的教育成果，孩子们的成长硕果。同时，总结过去，展望未来，以取得更好的成绩。	舞台剧 演讲 诵读 歌舞融合
一至六	爱在科悦	1. 遇见最美欣然，培育和乐少年。 2. 节日里的祝福——老师，我们爱您！ 3. 学文明条例，做最美少年。 4. 我是小小传承人。	小朋友从幼儿园进入学校，是人生中非常重要的一个转折，学校通过设计一系列的活动，让学生近距离地了解学校的生活环境，感受学校生活的魅力，激发学生热爱学校的情感。	舞台剧 演讲 诵读 歌舞融合
一至六	快乐科悦	1. 祖国在我心中。 2. 弘扬中华传统，喜迎最美中秋。 3. 说说我心中的大英雄。 4. 牢记新要求，争做好少年。	围绕爱国主义主题，培育和践行社会主义核心价值观，引导学生树立正确的人生观、价值观和世界观。培养学生友善、诚信、节俭和孝敬的良好品质。	舞台剧 演讲 诵读 歌舞融合
一至六	感恩科悦	1. 讲习爷爷的故事，做欣然好少年。 2. 学会感恩，懂得分享。 3. 我向习爷爷说句心里话。 4. 传承红色基因，培育时代新人。	让学生真正地管理好自己，是榜样教育最大的作用。我们要给学生树立好榜样，让学生去学习他们的品质、意志和精神，对学生进行有效的德育教育。	舞台剧 演讲 诵读 歌舞融合
一至六	成就科悦	1. 垃圾分类，从我做起。 2. 维护红领巾尊严。 3. 诵读经典，成就美好。 4. 争做有理想的"潮明星"。	教育学生从小事做起，从身边做起，养成良好的习惯，培养高尚的道德情操，争做"四有"新人。	舞台剧 演讲 诵读 歌舞融合

六　推行"潮之旅",落实研学旅行课程

《中小学综合实践活动课程指导纲要》明确指出,"包括研学旅行在内的综合实践活动……是基础教育课程体系的重要组成部分",小学阶段要"通过亲历、参与少先队活动、场馆活动和主题教育活动,参观爱国主义教育基地等,获得有积极意义的价值体验"。学校研发了"潮之旅"研学课程,以年级为单位进行序列化的实施,让学生在走读中了解家乡历史及变化。具体"潮之旅"活动安排见表1-8。

表1-8　深圳市坪山区科悦实验小学"潮之旅"课程设置表

实施年级	景点	内容简介	实施方法
一年级	深圳博物馆	深圳博物馆有历史民俗馆、古代艺术馆、东江游击队指挥部旧址和深圳改革开放展览馆4处馆址,占地面积37 000平方米,建筑面积6万多平方米,由展楼、工作楼、文物库和视听厅等4处独立的建筑物组成,形成一组内部功能现代化的建筑群。展楼为建筑群中心,展楼前广场宽阔,南广场所树立的铸铜雕塑《闯》是深圳市标志性的著名雕塑。视听厅在展楼东南角。	研学旅行
二年级	深圳世界之窗	深圳世界之窗的景点按照一定的比例仿造原景点,占地48万平方米,由世界广场、亚洲区、大洋洲区、欧洲区、非洲区、美洲区、世界雕塑园、国际街八大区域构成,有按照比例建造的世界景点130多个,十大动感刺激的娱乐参与项目、大型广场艺术晚会、景点异国风情表演、主题文化节庆活动。	研学旅行
三年级	东江游击队指挥部旧址纪念馆	东江游击队指挥部旧址纪念馆坐落于广东省深圳市罗湖区南庆街13号,是深圳博物馆分馆之一,为深圳市文物保护单位。展览分为"北伐名将　抗战报国""临危受命　深圳树旗""抗战到底　影响深远"三个单元,包括百余幅历史图片及若干历史文物复制件,勾勒出叶挺将军的戎马生涯和抗战期间他与深圳的不解之缘以及深圳地区艰苦卓绝的抗战历史。	研学旅行
四年级	马峦山郊野公园	马峦山郊野公园是深圳市最大的郊野公园,拥有"深圳第一瀑布""千亩梅园"等著名景点。根据总体规划,马峦山郊野公园的目标定位为:以生态保护为本,全面保护好现	研学旅行

实施年级	景点	内容简介	实施方法
		有的地形地貌、动植物资源，保证生态系统稳定不被破坏。以"绿色马峦山，生态健康游"为主题，以远足登山、观海观瀑为特色，建成集旅游休闲、野外健身、自然生态教育为一体的市级郊野公园。被称为深圳"小九寨沟"。	
五年级	大万世居	大万世居又称大万围，位于深圳市坪山街道大万围村。曾姓客家人创建于清乾隆五十六年(1791年)，客家寨堡式建筑。平面呈方形，总面宽124.3米，总进深123.5米，占地1.5万平方米，分为外、内围龙，整体保留尚好。包括正面的大门楼、两侧门、民居、水井、碉楼和围墙等，装饰讲究。石门匾刻"大万世居"四个阳文大字，门联为"大和保合，万福攸同"。四角与后墙正中的碉楼、大门及侧门均连以壁立的围墙，形成高不可攀、壁垒森严的寨堡。紧贴四周围墙下建有简单的民居，再于其南、北、东面各建有一排三间两伸手带天井的四合院民居。	研学旅行
六年级	坪山客家村	坪山客家村位于坪山镇坪山墟西南的客家村，为古堡式客家围龙屋建筑，建于清乾隆年间，规模宏大，占地1.5万平方米，平面呈方形，四角建有炮楼，正南有大门楼，均有高高的围墙相连，围墙上有走马廊相通。围龙屋大门向南，门楼上塑有"大万世居"四个大字。大门前为禾坪。再前是月形池塘，禾坪侧仍保留有旗杆。坪山客家村是深圳典型的客家围龙屋，有浓厚的民俗特点，对了解客家民俗及其源流和民族迁徙史有重大价值。	研学旅行

七　建设"潮联盟"，做活家校共育课程

为了弥补学校教育资源的不足，拓宽孩子的视野，增长孩子的见识，更好地为学生提供优质高效的教育资源，学校邀请热心教育事业的家长走进课堂，发挥职业优势，为孩子们讲述社会大百科，形成别具特色的家长讲堂新局面，完善社会、家庭、学校三位一体的教育体系。"潮联盟"课程设置内容见表1-9。

表1-9　深圳市坪山区科悦实验小学"潮联盟"课程设置表

年级	课程内容	课程目标	实施方法
一年级	生命成长	每个学生家长都在从事着不同的职业,其中不乏行业的精英、道德的模范,家长利用自身的优势走进孩子的课堂,现身说法,做学生榜样,促学生成长。	课堂讲授 观摩学习 感悟引领
二年级	传统习俗	各美其美,聆听窗外之音,美美与共,感受多彩课堂。学校融合"传统文化进校园"精神理念,特邀身怀绝技的家长走进学校,从变脸到皮影,从绘梦到剪纸,从学礼以立到"武""舞"民族风,荟萃传统之美,演绎民族之魂。	课堂讲授 观摩学习 感悟引领
三年级	故事浸润	教育改变人生,故事启迪灵魂,培养有故事的孩子,塑造有故事的老师,成就有故事的家长,开办有故事的学校。深圳市坪山区科悦实验小学以故事为教育的切入点,邀请家长用自身感悟、以故事形式引领学生成长。	课堂讲授 观摩学习 感悟引领
四年级	科学探索	以科学探索为主题,邀请家长走进教室,带着孩子们开启科学探索之路,引导孩子们像科学家一样思考,呵护每一个孩子的科学梦。	课堂讲授 观摩学习 感悟引领
五年级	理想信念	优选家长中的成功代表,讲理想谈梦想,结合自己的奋斗史,用事实说话,从小处入手,让学生明白学习是自己的事,从小树立远大理想,并持之以恒、坚持不懈,总会有梦想成真的那一天。	课堂讲授 观摩学习 感悟引领
六年级	感恩教育	深圳市坪山区科悦实验小学以爱育爱,邀请家长讲述感恩经历,从知恩、感恩到报恩、施恩,以灵魂唤醒灵魂,对学生进行以德报德的品性教育。	课堂讲授 观摩学习 感悟引领

八　创意"潮探究",做实项目学习课程

项目式学习是一种动态的学习方法,孩子们主动地探索现实世界的问题和挑战,在学习探究过程中领会到更深刻的知识和技能,可以锻炼学生的创造力、团队合作和领导力、动手能力、计划及执行项目的能力。学校进行"潮探究"项目学习的基本理念是强化学生关键能力,培养学生的实践能力和创新精神,学以致用;从学校到社会,从育人角度出发,基于人的成长需要,重在培养孩子的生活能力和社会适应力,回归真实的生活。

1. 问卷调查,征集问题。爱因斯坦曾经说过,提出一个问题往往比解决一个问题

更重要。为了鼓励学生认真思考、大胆创新，我们开展问卷调查，在学生群体中征集研究课题，为探究学习奠定基础。

2. 集体研讨，设计指南。课程组教师几次集体研讨，设计活动指南，编印成册。指南设计体现体系性、分层性、探究性和展示性。

3. 确定主题，制定方案。学生个人邀请同伴成立合作小组，确定研究主题后，合理分工，初步形成设计思路。再通过初步调查，讨论制定探究方案，完成探究实践活动申报表，并上交班主任。

4. 开展探究，收集成果。根据活动方案，开展探究实践活动，并拍照留影记录活动过程，收集资料，撰写活动日志、活动感受和调查实践报告。

5. 汇编成果，筹备展示。小组分工，整理课程活动中的相关资料，包括图文、数据、视频等，汇编成册。

6. 课程发布，评先选优。下学期初，学校将召开暑假探究成果展示发布会，各小组设计成果汇报方案，以最美的个性形式呈现作业成果，如画报、绘本、PPT、研究手册、表演等，在交流汇报中相互学习、不断提升。

"潮探究"活动设计要突出生活之美，要让设计活动变成连接并更新学校、家庭、社区生活的实践性活动。要以任务为驱动，教师提供学习资源和学习工具，通过创设真实的问题情境——项目，学生开展合作学习，在探究中完成学习任务。按学习的需求立项，选题不论大小，学生面对的都是真实而具体并需要探究的问题，且兼具实用性与合作性。学生可以充分利用多媒体和网络等信息技术资源，通过实践体验、自主发现、协商合作、创造想象等多种途径来完成，有利于培养学生的自主性和协作性，提高学生的自主学习、分析和解决问题，以及批判性思维的能力。每学期学校利用暑假组织教师开展理论学习和案例学习。学期中定期召开教学研讨活动，加强交流和学习。以问卷调查和专题调研的形式鼓励家长、学生参与项目的选择、论证与确定。三至六年级每个年级要形成一个活动设计案例，引导学生展开实施。学校为项目化学习的实施搭建平台，进行阶段性研讨和展示，形成若干精品项目案例。

九　开发"潮田园"，建设劳动教育课程

学校因地制宜，建设"潮田园"劳动教育课程，开发本土化的乡土课程资源。学校将每周2节的综合实践课变成田园课程，为综合实践特色课程提供充足的时间保障。

学校开辟了"丫丫农场"班级种植地。以"潮田园"为主题的楼层文化建设,让每一处景观充满田园气息。主体部分由"春耕秋收园""实践展示栏""丰收廊""科普园""田园书画廊"等几大板块构成,展示的是学生在种植过程中的点滴记录及丰收成果。"田园诗篇""田园风光"沿着两个楼梯的墙面"拾级而上","寻春书吧""消夏书角""知秋书廊""藏冬书车"分布于四个楼层。绿地、种植园、小木屋、楼廊为我们的田园特色课程提供了良好的物质条件,让学生有一间可以自由呼吸的自然教室。

"潮田园"课程的主要目标如下。①一、二年级:"玩"中学。利用思品课,在老师和家长的帮助下,进行种植的初体验,激发学生对种植的兴趣,唤醒孩子们对土地天然的热爱。②三、四年级:"做"中学。通过田园种植课,每学期亲历至少一种蔬菜种植的全过程,积累种植经验,锻炼劳动能力,学会观察,学会思考和质疑。③五、六年级:"研"中学。探究不同种植的原因,种植蔬菜以外的植物,甚至中草药;体验不同环境下的种植,如无土栽培;体验不一样的丰收义卖等,培养创新精神和实践能力。"潮田园"课程以"处处能实践,生活即教育"为课程理念,强调"丰富经历、真实实践、自主探究、激荡思维"的学习方式。

1. 课程设计。在纵向上,按照低中高三个年段,分为"我玩""我做""我研"三个不同层级,努力形成天然的、有逻辑的课程肌理。在横向上,按"种植实践、项目学习、田间朋友"三个板块建构单元,努力进行学科融合,消弭课程碎片化。"种植实践课"在纵向上强调按先后顺序,由易至难、从激发到实践、从观察到探究,保持课程的整体连贯;在横向上,我们强调打破学科的界限,让孩子们运用完整的知识探索自然的奥秘。①"种植实践"板块:我们通过"规定动作——全校同种一种植物"和"自选动作——自由种植其他植物"结合的办法,让学生每学期至少亲历一种植物种植的全过程——开荒、晒地、播种、浇水、施肥、除草、灭虫、收获。6年,孩子们至少亲历12种植物的生长。很多孩子,最初不知道种子是要埋在土里的,不知道施肥后要及时浇水,不知道小苗拔出来后会死掉,就拔出萝卜苗来看是否结果,然后直接扔到土的表面或者插回土里,以为这样就能够继续生长。通过项目的实践,学生逐渐认识植物生长过程,爱上种植。②"项目学习"板块:我们以自主探究为核心,以创意实践为外核,进行点状发散,在种植实践过程中自然引导学生在某个点上停留,围绕一个核心问题,展开与之相关的一系列研究性学习。③"田间朋友"板块:学校田间绿地草丛随处可见的是各种各样的小昆虫,孩子们特别喜欢去捉,与其"制而不止"不让学生捉昆虫,不如因势利导,构建"昆虫课程"。在这一板块,我们以笔记自然、自然探究等方式将科学、美术、思想品德、语文等学科融合,在"看一看、画一画、捉一捉、养一养、写一写"中让孩子们走进小动物的世界,并且观看一部与之相关的电影,阅读一本相关的书籍,开一场"鸣虫音乐会(诗歌会)",研究一下小动物是否对田里的蔬菜有影响等活动,逐步深入。每学期至少了解一种动物,并逐步制作出小动物图谱。让学生快乐探究,真正成为苏霍姆林斯基笔下的"睿智的研究者,富有钻研的、求知旺盛的人和诗人"。如研究蚂蚁,孩子们到田间观察蚂蚁、寻找不同种类的蚂蚁、收集蚂蚁的资料、制作蚂蚁标本、读《地下一百层的房子》、画蚂蚁的宫殿、写蚂蚁的童话、看电影《蚂蚁总动员》等。了解的过程,也是孩子们享受自然之美的过程,是懂得生态平衡的过程,也是学习与动物友好相处的过程。

2. 活动推进。围绕着田园种植的不同阶段,我们精心设计丰富多彩的田园特色活动,让学生在活动中成长,在活动中创造,在活动中展示,以达到"让教育回归生活,让孩子热爱生活"的目标,如"开荒节""我和苗苗同成长""丰收节""观鸟节""亲子种植"等,将特色活动课程化。"开荒节"吹响了新学期种植的第一声号角,全班总动员,全体参与,拔草、锄地,一学期中最辛苦的活计,就这样轰轰烈烈地开始,直至完成;"我和苗苗同成长"活动贯穿苗苗生长的全部阶段,记录孩子们实践的精彩瞬间,以文化墙和班级小报的形式进行展示交流;"丰收节"由一系列的子活动组成,既是成果的展示,又是一次高度综合各学科的项目学习。例如,"晒晒我们的丰收果"既是展示收获、比拼产量,又是信心的鼓动;"尝尝我们的美食"让家长和孩子用我们的收获合作制作美食,增强的不仅仅是孩子的综合实践能力,还有父母与子女、学校与家庭之间的交流和情感;"劳动创造财富"活动让孩子们通过做家务,积攒参加"丰收义卖"的资金,填写义卖账单,学习"合理花钱",丰收义卖前各班"宣传组""会计收银组""叫卖组""记账组"成员的培训让孩子们有了职业的体验;"丰收义卖嘉年华"更是孩子锻炼、展示、成长的大舞台。

3. 学科融合。学科融合是"潮田园"的主要特征,它将所有的学科都聚焦在这里。主体课程与特色活动的实践路径不是彼此独立,而是相互交融在种植的全过程中,并且将语文阅读与写作、美术与绘画欣赏、科学、音乐、思想品德等学科与种植实践课进行嵌入式的融合,既有"学科内统整",又有"跨学科统整",既有"学科与活动统整",又有"校内与校外统整"等。课程不再是"孤军作战",关联与整合成为课程实施的常态。比如,种植课上"猜想系列"作文、"小苗成长记"观察日记系列、"田园风光写生""丈量我们的种植地"等,又如,"田园艺术节"上各班原创田园的歌曲和诗篇,"丰收节"更是学科大融合,让孩子们感叹"原来我们的种植园里有这么多学问!"

综上所述,我们将秉承"潮教育"的教育哲学,全面贯彻党的教育方针,坚持以学生的发展为本,深入实施素质教育,充分利用学校和社会的课程资源,优化课程结构,全面体现办学理念,优化课程管理,充分发挥课程育人功能,扎实推进学校课程深度变革,实现儿童全面发展。

(撰稿人:深圳市坪山区科悦实验小学　李远良、谢锦花、庄海波、林惠英、曾鹏)

第二章

高一致性课程目标

课程目标是课程开发过程中的核心环节，是落实教育方针和培养目标的重要举措。高一致性课程目标要与教育方针及培养目标融合一致。确定高一致性课程目标首先要理解教育方针的要求，反映全面发展要求；其次要确立学校培养目标，凸显学校特色；再次要细化培养目标的表现，提出学段具体要求；最后要全面审视课程目标，确保课程目标的方向正确、内容全面、定位准确。

课程目标是一定教育价值观(教育目的、教育宗旨)在课程领域的具体化,是课程本身要实现的具体目标。① 确定好课程目标,有助于明确课程与教育方针及培养目标的衔接关系,明确课程编制工作的总体方向,有助于课程内容的选择和组织,还可以作为课程实施的基本依据和课程评价的主要准则。② 课程目标是课程开发过程中的核心环节,是落实教育方针和培养目标的重要举措。因此,制定与教育方针和培养目标高一致性的课程目标尤为重要。

课程目标反映教育方针的要求。③ 教育方针是一个国家或政党发展教育事业、开展教育工作的根本指导思想。教育方针是课程与教学的终极目标,因此教育方针决定了培养目标和课程目标的内容、性质与方向。

课程目标是培养目标的具体表现。培养目标是"教育方针"的下位概念,它所体现的是不同性质的教育和不同阶段的教育的价值。④ 课程目标起到了将课程与教育方针、培养目标衔接到一起的作用。在确定课程目标时要与教育方针、培养目标有所承接,呈现高一致性。在这个前提下,学校再结合自身校情、学情,才能确定落实教育方针及培养目标,适合学生发展的、具有可行性的课程目标。因此,高一致性课程目标要与教育方针及培养目标相互联系、融合一致,三者之间是具有高关联性的。

那么,应该如何确定高一致性课程目标?

首先,理解教育方针的要求。2021 年,中央教育工作领导小组印发《关于深入学习宣传贯彻党的教育方针的通知》(以下简称《通知》),就做好党的教育方针学习宣传和贯彻落实工作作出部署安排。《通知》指出,经第十三届全国人大常委会第二十八次

① 顾明远. 教育大辞典第 1 卷:教育学、课程和各科教学、中小学校[M]. 上海:上海教育出版社,1990.
② 施良方. 简论课程目标的三种取向[J]. 课程·教材·教法,1995(6):60—62.
③④ 张华. 论课程目标的确定[J]. 外国教育资料,2000(1):13—19.

会议审议,《中华人民共和国教育法》第五条修改为"教育必须为社会主义现代化建设服务、为人民服务,必须与生产劳动和社会实践相结合,培养德智体美劳全面发展的社会主义建设者和接班人"。"培养德智体美劳全面发展的社会主义建设者和接班人"规定了培养什么样的人。"德智体美劳全面发展的社会主义建设者和接班人"指向"德、智、体、美、劳"的统一。这对个体而言,意味着德、智、体、美、劳五种素养兼备;对教育而言,意味着德育、智育、体育、美育、劳育的融合与并举。"社会主义建设者和接班人"指向教育培养的人不仅要有与社会主义现代化相适应的建设能力,掌握现代科学、技术知识,能够迎接世界新技术革命和国际经济竞争的挑战;还要有报国之心,亦即有一定的社会意识和政治品格,"具有坚定的政治方向和为社会主义事业献身的精神",愿意为社会主义事业服务。①

其次,确立学校培养目标。学校培养目标要在国家教育方针的指导下,再对本校的具体情况进行全面系统的研究后制定。学校培养目标要符合地区、学校、学生的特点,凸显学校特色。② 例如,深圳市坪山区东纵小学依据国家教育方针并结合学校的校情学情,确定了学校的培养目标为"让孩子成为亮堂堂、活泼泼、健康康的儿童"。东纵小学坐落于东江纵队发源地,毗邻东纵革命纪念馆,特殊的地理位置和创校的命名即被赋予了新时代的教育使命。学校培养目标中"亮堂堂的儿童"承接了教育方针中"德"的素养要求及"社会主义接班人"的品格要求;培养目标中的"活泼泼的儿童"承接了教育方针中的"智、美"的素养要求及"社会主义建设者"的能力要求;"健康康的儿童"承接了教育方针中的"体、劳"的素养要求及"社会主义建设者"的能力要求。

再次,细化培养目标的表现。课程目标是教育方针、培养目标在课程领域的具体化。③ 因此,在制定课程目标时,要将培养目标的具体表现细化,根据学段提出具体要求和表现,从而使课程目标能够为课程的编写、评价的制定提供导向。例如,深圳市坪山区东纵小学根据教育方针、培养目标,结合学生的学段提出具体要求和表现。在"亮堂堂的儿童"方面,根据学生的年段细化为"爱国情怀、坚定信念、东纵精神"的具体要求表现。如在传承东纵精神方面,低年段要了解东江纵队历史,学习东纵红色故事;中

① 武秀霞.新时代学校教育的遵循及其实践指向寻探——基于对我国现行教育方针内容的解读[J].新课程评论,2022(3):56—63.
② 席梅红.新课程背景下的学校培养目标研究[D].上海:上海师范大学,2006.
③ 张华.论课程目标的确定[J].外国教育资料,2000(1):13—19.

年段要参观东江纵队红色纪念基地,会讲东纵故事,领悟东纵精神;高年段要领悟东纵精神,并在自己的学习生活中践行东纵精神,讲好自己的东纵故事。在"活泼泼的儿童"方面,细化要求为"好学奋进、合作意识、兴趣宽广",如对好学奋进、合作意识的要求,低年段要掌握有效学习方法,主动预习,认真听讲,积极思考,踊跃提问,及时复习,认真完成学业任务;中年段要保持积极学习态度,具有学习自信心和自主学习意识,学习合作学习,努力完成学习任务;高年段要有好奇心、想象力和求知欲,有初步信息收集整合、综合分析运用能力,有自主探究、独立思考、发现问题、合作交流、解决问题的意识与能力。在"健康康的儿童"方面具体表现为学生要"身体健康,充满活力,热爱生活",如在热爱生活方面,在低年段要求学会1—2项基本家务,在中年级要求学会3—4项基本家务,在高年级要求积极参加家务劳动、校内劳动,具有一定的生活能力和劳动技能。

最后,全面审视课程目标。在课程目标确定完成后,要联系教育方针和培养目标对课程目标进行对照审视,处理好与教育方针、培养目标的关系,确保课程目标与教育方针、培养目标方向一致,并行不悖。在此基础上可以参照课程方案进行全面审视,确保课程目标的方向正确、内容全面、定位准确。

总之,课程目标是教育方针、培养目标的具体体现,从教育方针、培养目标到课程目标是一脉相承的。在制定学校课程标准时,要遵循高一致性原则,由上至下理解分析教育方针、培养目标的要求,再结合学校的校情、学情、特色发展等方面制定符合国家教育方针、培养目标,促进学校发展、突出特色、具有可行度的课程目标。

(撰稿人:深圳市坪山区东纵小学　郭惠怡)

纵横轴课程:让每一个生命从容美好

深圳市坪山区东纵小学是坪山区政府成立的全日制小学,位于深圳市坪山区马峦街道沙新路 6 号,占地面积 16 845.97 平方米,建筑面积 54 620.37 平方米。学校于 2020 年 4 月开工建设,于 2021 年 9 月 1 日正式启用。学校全面落实立德树人的根本任务,充分发挥课程在人才培养中的核心作用,进一步提升综合育人水平,以更好地促进学生全面发展、健康成长。

第一节 培根养正,静待花开

学校的教育哲学,是一所学校所信奉的教育理念,是学校全体成员的教育信奉,是学校走向特色化和现代化发展的关键。

一 教育哲学

东纵小学坐落于东江纵队发源地,毗邻东纵革命纪念馆,特殊的地理位置赋予我们红色底色,"忠心向党、赤心为民、不畏艰险、不懈奋斗"的东纵精神赋予我们文化血脉,从创校命名即被赋予了新时代的教育使命,让红色文化成为铸魂育人的精神动力,赓续红色血脉,传承红色基因,努力把学校建成弘扬主流价值的高地,滋养文明风尚的沃土,让每一位东纵学子在这里成长为有东纵精神、民族情怀、创新能力和国际视野的阳光少年。新时代条件下,学校熔铸东纵精神内核,发扬红色传统,砥砺奋进初心,提炼"纵教育"作为学校教育哲学。

"纵教育"作为学校的教育哲学,是一种教育价值观,也是一种教育方法论。

(一)"纵教育"作为一种教育价值观

《说文解字》言:"纵,缓也。一曰舍也。从糸从声。"织布时放开机杼任随丝线退回去是纵之范式,本义是松缓、放松的意思,衍义有形容急遽的样子。纵横驰骋,张弛有度,可以说,"纵教育"是一种张弛有度的教育,是指向灵魂成长、内涵发展的教育,与我校"培根养正,静待花开"的办学理念相呼应。

教育是根的事业,是培根铸魂、启智润心。办好中国特色社会主义教育,就要正本清源,落实立德树人的根本任务,要高举中国特色社会主义伟大旗帜,推动社会主义核心价值观进教材、进课堂、进头脑,着力培养学生高尚的道德情操、扎实的科学文化素质、健康的身心、良好的审美情趣,努力使学生具有中华文化底蕴、中国特色社会主义共同理想、国际视野,成为社会主义合格建设者和可靠接班人。

教育是慢的艺术,是慢活、细活,是生命潜移默化的过程,不能操之过急。"纵教育"强调"静待花开",就是要以人为本,突出学生主体,从旧有的教师中心转变为以学生为中心、以活动为中心、以实践为中心,尊重个体差异,关注学生情感,激发学生兴趣,培养学生习惯,为每个学生的发展创造条件,使学生积极主动地学习和发展,在教育路上不疾不徐,次第花开,力求让每个生命都从容美好,传递有情怀、有信仰的教育价值观。

我们的教育信条是:

我们坚信,

教育是慢的艺术;

我们坚信,

有一个从容美好的地方叫学校;

我们坚信,

过宁静从容的教育生活是最美的;

我们坚信,

培根养正、静待花开是教育最舒展的姿态;

我们坚信,

让每一个生命从容美好是教育的神圣使命。

(二) "纵教育"作为一种教育方法论

"纵教育"是贯穿于生命成长过程的教育,是有深度的教育,是指向灵魂深度的教育,是为生命发展奠基的教育。

在实践维度,学校围绕"纵教育"将德育体系、课程结构、课堂实践、教师发展、校园建设和校园管理等各个维度,打造"纵心德育、纵横课程、纵情课堂、纵智教师、纵美校园、纵怡管理",构建融会贯通、自成一体的"纵教育"校园文化,具体见图2-1。

在德育体系和课程结构的设计和探索建设中,学校有意识地按照学生的年龄和心理发展特点进行内容的整合重构,指向不同深度的学习,完成从初阶到中阶再到高阶的精神成长和知识生长。

培根养正，静待花开

图 2-1　深圳市坪山区东纵小学"纵教育"实践体系图

如在学生养成教育上的"三阶六育"模式。东纵小学德育分为初阶、中阶、高阶三个阶段，每个阶段均有对应的德育目标，由"一礼一节"活动形式、"N＋"东纵课程及活动为内容的实施路径共同构成。

又如，在教师的专业发展和职业成长上的"三格"培养模式。学校围绕"四有"好老师的标准，立足校本，建设一支高素质、专业化、创新型的教师队伍，创建具有东纵特色的"三格"人才培养模式，即新教师"入格"培养、青年教师"升格"培养、骨干教师"风格"培养，引导教师自我发展定位，逐渐形成并完善培训梯度机制，培养一批面向未来的学者型、专家型、智慧型教师，切实提高教师队伍的整体水平。

二　课程理念

学校以"让每一个生命从容美好"为学校课程理念，课程是美好的向往和追求，是为了张扬个性和从容生活而做的努力。

（一）课程即生命的情愫

1. 课程即生命的情愫。美好的课程是儿童生命全面发展、健康成长的途径和载体。儿童不是成人的缩影，而是具有独特的生理、心理特点的。小学低年级段（一至二年级）学生以形象思维为主，好奇、好动、模仿力强是其身心特点；小学中年级段（三至四年级）学生的认知过程由形象性向抽象性过渡，心理活动由不随意性向随意性和自觉性发展，集体意识开始形成；高年级段（五至六年级）学生的生活范围和认知领域进一步扩展，获得知识和信息的途径增多，在学习上形成自己的初步经验，探索创造的活动能力增强。基于儿童的成长规律，我们设置的课程要尊重孩子的认知特点，符合学生的成长需要，使之成为孩子生命过程中一段美好的旅程。

2. 课程即美好的向往。课程是一条生命的跑道，学生由此抵达幸福人生的某一个站点。在这条跑道上，我们对学生成长机会进行统筹供给，学校为学生提供什么样的课程，就意味着学生的生命可能向着什么方向生长。因此，学校课程的构建，要着眼于新世纪人才素质的需求，体现鲜明的时代特色，着眼于时代发展的必然，让孩子获得未来幸福生活的能力。我们希望通过"纵课程"，让学生具有协作精神，同情心和服务他人的精神；具有健康的体格，养成良好的卫生习惯，学会一定的运动技能；养成研究的态度，充分的知识，表意的潜力；能够欣赏自然美和艺术美，养成快乐向上的精神。

3. 课程即从容地生活。课程的生命价值不是"育分"，而是"育人"，要让课程价值回归生命初心，回归内在素养的提升，就要让课程学习更多围绕学生自己的生命力资源，更多围绕学生的兴趣爱好，更多围绕学生的个性特长，深入领会和落实中国学生发展的核心素养，培养学生具备应具备的、能适应终身发展和社会发展必需的品格和关键能力。真正让"教书""育人"融为一体，坚持环境育人、文化育人、活动育人、综合育人，形成全员、全程、全方位育人的良好氛围，让教育在潜移默化中产生，使师生从容美好地生活。

4. 课程即个性的张扬。学生是课程的主体。学校课程的构建，以学生发展为本，引导学生积极主动地学习，传授知识和技能与培养能力和创新意识并重。我们希望"纵横课程"成为学生快乐、美好的学习经历，我们鼓励教师开发校本课程，努力设置丰富多样的课程，供学生根据个人特长、喜好进行选择性参与，满足学生多样化、个性化需求。尝试建立师生学习共同体，充分调动、发挥学生的主体性作用，让学生在自我感悟中、在相互讨论中、在小组交流中、在合作学习中动口、动脑、动手，去理解、去探索、去创造，为学校课程开发与落实营造良好氛围。

总之，学校打造"纵横式课程"，纵向为学生知识、技能的素养提升相关课程，体现学科素养的梯度上升，不断深化对知识领域的探索和能力的精进，开拓生命的高度；同时强调以东纵文化为精神基础，培根养正，让学生在成长中永葆中国心。横向为学生促进情感态度价值观的发展相关课程，在注重中华优秀传统文化和优秀民族精神的继承发扬、一以贯之的同时，体现个人认识生活、认识世界、认识自我的视野，开设融合式课程、未来创新课程等，不断延伸和发展自己对世界的认识，拓宽生命的视野和宽度。

纵横交织,促进学生的全面成长;经纬交错,搭建丰富而充实的学生成长平台,为学生的生命的内在成长、心灵的丰富奠定坚实的基础。

第二节　做从容美好的人

东纵小学毗邻东纵革命纪念馆,从创校命名即被赋予了新时代的教育使命。东纵红色基因、伟大精神已经成为坚定理想信念和爱国主义、集体主义、革命英雄主义的价值追求,成为当今社会主义先进文化和社会主义核心价值观的重要特征,成为鼓舞和激励当代中国人沿着先辈足迹,实现中华民族伟大复兴中国梦的强大精神动力,成为引导人民树立中国特色社会主义道路自信、理论自信、制度自信、文化自信的思想保障。东纵红色精神将继续指引学校的办学方向,领航师生的精神向往,逐渐沉淀为独特的学校文化。

一　育人目标

"东纵精神"代表着坚贞不渝的爱国情怀、百折不挠的坚定信念、万众一心的团结意识、勇往直前的英雄气质、心怀天下的广阔胸襟。学校致力培养有东纵精神、民族情怀、创新能力和国际视野的阳光少年,努力让每一个孩子成为从容美好的人,成为"亮堂堂、活泼泼、健康康"的儿童。

- 亮堂堂的儿童:爱国情怀、坚定信念、东纵精神;
- 活泼泼的儿童:好学奋进,合作意识,兴趣宽广;
- 健康康的儿童:身体健康,充满活力,热爱生活。

二　课程目标

学校围绕学生核心素养和关键能力,落实培养目标,确定课程目标,具体见表2－1。

表 2 - 1 深圳市坪山区东纵小学课程目标表

		初阶（一至二年级）	中阶（三至四年级）	高阶（五至六年级）
亮堂堂	爱国情怀 坚定信念 东纵精神	1. 了解东江纵队历史,学习东纵红色故事。 2. 会唱国歌,积极参加升国旗仪式;积极参加重要节日、纪念日主题教育活动。	1. 参观东江纵队红色纪念基地,会讲东纵故事,领悟东纵精神。 2. 热爱并努力学习中华优秀传统文化、革命文化和社会主义先进文化,传承红色基因,增强"四个自信";积极向英雄模范和先进典型人物学习。	1. 领悟东纵精神,并在自己的学习生活中践行东纵精神、讲好自己的东纵故事。 2. 了解党史国情,珍视国家荣誉,铸牢中华民族共同体意识,爱党、爱国、爱人民,爱社会主义,立志听党话、跟党走,从小树立为实现中华民族伟大复兴的中国梦而努力奋斗的志向。
活泼泼	好学奋进 合作意识 兴趣宽广	1. 掌握有效学习方法,主动预习,认真听讲,积极思考,踊跃提问,及时复习,认真完成作业。 2. 积极参加文化艺术等各种和美育活动及课程。	1. 保持积极学习态度,具有学习自信心和自主学习意识,学会学习合作学习,努力完成学习任务。 2. 积极参加学校兴趣小组社团活动,有小制作、小发明、小创造等兴趣特长。	1. 有好奇心、想象力和求知欲,有初步信息收集整合、综合分析运用能力,有自主探究、独立思考、发现问题、合作交流,解决问题的意识与能力。 2. 具备健康向上的审美情趣,审美格调,能够在学习和生活中发现美、感受美,欣赏美、表达美。
健康康	身体健康 充满活力 热爱生活	1. 热爱校园,热爱老师,讲文明、懂礼貌,知礼节,敬长辈,尊朋友,重友情,懂得规范,学会自理,学会遵守规则,适应班级和学校集体生活。 2. 按时作息,保证充足睡眠,养成坐、立、行、读,写正确姿势;积极参加体育活动,坚持每天锻炼身体至少1小时。 3. 学会做广播体操、眼保健操。 4. 学会1~2项基本家务。	1. 积极参加体育活动,坚持每天锻炼身体至少1小时。 2. 培养1~2项体育项目的兴趣,初步掌握1~2项体育项目技能。 3. 学会3~4项基本家务。	1. 积极参加体育活动,坚持每天锻炼身体至少1小时。 2. 保持自尊自信、自立自强、乐观向上,具备健康心态;能够正确看待挫折,具有应对学习压力、生活困难和寻求帮助的积极心理素质和能力。 3. 积极参加家务劳动、校内劳动,具有一定的生活能力和劳动技能。

第三节　让无限美好呈现在眼前

学校课程设计要为孩子指引明确的发展方向,要体现学校课程的实践历程,在学校文化基础上进一步建构学校课程框架,实现学校的发展愿景。

一　学校课程逻辑

依据"纵教育"之哲学以及"培根养正,静待花开"的办学理念,学校提出"让每一个生命从容美好"的课程理念,建构包含"纵语课程、纵思课程、纵创课程、纵美课程、纵体课程、纵心课程"六大课程领域的"纵横轴课程",让无限美好呈现在儿童眼前。学校"纵横轴课程"承载育人功能,实现培养"亮堂堂、活泼泼、健康康"的育人目标。为此,学校设计课程逻辑具体见图 2-2。

二　学校课程结构

根据"纵教育"理念,围绕培养"亮堂堂、活泼泼、健康康"的儿童的目标建构"纵横轴课程",设计"纵语课程、纵思课程、纵创课程、纵美课程、纵体课程、纵心课程"六大领域课程体系,共同促进学生全面发展,具体见图 2-3。

图 2-3 中,"纵横轴课程"各大领域课程内涵如下。

1. 纵语课程是指语言与交流类课程,主要包括一起学说普通话、成语故事、趣味横生小古文、趣味英文歌、英语绘本表演、阅读与积累、Word List、用英语讲中国故事等。

2. 纵思课程是指逻辑与思维类课程,主要包括智慧五子棋、趣味九宫格、有趣的扑克牌、围棋课、网页制作与开发、Python 基础编程、算法艺术、数学日记、数学小论文等。

3. 纵创课程是指科学与技术类课程,主要包括创意手工课、趣味科学、少儿编程(航天)、3D 设计与 3D 打印、水火箭制作和发射、功能模拟卫星等。

4. 纵美课程是指艺术与审美类课程,主要包括童声合唱、书法基础、行进打击乐、陶艺、中国古典舞、水彩基础、素描石膏体、校园指挥家、走进交响乐、走进古典音乐、走

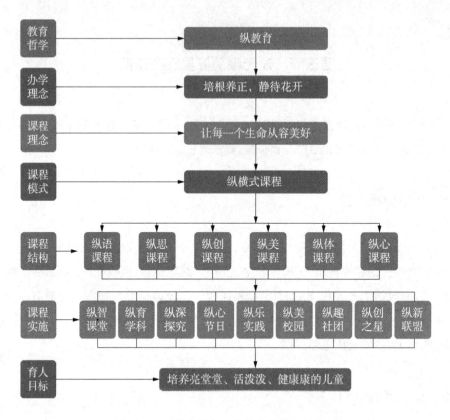

图 2-2　深圳市坪山区东纵小学课程逻辑图

进歌剧等。

　　5. 纵体课程是指体育与健康类课程，主要包括花样跳绳、足球基础课程、少儿跆拳道、冰球、篮球基础训练、少儿田径、小场地短式网球、体适能、体育游戏、广播操、小场地短式网球。

　　6. 纵心课程是指自我与社会类课程，主要包括小学生历史人物早知道、新闻进课堂、人际交往辅导、自信心训练辅导、探秘中国传统文化、团队合作辅导。

三　学校课程设置

　　义务教育课程包括国家课程、地方课程和校本课程三类。以国家课程为主体，奠定共同基础；以地方课程和校本课程为拓展补充，兼顾差异。我校结合学校的办学特色及课程资源，将学校整体课程划分为"纵语课程、纵思课程、纵创课程、纵美课程、纵

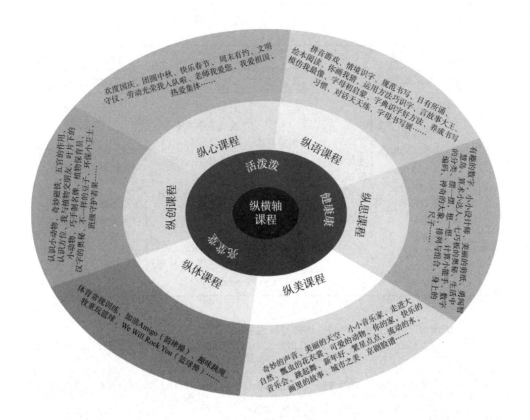

图 2-3　深圳市坪山区东纵小学课程结构图

体课程、纵心课程"等板块内容,按照年级和学期进行系统设计,形成学校课程设置体系,以多种课程形态服务学生个性化学习需求。除了基础课程之外,学校"纵横轴课程"设置具体如表 2-2 所示,校本课程进阶设置如表 2-3 所示。

表 2-2　深圳市坪山区东纵小学课程设置表

课程领域		纵语课程	纵思课程	纵创课程	纵美课程	纵体课程	纵心课程
课程维度		语言与表达	逻辑与思维	科学与探索	艺术与审美	运动与健康	自我与社会
课程类别	国家课程	语文 英语	数学 科学 信息技术	科学 综合实践	美术 音乐 书法	体育	道德与法治 心理 综合实践

课程领域		纵语课程	纵思课程	纵创课程	纵美课程	纵体课程	纵心课程
课程维度		语言与表达	逻辑与思维	科学与探索	艺术与审美	运动与健康	自我与社会
校本课程		绘本故事汇 中华诗词吟诵 小主持人 （朗诵） 英文儿歌齐唱 （4首） 经典诵读 星耀戏剧社	趣味数学 围棋社团 益智乐高 数学兴趣小组	创想科学 木艺 3D VR 未来机器人 航空航天	百变黏土 英文儿歌齐唱 书画社 少儿律动（合唱） 民族舞 班级小合唱（整班） 葫芦丝 茶艺 星耀戏剧社 乐器进课堂（整班） 创想画（木艺）	炫酷足球 国球乒乓 艺术体操 武术 炫酷足球 快乐篮球 啦啦操 街舞	社会实践课程 跨学科融合课程 项目式学习

表2-3 深圳市坪山区东纵小学校本课程进阶设置表

校本课程三阶设置								
课程领域		纵语课程	纵思课程	纵创课程	纵美课程	纵体课程	纵心课程
课程维度		语言与表达	逻辑与思维	科学与探索	艺术与审美	运动与健康	自我与社会
初阶	校本课程	经典诵读					跨学科融合课程
	选修社团	绘本故事汇 小主持人 （朗诵） 英文儿歌齐唱 （4首）	趣味数学 围棋社团 益智乐高	创想科学	百变黏土 英文儿歌齐唱 书画社 少儿律动 （合唱）	炫酷足球 国球乒乓 快乐篮球	
	活动课程	中华诗词吟诵			中华传统文化节日活动	街舞	社会实践课程
中阶	校本课程	经典诵读					跨学科融合课程
	选修社团	红色故事大家讲 小主持人 （朗诵）	趣味数学 围棋社团 益智乐高	木艺 3D VR	民族舞 葫芦丝 茶艺	艺术体操 武术 炫酷足球 国球乒乓 快乐篮球	

(续表)

课程领域		纵语课程	纵思课程	纵创课程	纵美课程	纵体课程	纵心课程
课程维度		语言与表达	逻辑与思维	科学与探索	艺术与审美	运动与健康	自我与社会
	活动课程	中华诗词吟诵			班级小合唱(整班) 中华传统文化节日活动	街舞	社会实践课程 项目式学习
高阶	校本课程	经典诵读					跨学科融合课程
	选修社团	小主持人(朗诵) 星耀戏剧社	围棋社团 益智乐高 数学兴趣小组	未来机器人 航空航天 3D VR	星耀戏剧社(东纵小英雄) 创想画(木艺)	啦啦操 武术 炫酷足球 国球乒乓 快乐篮球	
	活动课程	中华诗词吟诵			乐器进课堂(整班) 中华传统文化节日活动	街舞	社会实践课程 项目式学习

第四节　向着美好的生活

课程实施与评价是学校办学理念和育人目标落地的充分体现,是学校课程哲学实践过程。为了更好地贯彻党的教育方针,落实立德树人根本任务,发展素质教育,深化课程教学改革,促进教与学方式改革,学校从"纵智课堂""纵育学科""纵趣社团""纵心节日""纵乐实践""纵美校园""纵深探究""纵新联盟"八个途径着手推进学校课程实施,致力学校课程目标的实现,具体见图 2-4。

一　建构"纵智课堂",提升学校课程品质

课堂是体现课程品质的关键场域。儿童立场、探究取向、行动逻辑和创新旨趣是"纵智课堂"的关键特征。

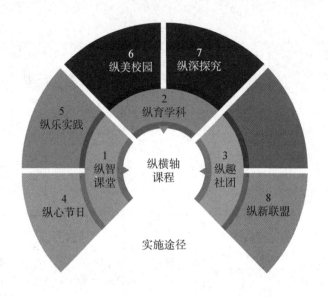

图 2-4　深圳市坪山区东纵小学课程实施图

儿童立场，即尊重学生自身在世界中的独立价值，在研究学生的基础上，展开由于学生、经由学生、为了学生的课堂实践。教师基于班内不同学生的个体差异和学情特点，设计学习目标、学习活动和评价活动等，学生也能在真实情境的复杂问题解决过程中收获个人素养发展和内在的智慧生成。

探究取向，即把探究视为学生与世界交往的方式，激发学生展开对生活世界和科学世界的探索，在充分尊重每一位学生独特探究方式的基础上实现学生观念认知和意义建构的统一。知识成为学生自我探索新世界的资源，课堂教学成为学生结合自身体验建构知识并内化为个人成长体验的过程。

行动逻辑，即在特定时空场域下，师生通过合作、对话、交往和做事推进课程文化的传授、发展和创新，最终促成学生个性发展的过程。教师在本质上是学生学习的促进者和服务者，只有借助情境创设、发问质疑、现场体验等多种教的艺术，引起学生思考、协作、猜测、讨论、实验等，逐步将思维的主动权、课堂的话语权和知识的探究权交还给学生，才能实现由教的逻辑到学的逻辑的真正转向。当师生从各自的已有"视界"出发，融入文本情境、释放本真情感、创造精神对话和达成意义建构，学生能因此体验到学习的内在价值，开始追求愉悦自在的学习自由，学习逻辑的品质得以跃升。

创新旨趣，即以创新作为课堂教学的要旨，视创新为全体学生个性健全的自然表现。需要强调的是，"纵智课堂"坚持的创新根本上是希望每一位学生都能够找到符合个人天性和发展可能的个性化的健康人格,同时学生需要能够通过课堂实践将创造性观念、创造性思维转化为创造性行动、创造性产品。

为构建"纵智课堂",加强课堂管理,要严格执行课程计划,全面落实课程方案,开齐课程,开足课时,全面管理和监控学期教育教学全过程和校本教研活动;健全教学质量管理机制,制定《东纵小学教学常规与教育质量管理制度》,加强教学过程监测,规范常规管理,保障教育教学质量;开展以"四课"为主的教学活动,即新进教师汇报课,青年教师研讨课,骨干教师展示课,名优教师示范课,促进课堂教学交流与教师的专业发展。

二　建设"纵育学科",丰富学科课程体系

学校围绕学科素养目标,将基础课程与拓展课程组合,建设"纵育学科"。学校从两个方面入手:一方面通过挖掘学科内部或学科之间的逻辑来建构专业的学科课程,另一方面充分利用学校特色来渗透多门学科,统整建构学科课程群。各学科教师基于学校课程特色追求,又根据对学科的独特理解,结合学科独特优势、独特资源,研发了丰富的学科延伸课程,形成了独具特色的学科课程群。

1. "诗意语文"课程群。以《义务教育语文课程标准(2022 年版)》为依据,语文课程是一门学习语言文字运用的综合性、实践性课程。语文课程基本理念是全面提高儿童的语文素养,激发和培育儿童热爱祖国的思想感情,引导儿童丰富语言积累,掌握学习语文的基本方法,养成良好的学习习惯,且能够通过文化熏陶,形成健全人格。学校"诗意语文"课程群以国家语文课程为核心,引入经典诵读、整本书阅读、小古文课程等,构建了多层面的课程群,将儿童引领到美好的语文天地,共同构成"诗意语文"课程群。

2. "慧美数学"课程群。以《义务教育数学课程标准(2022 年版)》为依据,我校"慧美数学"课程立足数学核心素养,教师引领儿童围绕具有挑战性的学习主题,全身心地积极参与,体验成功,从而获得发展。学校引导儿童在生活中寻找数学,认识数学,挖掘生活和教材中的数学问题进行探究,密切儿童与生活、儿童与社会的联系,提升儿童数学素养。"慧美数学"课程内容的选择以注重基础性、贴近生活性以及适应儿童和学校的特点性为原则,准确把握教材和课程标准要求,并据此进行拓展延伸,内容面向全体儿童,适应儿童的个性发展需求,让每个儿童在数学活动中得到不同的发展。"慧美数学"课程采用灵活多样的教学形式,在数学课程基础上拓展延伸儿童的数学知识,开

阔儿童数学视野,提高儿童的学习积极性。实施过程中,儿童亲身实践,通过观察、实验、猜想、计算、推理、验证等活动过程多感官并用,使得儿童思维始终处于活跃状态。这样的数学活动有利于学生进行数学思考并产生创造性思维。结合数学教材编排特点、儿童年龄特征及学校具体情况,在实践、思考、表达、数感、计算、推理六个方面进行了课程内容的设置。实施过程中,儿童亲身实践,动手操作,手脑并用,融知识性和趣味性于一体,让学习变得生动活泼且富有个性。

3."博雅英语"课程群。以《义务教育英语课程标准(2022年版)》为依据,英语学科课程的学习既是儿童通过英语学习和实践活动,逐步掌握英语知识和技能,提高语言实际运用能力的过程;又是他们磨砺意志、陶冶情操、拓宽视野、丰富生活经历、开发思维能力、发展个性和提高人文素养的过程。"博雅英语"课程面向全体儿童,注重素质教育,其核心是让每个儿童都得到发展。"博雅英语"课程群以上述理论为依托,主要从"博雅听音""博雅说语""博雅读文""博雅写意"和"博雅践行"五个方面进行。以"博雅听音"为例进行说明,根据儿童身心特点,"博雅英语"课程群以听音模仿为主。课程的内容主题设计为"倾耳听",通过听音模仿单词、简单的句子、童谣歌曲等进行学习,与此同时通过采用各种儿童喜欢的形式进行听的训练和检测,调动儿童学习的积极性,激发学习兴趣,增强学习信心。

4."魅力科学"课程群。以《义务教育科学课程标准(2022年版)》为依据,为帮助儿童树立科学的教育质量观,培养儿童的科学素养、创新精神和实践能力,科学课程内容以儿童能够感知的物质科学、生命科学、地球与宇宙科学、技术与工程中一些比较直观、儿童有兴趣参与学习的重要内容为载体,重在培养儿童对科学的兴趣、正确的思维方式和学习习惯。整个义务教育阶段以探究式学习为学习科学的重要方式。"魅力科学"课程群,以培养儿童的科学素养、提高儿童的探究能力为目标。

5."开心体育"课程群。以《义务教育体育与健康课程标准(2022年版)》为依据,课程设置以锻炼儿童身体、开发儿童智力为主体,关注儿童的学习过程和学习体验。我校遵照"健康第一"的指导思想,重点突出儿童的学习主体地位,强化实践特征,构建较为完整的课程目标体系和发展性的评价方式,重视教学内容的选择性、基础性及教学方法的多样化、有效化,着重提高儿童的积极性,激发儿童运动兴趣,引导儿童掌握体育与健康基础知识、基本技能和方法,增强儿童的体能,培养儿童坚强的意志品质、合作精神和交往能力,为儿童终身参加体育锻炼奠定基础。"开心体育"课程群做到以人为本、健康为本,面向全体儿童,实现每天锻炼一小时,使体育课程在学校诸多课程中成为教学形式最生动活泼、教学内容最丰富多彩、最受儿童喜爱的一门课程,让每一个儿童都积极地参与体育活动。

6. "唯美音乐"课程群。以《义务教育艺术课程标准(2022年版)》为依据,发挥本校艺术教育资源优势,依托本地民族的民间优秀传统文化和其他艺术资源,形成学校艺术教育发展特色,构建"唯美音乐"课程。充分利用社会艺术教育资源,利用当地文化艺术场地资源开展艺术教学、实践活动和校园文化建设,面向全体儿童组织开展艺术活动,因地制宜建立儿童艺术社团或兴趣小组,保证每周有固定的艺术活动时间,每年组织合唱节、美术展览和艺术节等活动。充分利用学校校歌、广播、电视、网络,以及校园、教室、走廊、宣传栏、活动场所等,营造格调高雅、富有美感、充满朝气的校园文化艺术氛围。结合学校儿童情况和教师自身特长,音乐学科在完成规定课程的基础上,开设"小乐器进课堂"特色课程,包括陶笛、竖笛、葫芦丝、口风琴等课程。此外,学校还根据儿童的自主选择在课后开设民族舞、合唱社团等课程。

7. "创意美术"课程群。以《义务教育艺术课程标准(2022年版)》为依据,为了让儿童形成相对系统的美术学习,学校构建了"创意美术"课程,将美术课程进行了整合。"创意美术"课程是具有艺术特色的美术课程,注重儿童在美术学习的过程中,逐步体会美术专业学习的特征,根据不同学段,形成系统的美术知识体系和基本的文化艺术素养,力求体现素质教育的要求。"创意美术"以学习活动方式划分美术学习领域,加强学习活动的综合性、探索性和实效性,培养对艺术、生活与审美的追求,让儿童在积极的情感体验中提高想象力和创造力,增强审美意识和审美能力。根据儿童学情和教师专业特长,通过对国家规定课程的整合、筛选、补充和延展,分别开设富有中国传统特色的社团——国画、线描、书法;西方特色的绘画社团——水彩、彩铅画、儿童装饰画等美术社团。根据儿童的年龄特点,不同年级设定不同的教学主题和内容,把课程内容和学校的艺术活动、校园文化有机结合起来,给儿童提供丰富多彩的艺术展示平台。

三　创设"纵趣社团",发展儿童兴趣爱好

学校社团的开发实施包括东纵文化课程、未来创新课程、健康管理课程、融合项目式课程四大类别。目前共开设有17门课程,涵盖文化传承、益智创新、艺美实践、运动健康等多个类别,包括中华诗词吟诵、校长妈妈故事汇、红色故事大家讲、红色电影、创想画、纸间艺术、百变黏土、创想科学、快乐ABC、趣味数学、玩转字谜、棋乐融融、传统

国粹围棋、少儿律动、儿歌齐唱、国球乒乓等。其中,足球、街舞、阅读、红色电影、益智乐高为普及性课程,每个孩子都有参与其中的机会,让孩子们通过课后服务丰富课外知识、提升综合素质,并从中发现自己的兴趣和爱好,具体见图2-5。

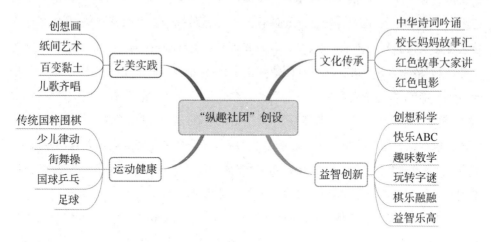

图2-5 深圳市坪山区东纵小学"纵趣社团"一览图

四 推行"纵心节日",浓郁课程实施氛围

节日是文化的节点,是民众精神生活的集中体现。"纵心节日"课程包含传统节日、现代节日和校园节日三类课程,将传统节日、现代节日课程整合于学校课程架构之中。在校园节日课程中,学校设计了"创智读书节""创意科技节""智慧数学节""唯美艺术节""跃动体育节"和"丰收劳动节"。

1."追梦读书节"。为了增强我校儿童好读书、读好书的积极性,激发儿童读书的兴趣,让每一位儿童都亲近书本,喜爱读书,学会读书,也为了展示儿童的阅读成果,从而促进儿童个性的和谐发展,学校将分年级举办一至六年级"读书节"活动。课程活动设计如下。第一阶段进行活动准备:(1)召开全体语文教师会,通知活动内容,鼓励全体语文老师和儿童积极参与活动;(2)通知家长与儿童,提交分享的书名,积极准备分享材料,可以通过分享精彩故事、阅读方法、阅读感悟等形式,将自己喜欢的书目推荐给其他同学,分享时间控制在3分钟左右,老师提前准备儿童分享的书目的问题设计;(3)各年级利用两周时间举行班级"读书节"海选活动,通过海选评选出部分优秀的儿童参加学校的读书分享活动；(4)各年级教研组长做好评委、记分员、道具等年级人员分工工作，提前购买活动需要的奖品和互动小礼品。第二阶段进行活动展示：(1)年级活动展示，参与"读书节"活动的选手按次序一一进行推荐分享；(2)由老师和家长代表组成的评委老师根据儿童的表现进行打分，最终评选出一等奖、二等奖和优秀奖，为他们颁发奖状和奖品。第三阶段进行活动整理：各年级整理活动视频、照片等相关资料，做好活动总结。"读书节"根据课程设计，将从演讲内容、语言表达、表情仪态和整体效果等四方面分别进行评价。

2. "智慧数学节"。为了弘扬数学文化，激发儿童爱数学、学数学的兴趣，让儿童感受到生活中处处有数学，学会用数学的眼光去关心社会，去获取和发现新的知识，培养儿童观察、空间想象、动手操作能力及无限的创造能力，学校开创了"智慧数学节"，每年于五月中旬和九月下旬各举办一次为期一天的数学活动。通过活动，我们希望儿童与数学为伍，以兴趣为伴，启迪智慧人生。活动包括两种类型。类型一：自行选择活动主题。第一阶段为活动准备阶段：(1)由各年级根据自己年级特点自行选择活动主题，并制定具体的活动方案；(2)结合活动方案与活动主题选择进行教师分工，明确活动任务到人，修改并形成规范的活动方案。第二阶段为活动开展阶段：以班级为单位，按年级分配主题，严格按照制定好的活动方案开展活动。第三阶段为活动总结交流阶段：各年级结合活动效果，明确评价标准，设置评价奖项并报给学科负责人，由学校统一进行颁发奖状，教师结合活动开展情况，以同一活动主题为单位进行经验交流分享，为进一步提升活动品质指明方向。类型二："我心中的数学"和"小小数学家"主题活动。第一阶段为召开年级教研组长会，明确活动主题，制定活动方案。第二阶段收集不同类型的作品：(1)先在班级内进行展评，每个班级评选出 10 份不同的作品；(2)再根据不同的作品类型进行分类，以微信公众号投票和校园展板的形式进行展出；(3)最终，根据得票情况评选出一等奖、二等奖和优秀奖。第一阶段先在班级内开展比赛，相同主题，相同问题。每个班级评选出 5 名代表，参加学校内决赛。

3. "创意科技节"。为了提高儿童的科学素养，激发儿童对科学知识的兴趣，培养儿童的创造性思维，也为了丰富儿童的课余生活，让儿童在活动中增长知识、提高素质，为同学们提供一个相互交流和同台竞技的机会，学校将分年级举办一至六年级"走近科学"活动。课程活动设计如下。第一阶段进行活动准备：(1)召开全体科学教师会，通知活动内容，鼓励全体儿童积极参与活动；(2)通知家长与儿童，提交分享的书籍或期刊，积极准备分享材料，将自己喜欢的书籍或期刊分享给其他儿童，分享时间控制在6分钟左右,老师提前阅读儿童推荐的书籍并提出重点问题。第二阶段进行初选:(1)各年级提前举行班级"创意科技节"活动并选出优秀的儿童参加学校的展示活动;(2)各年级科学老师结合本年级科任老师做好评委、记分员、道具等年级人员分工合作,提前购买活动需要的奖品和互动小礼品。第三阶段进行比赛:(1)各年级按照活动安排的时间进行展示;(2)评委组按照演讲内容、答疑情况、表情仪态和整体效果等四方面分别进行评价,依据总体得分的高低,每个年级评定出特等奖、一等奖、二等奖和三等奖并对获奖儿童颁发证书,并给予奖励。第四阶段为活动整理阶段:各年级整理活动视频、照片等相关资料,做好活动总结。

4."唯美艺术节"。音乐和美术是心灵的艺术,也是人类情感与精神的结晶,并能让儿童从中获得视觉的愉悦和美的陶冶。学校坚持根植中华优秀传统文化深厚土壤,坚持以美育人、以美化人,引导儿童树立正确的审美观念,陶冶高尚的审美情操,丰富儿童艺术文化生活,培养艺术素养,展示学校艺术教育成果,形成全校性的艺术氛围,提高校园艺术教育品质。活动由学校教导处牵头,音乐和美术教研组具体实施,课程活动设计如下。活动一,"童心绘画节"。定期举办艺术展览活动,利用校园宣传栏定期展示优秀儿童作品,丰富儿童的文化生活,促进校园文化交流,为儿童施展自我才能提供艺术平台。活动二,"童艺音乐节"。第一阶段进行活动准备:音乐老师和儿童双向选择,开始筹备节目和排练节目。第二阶段进行活动展示:以舞蹈、合唱、歌舞剧等形式呈现。让儿童在实践中体验和感悟,提升艺术素质。第三阶段进行活动整理:各年级整理活动视频、照片等相关资料,做好活动总结。

5."跃动体育节"。为增强体质,展现全体师生精神面貌,发现和培养体育后备人才。结合《国家学生体质健康标准》的测试及数据上报工作,学校每年组织举办一次"跃动体育节",以班级为单位进行报名,参赛项目丰富多彩,在测试每个儿童体质健康成绩的同时,让每一个有专长的儿童来展示自己的风采,让每个人都能感受到运动的快乐。课程活动设计如下。第一阶段进行活动准备:(1)确定活动时间,体育组编排活动方案,召开全体教师会议,通知活动内容,安排人员分工;(2)进入前期项目报名阶段,比赛项目包括50米跑、仰卧起坐、坐位体前屈等内容,鼓励班级儿童积极参与活动,展现自我风采;(3)统计报名情况,进行方案细化,编排秩序册;(4)为活动进行安全、后勤等保障,以保证活动顺利进行。第二阶段进行活动展示:(1)进行开幕式活动,以班级为单位进行展示表演,展现班级风采,发扬集体主义精神;(2)根据比赛成绩进行评奖,个人比赛取得前6名,团体成绩进行积分制,根据个人成绩名次累积,最终评选出一等奖、二等奖和优秀奖,颁发奖状和奖品。第三阶段进行活动整理:整理活动视频、照片等相关资料,做好活动总结。

6.“丰收劳动节”。每年 9 月、10 月是丰收的季节。为了让每一位儿童感受到劳动是一切幸福的源泉,调动每一位儿童的积极性、主动性、创造性,让每一位儿童牢固树立劳动最光荣、劳动最崇高、劳动最伟大、劳动最美丽的观念,学校于每年 9 月底分年级举办“丰收劳动节”,将“劳动最光荣”的思想转化到每一位学生的实际行动中,培养学生积极劳动的兴趣,养成爱劳动的好习惯。

五 推进“纵乐实践”,落实社会实践课程

社会实践是由学校根据区域特色、学生年龄特点和各学科教学内容需要,组织学生通过集体旅行、集中食宿的方式走出校园,在与平常不同的生活中拓宽视野、丰富知识,加深与自然和文化的亲近感,增加对集体生活方式和社会公共道德体验的校外教育活动。“纵乐实践”学习活动在于让儿童保持独立的持续探究的兴趣,获得参与研究、社会实践与服务学习的体验,提升发现问题、提出问题和分析与解决问题的能力,掌握基本的实践与服务技能,学会分享、尊重与合作,养成实事求是的科学态度,增强服务意识与奉献精神,具有关注社会的责任心和使命感。

“纵乐实践”课程设计有两个原则。一是凸显课程性。出发实践前精心编印《社会实践手册》,《社会实践手册》根据学生不同年龄特点、不同学段目标的需求,制定学段、学期实施性社会实践课程计划,明确具体的课程目标,课程安排和课程评价。同时组织学生学习《社会实践手册》,掌握相关游学景点历史、地理、文学等方面的文化知识,让学生明确课程学习任务。二是凸显体验性。每学期根据不同年段的培养目标,结合年段的学习内容精心选取社会实践地点。让学生走出教室,走向自然,走向社会,让学生在实践和体验中增长知识,让学生有动脑的机会、动手的机会、表达的机会,引导学生一起活动,共同体验,相互研讨,在过程参与和旅行体验中拓宽视野、了解社会、亲近自然,培养团队合作能力和社会实践能力,具体见图 2-6。

“纵乐实践”学习活动时间一般安排在暑假期间,建议由家长协助,在老师的指导下进行集中活动。内容如下。

1. 学科应用类实践。活动内容主要是进行学科内的拓展与跨学科的综合应用方面的探索,如六年级学习百分数之后进行相关的应用研究,七年级学习《一个豆荚里的

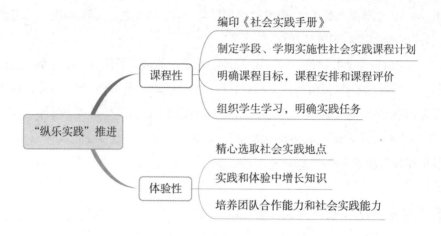

图 2-6　深圳市坪山区东纵小学"纵乐实践"课程图

五粒豆》后开展劳动教育活动,在学校楼顶农场种植豌豆,研究文章中的豆荚与自己亲自种出来的豆荚是不是一样等。

2. 自然环境类实践。活动内容主要是从人与自然的关系角度提出的课题,如环境保护、生态建设、能源利用、农作物改良、动物保护和天文研究等方面与个人生活背景相关的实践课题。

3. 社会生活类实践。活动内容主要是从研究人与社会的关系角度提出的课题,如学校规章制度研究、社会关系研究、社区管理、社团活动、人口研究、城市规划、交通建设等与个人生活背景相关的实践课题。

4. 历史文化类实践。活动内容主要是从研究历史与人的发展角度提出的课题,如乡土文化与民俗文化研究、历史遗迹研究、城市变迁研究、名人思想与文化研究和校园文化研究等与个人生活背景相关的实践课题。

六　激活"纵美校园",开发环境隐性课程

校园文化是学校的精神和灵魂,是学校整体育人环境不可分割的重要组成部分。校园文化建设是学校内涵发展的重要内容,主要包括校园物质文化、校园精神氛围、校园制度三个方面,主要通过情境和氛围的感染、熏陶、暗示等形式对学生的性格等心理品质发生影响。"纵美校园"文化建设内涵具体见图 2-7。

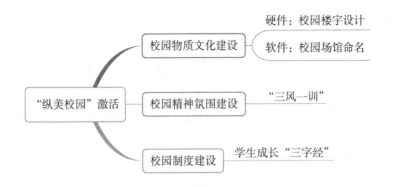

图 2-7　深圳市坪山区东纵小学"纵美校园"文化建设图

1. 校园物质文化建设

校园物质文化是校园文化的重要组成部分,也是隐性课程的一个重要来源。教育活动是在一定的空间内进行的,学校建筑、教学设施等隐含着许多教育含义。重视校园物质文化建设,就要发挥学校空间环境在学校德育中的积极作用。学校以中国传统经典为典故,取楼名为:

● 南华楼(乐游学海:取自庄子《逍遥游》,寄予师生"乘天地之正,御六气之辩,以游无穷"。)

● 北辰楼(以德为先:寄予师生重视品德修炼,有如《论语·为政》所言"譬如北辰,居其所而众星共之"。)

● 东和楼(和谐共进:取自《论语·学而》"礼之用,和为贵",寄语师生团结拼搏,各美其美,美美与共。)

● 一粟餐厅(为学生餐厅,取自唐代诗人李绅所作《悯农二》"春种一粒粟,秋收万颗子",寄语"小纵子"们要珍惜粮食。)

● 一箪阁(为教师餐厅,取自《论语·雍也》:"子曰:'贤哉,回也! 一箪食,一瓢饮,在陋巷,人不堪其忧,回也不改其乐。贤哉,回也!'",寄语全体教工安贫乐道,潜心育人。)

● 拾萤图书馆(取自《晋书·车胤传》:"胤恭勤不倦,博学多通,家贫不常得油,夏月则练囊盛数十萤火以照书,以夜继日焉。")

● 三省书屋(为教师阅览室。取自《论语·学而》:"曾子曰:'吾日三省吾身,为人谋而不忠乎？与朋友交而不信乎？传不习乎？'"）

● 百川报告厅（取自"海纳百川，有容乃大"，寓意这里将成为百家争鸣、教育思想汇聚、教育智慧生长的一方天地。）

● 半云攀岩馆（出自李贺的诗句"少年心事当拏云"，以及李白《梦游天姥吟留别》里的诗句"半壁见海日，空中闻天鸡"，寄语东纵少年养浩然气，立凌云志。）

结合东纵小学的创校背景，联系东江纵队历史文化，取名东纵大厅、东江广场及北江创客中心等。

2. 校园精神氛围建设

校园的精神氛围是校园内特有的风气和风貌，是最具有影响力和凝聚力的德育因素。东纵小学毗邻东江纵队纪念馆，背靠曾生将军故居，特殊的地理位置赋予我们红色底色，"忠心向党、赤心为民、不畏艰险、不懈奋斗"的东纵精神赋予我们文化血脉。学校筹备组经过多次研讨与打磨，铸魂载道，确立了东纵小学办学理念、发展目标和"三风一训"，以文培元，以文化人。

（1）校训：向善向美　有容有度

校训乃一校之魂，体现着学校的办学理念与目标。同时，校训作为一个标尺，激励和劝勉在校的教师和学子们向善而行，向美而生，有容乃大，有度则正。

（2）校风：矢志不渝　卓尔不凡

校风是学校之风，师生之风，体现学校独有的血脉与特色，是我们对每个孩子的希冀，也是对每个教育人的要求。

（3）教风：东风化雨　海纳百川

教风是教师队伍在德才治教等方面的集中反映，要求教师不断提升完善自身品行，在业务上做到博大精深。

（4）学风：纵横学海　惜时如金

学风是学习的风尚和风格，归根到底是学生对待学习的思想态度和行为表现，强调主动学习和知行合一。

3. 校园制度文化建设

学校制度作为一种外在的制约因素调控和制约着学生的行为，作为一种无形的力量影响着学生的道德行为和习惯。学校从自身需要出发，建立健全合理的规章制度，符合教育教学规律和学生成长规律。学校制定了《学生日常行为规范三字经》《读书三字经》《文明午休三字经》及《文明如厕三字经》等，通过对学生的日常行为规范以"三字经"的形式编出来,不仅帮助学生记忆,还在教育过程中时时提醒和规范学生的行为,将规章制度内化为学生的行为习惯。

七 创意"纵深探究",落实项目学习课程

项目学习是一种动态的学习方法,学生主动地探索现实世界的问题和挑战,在学习探究的过程中领会到更深刻的知识和技能。这可以锻炼学生的创造力、团队合作和领导力、动手能力、计划及执行项目的能力。学校进行"纵深探究"项目学习的基本理念是强化学生关键能力,培养学生的实践能力和创新精神,学以致用;从学校到社会,从育人角度出发,基于人的成长需要,重在培养孩子的生活能力和社会适应力,回归真实的生活。

融合项目式课程,即多学科融合的PBL(项目式学习)课程、智慧教育与学科知识深度融合课程。学校按照国家的顶层设计开展好强化地方性实践性学习的带有项目学习色彩的地方课程和校本课程。

落实项目选点方向。项目选点选择那些既引发学生实践的兴趣,又在课程系统内部具有核心或者重要作用的内容,选用覆盖范围尽可能大的点来作为学生实践的项目。

落实情境设置与任务分配。每一次项目学习,都进行必要的情境设置,使得项目学习的实践性得到提升,也使得学生透过现象分析问题的能力得到提高,抽象思维的能力得到锻炼。在校本教材的项目学习课程的编制中落实多情境下的学生实践学习的任务分配。不同小组的组合、不同任务的具体落实、任务的多少、规则地形与非规则地形的搭配、人数多少的恰当组合,要结合具体项目情境落实到位。

落实项目实践与知识运用的关系。在教材编制时认真、准确挖掘项目学习中所蕴含的学科课程知识,在分析讲解时,务必进行恰当的指点挖掘学科课程知识,将项目实践与学科课程知识紧密结合。

学校结合健康管理课程,即生命课程,包括体育与健康、心理与卫生、生命与生涯教育等;结合语文、数学、英语、音乐及美术等学科建设开展项目学习课程。项目学习课程图见2-8。

"纵深探究"活动设计要突出生活之美,要让设计活动变成连接并更新学校、家庭、社区生活的实践性活动。要以任务为驱动,教师提供学习资源和学习工具,通过创设

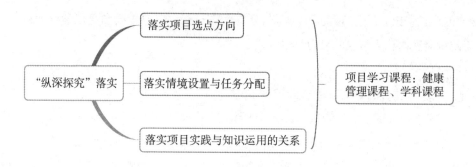

图2-8 深圳市坪山区东纵小学"纵深探究"之项目学习课程图

真实的问题情境——项目,学生开展合作学习,在探究中完成学习任务。项目按学习的需求立项,选题不论大小,学生面对的都是真实而具体并且需要探究的问题,且兼具实用性与合作性。学生可以充分利用多媒体和网络等信息技术资源,通过实践体验、自主发现、协商合作、创造想象等多种途径来完成,有利于培养学生的自主性和协作性,提高学生的自主学习、分析和解决问题及批判性思维的能力。每学期学校利用暑假组织教师开展理论学习和案例学习。学期中定期召开教学研讨活动,加强交流和学习。以问卷调查和专题调研的形式鼓励家长、学生参与项目的选择、论证与确定。三至六年级每个年级要形成一个活动设计案例,引导学生展开实施。学校为项目化学习的实施搭建平台,进行阶段性研讨和展示,形成若干精品项目案例。

八 建设"纵新联盟",做活家校共育课程

家校共育是学校积极探索家校联系的一种新途径、新方法。为了拓宽孩子的视野,增长孩子的见识,更好地为学生提供优质高效的教育资源,学校邀请热心教育事业的家长朋友走进课堂,发挥职业优势,为孩子们讲述社会大百科,形成别具特色的家长讲堂新局面,完善社会、家庭、学校三位一体的教育体系。

综上所述,我们将秉承"纵教育"的教育哲学,全面贯彻党和国家的教育方针,充分利用学校和社会的课程资源,优化课程结构,全面体现办学理念,优化课程管理,扎实推进学校课程建设,力求培养德、智、体、美、劳全面发展的社会主义建设者和接班人。

(撰稿人:深圳市坪山区东纵小学 何莹娟、郭惠怡、黄奕敏、苏红梅)

第三章

高联结性课程内容

　　高品质课程内容的设计与组织是有高联结性的。首先,高联结性课程内容体现在与课程目标的关系上,课程内容应围绕课程目标构建,课程目标为课程内容设计提供了指引。其次,高联结性课程内容还体现在横向分类的科学性与纵向布局的严密性上,需要根据课程的整体效能综合考虑,把握课程内容间的逻辑关系,将学习过程设计为彼此关联平衡、环环相扣、层层递进的整体过程。最后,高联结性课程内容在实施上具有整合性,将不同元素联结成有机整体,以发挥最大的教育效益。

课程内容的设计与组织是高品质课程开发的关键,其内容不是各科知识简单随意地堆砌,而是对课程的内容元素进行合理的排列组合,使信息、知识、活动等不同元素形成有联结的整体体系。① 这一整体是围绕课程目标构建的,在课程构建时先要确定教育的目的及具体目标,课程内容的联结性首先体现在与目标的关系上,具有目标聚焦的针对性。此外,泰勒在其课程原理的阐述中表示,课程内容的设置需考虑时间顺序,即"纵向"的阶段性,与各门学科的关联,即"横向"的分类及整合。② 高联结性课程内容就体现在横向分类的科学性、纵向布局的严密性与内容实施的整合性之中。

　　一是目标聚焦的针对性。高品质课程内容的高联结性首先体现在内容与目标的联结上,课程内容的设置一定是聚焦目标、支撑目标实现的。其内容选择要坚持正确的方向,符合国家的教育目标与时代的发展需求,始终围绕着育人目标与课程目标,追求"五育"的融合共生,与学生的全面发展相匹配。③ 以深圳市坪山区第二外国语学校为例,学校确立了育人目标,即"培养身心整全、独一无二的生命个体,热爱祖国、心系天下的社会公民,力学笃行、尚美创新的未来人才"。通过育人目标的具体指向,围绕身强体健、心理健康、品德高尚、中华底蕴、勤勉好学、知美尚美、创新实践等要素确定课程目标,为课程内容的填充作出了目标性指引。

　　二是横向分类的科学性。课程内容的组织不是孤立存在的,高品质课程内容的横向布局是科学的,根据课程的整体效能综合考虑不同因素,使之相互关联、彼此平衡。④ 例如,深圳市坪山区第二外国语学校在课程内容的横向分类上呈现出多种属性和样态。从课程来源看,学校课程可分为国家课程、地方课程、校本课程、社区课程、家庭课程等;从课程领域方面可分为语言与阅读、数学与科技、品德与健康、审美与艺术等若干领域;在课程功能方面包含基础性课程、拓展性课程、选择性课程、综合性课程;

---

① 吕立杰,袁秋红. 校本课程开发中的课程组织逻辑[J]. 教育研究,2014,35(9):96—103.
② 罗明东. 拉尔夫·W. 泰勒与"泰勒原理"[J]. 教育研究与实验,1988(4):67—69.
③④ 李臣之. 校本课程开发[M]. 北京:北京师范大学出版社,2015:110.

实施路径可分为学科课程、活动课程、实践课程、社团课程和环境课程；从实施形式看，有必修、必选、自修和自选或者普修、专修、精修之分；从外显形态看，还有显性课程和隐性课程(或隐蔽课程)之分。

三是纵向布局的严密性。高品质课程内容的高联结性还体现在纵向组织布局的严密性。在课程内容的设置中根据内容间的逻辑关系，将学习的过程设置为环环相扣、层层递进的整体。[①] 泰勒指出，"时间维度"是组织学习中的重要考虑因素，它包含连续性(continuity)与序列性(sequence)或阶段性。[②] 学生的学习是建立在一定的学习经验基础上的，这样才能使学生的学习经验不断深入。以深圳市坪山区第二外国语学校为例，结合学生认知能力与素养结构的发展，依据各学段的特征对九年18个学期的课程作出整体安排，跨学段整合，分步推进。

四是内容实施的整合性。高品质课程的内容是整合的，统筹实施的。首先是以统整意识充分考虑"学习者经验"，将特色课程与国家课程相结合，形成课程间的相关性并统筹实施；其次是缩小学科间的边界，对各年级相关的学科能力进行纵向梳理和整合设计，使学生能够形成整体的认知。[③] 例如，深圳市坪山区第二外国语学校以"坪山客家文化"为主题的综合性课程，包含了微剧、书法展、美术展、摄影展、手工艺术品展等形式，打破学段与学科的禁锢，将学生经验、学科知识、社会关联进行整合，使课程内容中的各个要素整体协调、相互渗透，以发挥其最大的教育效益。

综上所述，高品质课程的课程内容首先聚焦课程目标，目标聚焦的针对性为课程内容的设置提供了指引，也是课程布局的前提。其次，横向分类的科学性与纵向布局的严密性是高品质课程内容建构的关键，结合学生的发展规律与内容元素自身的逻辑顺序，形成科学严谨的课程内容，使学习的过程紧密相连、层层递进。最后，内容实施的整合性在横向与纵向的整体高度上对课程内容进行整理与融合，将信息、知识、活动等不同元素形成有联结的整体体系，是高品质课程内容的重要保障。

(撰稿人：深圳市坪山区第二外国语学校　裴一帆)

---

① 洪涛."融""创"厚基，优化育人生态——走向高品质办学的课程建设[J].教育科学论坛，2020(23)：47—50.
② 罗明东.拉尔夫·W.泰勒与"泰勒原理"[J].教育研究与实验，1988(4)：67—69.
③ 董洪亮.走向高品质的学校课程建设[J].江苏教育，2021(62)：75—76.

"树·人"课程：让生命与世界完美相遇

深圳市坪山区第二外国语学校创办于 2019 年 9 月，位于东纵路以南，坪环路西侧，坪山区均田二路 1 号，为区属九年一贯制公办学校，广东省义务教育标准化学校，粤港澳大湾区青少年创新科学教育基地成员校，区戏剧教育试点校，现有班级 36 个，在校生 1646 人。学校紧跟政策发展，结合学校的基本情况，不断发掘课程需求，探索适合本校发展的课程建设之路。

第一节　激活生命存在的意义

一　教育哲学

教育学者、湖南师范大学刘铁芳教授说过："对生命与教育的反思是时代性的，即置身时代之中的教育研究者应该深入时代的背后，去深切地反思我们时代的教育理想和现实。"教育活动的中心是活生生的、完整的人，应以尊重生命、呵护生命、珍爱生命、发展生命为追求。教育能做的是提供当下学生的生命成长过程中所必须具备的和未来应该具备的一部分，教育的最大价值在于激活他本身对于当下生命存在意义和未来价值实现的渴望和寻找。因此，学校提出了"生命整全"教育哲学。

"生命整全"教育强调的是"生命"和"全面发展"。学校以马克思"人的全面发展"的观点为起点，结合新时代的发展要求，认为人的全面发展不应该是人的各种素质的累积和叠加，也不是各种知识和技能的增长和对社会的简单适应与成全，而应当从生命自身和内在出发来逐步丰富、健全和上升，成长为一个精神富足、独立自由、生命整全的个体。

"生命整全"教育是追求人的完善，是对教育的寻根过程。真正的教育应该指向此时此地个体自身生命的充实与完满,而不是指向冰冷的知识或不确定的未来。这样的思考首先是针对现代学校教育中"身与心的二元分离和对立"问题——不考虑心灵生长的身体关切与不考虑身心活力的智力教学。教育者重视学生个体在学校教育情境中的真实存在,强调激活学生的身体参与和感受,并以此促成知识与人的融合。

"生命整全"教育强调尊重人的发展,尊重生命的成长。教育应以尊重学生亲身参与,鼓励学生基于个人感受来形成自己的理解和判断为前提,强调学生在学习过程中保持全身心投入的参与状态,让个体在身心充分展开的学习过程中获得心灵的丰盈与人格的完型。

基于此,我们将学校的办学理念确定为:尊重生命,长养生命。

二 课程理念

儿童的发展是一个生命整体的发展,而课程则是激发儿童对美好事物的生命体验,让生命在世界中得到涵养和发展。基于"生命整全"教育哲学,学校确立了"让生命与世界完美相遇"的课程理念。

课程即宽广的世界。课程是世界的浓缩,丰富多彩的课程将世界的美妙与奇特呈现在学生面前,满足学生对世界的好奇心和求知欲,激发学生对世界的主动探索,使学生的心灵通过课程探寻到世界的美好。

课程即生命的给养。柏拉图说:"一个儿童从小受了好的教育,节奏与和谐浸入了他的心灵深处,在那里牢牢地生了根,他就会变得温文有礼;如果受了坏的教育,结果就会相反。"课程为生命的成长奠定了健康的成长基础,为生命的成长提供了丰富的养分,为生命的绽放提供了灿烂的舞台。

课程即文化的相遇。生命的成长需要文化的浸润,中华文化博大精深,是我国学校生命教育的底色,也为课程提供了丰富的资源。课程让每位学生将中华文化与自身的发展相融合,让学生在中华大地上汲取文化的力量。

课程即美好的情愫。生命蕴含着丰富的情感,对美好的感知和不懈追求。课程尊重每一位学生对美好的感知,尊重每个学生生命的体验,也让每个学生的情感获得充分的发展。

基于"让生命与世界完美相遇"的课程理念,学校确立了"树·人"整全教育课程,让每一棵树在沃土中茁壮,让每一个人在课程中成长。

第二节 发掘生命的无限可能

泰戈尔说:"教育的目的应该是向人类传递生命的气息。"而课程的目的是为儿童提供生命无限的可能性。因此,课程目标是对学生通过课程学习所要达到的发展状态和水平描述性指标,发掘无限可能。以学生为主体,既表达了学校育人的要求与期待,又体现了学校的课程哲学。

一 育人目标

根据党和国家的教育方针,结合教育的时代发展,面向学生的未来与城市发展的未来,学校教育不仅要面向科技文明日新月异不可测度的生存、生产、生活变化,更要面向一个强大中国参与世界和平发展新秩序的时代。因此,学校将育人目标确定为:培养身心整全、独一无二的生命个体,热爱祖国、心系天下的社会公民,力学笃行、尚美创新的未来人才。学校在育人中以马克思主义关于"人"的观念,从三个维度关注和落实"人"的个体性和社会性发展。

1. 身心整全、独一无二的生命个体。每个人都是独一无二具有生命个体特征的完整的人;也正是每个独特的生命个体共同构成了我们多彩缤纷的世界;教育的目的就是要培育"身心整全"的完整的人。

2. 热爱祖国、心系天下的社会公民。教育在某种意义上就是将个体的人进行社会化的过程,在学生受教育的过程中需要根植于中华大地的民族底色,在民族传统中汲取养分,使学生成为心系家国的具有初步公民品格的人。

3. 力学笃行、尚美创新的未来人才。面对未来的变化,学生需要具备丰富的知识和能力,需要有审美情趣和创新精神,能够利用国际视野、合作精神认识世界、适应世界、改造世界,逐渐成长为身心强大、自信笃行的中华文化传播者。

通过对育人三个维度的理解,学校将育人目标具体指向七个方面:身强体健、心理健康、品德高尚、中华底蕴、勤勉好学、知美尚美、创新实践,具体见表 3-1。

表3-1　深圳市坪山区第二外国语学校育人目标及其具体指向表

育人目标	具体指向
身心整全,独一无二的生命个体	身强体健
	心理健康
热爱祖国,心系天下的社会公民	品德高尚
	中华根基
力学笃行,尚美创新的未来人才	勤勉好学
	知美尚美
	创新实践

　　在学校育人的基础上,逐步形成具有学校特色的学生成长样态,即强大的生命个体、自信的社会公民和走向世界的文化传播者。而这样的成长样态与教师和家长密切相关,具体见图3-1。

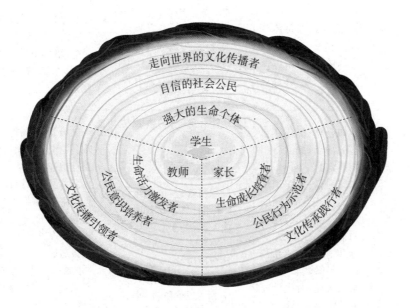

图3-1　深圳市坪山区第二外国语学校学生、教师和家长成长关系图

二 课程目标

基于育人目标及其具体指向,同时依据中小学不同年级学生认知发展规律,学校对课程目标进行了分年级定性、定量的细化,具体见表3-2。

表3-2 深圳市坪山区第二外国语学校课程目标一览表

目标　　　年级	一至三年段	四至六年段	七至九年段
身强体健	1. **运动参与**:掌握简单的全身性活动,能够积极主动地参与体育运动,具备操作运动器材的基本动作能力; 2. **健康习惯**:养成良好的饮食习惯和规律的运动习惯,保持良好的身体状态; 3. **终身体育**:坚持体育锻炼和接受体育教育,对体育运动保持良好的兴趣,有自我保护意识。	1. **运动参与**:认识健康行为的重要性,会选择适合自己的身体活动,掌握一定的运动技能,对运动动作有控制能力; 2. **健康习惯**:认识并积极参与各项休闲、运动活动,并能预防及处理运动伤害,养成良好的健康运动及饮食习惯; 3. **终身体育**:了解各项运动规则,积极参与运动活动,具有运动安全意识和防范能力,具有良好的体育道德。	1. **运动参与**:掌握基本运动保健知识和方法,全面发展体能和健身能力,并拟定个人运动计划,并积极参与体育运动; 2. **健康习惯**:具有较强的安全运动能力,塑造良好的身体形态,提高适应自然环境的能力; 3. **终身体育**:能够将安全运动的意识迁移到日常生活中,培养坚强的意志品质,形成合作意识与能力。
心理健康	1. **认知合理**:能描述自己的特点,接纳自己与他人的不同; 2. **人际和谐**:认识情绪的表达,了解正确的情绪宣泄方式,能够与他人友好相处; 3. **社会适应**:适应新角色、新环境、新群体,融入集体,对生活充满热情与信心。	1. **认知合理**:分析自我与他人的差异,关心自己,并建立个人价值感; 2. **人际和谐**:积极参与集体活动,具备有效地与他人沟通的技巧与理性地情绪表达的能力; 3. **社会适应**:适应生活和社会的各种变化,具有应对失败和挫折的能力。	1. **认知合理**:了解人格、气质、性格等差异,建立自我意识和自信心; 2. **人际和谐**:认识压力,并具备解压的能力,能够通过集体生活建立与他人相处的友好模式; 3. **社会适应**:能把握升学选择的方向,树立职业规划意识,形成早期职业发展目标。

目标 \ 年级	一至三年段	四至六年段	七至九年段
品德高尚	1. **礼仪品德**:懂礼貌,守秩序,爱护公物,行为文明; 2. **尊重生命**:认识并爱护自己的身体,初步了解生命的形成; 3. **劳动实践**:自己的事情自己做,能承担简单的劳动,积极参加实践活动。	1. **礼仪品德**:行为得体,文明礼貌,诚实守信,遵纪守法,有责任感; 2. **尊重生命**:树立珍惜生命,热爱生命的意识,懂得基础的自救自护知识; 3. **劳动实践**:能承担力所能及的学校及家务劳动。	1. **礼仪品德**:举止文明,诚实守信,尊老爱幼,有责任心; 2. **尊重生命**:了解生命的价值与意义,珍爱自己和他人的生命; 3. **劳动实践**:勤劳,了解公益,热心公共服务,积极参加公益活动。
中华根基	1. **民族理解**:了解和学习中华民族的汉字知识及优秀传统文化知识; 2. **国家认同**:爱护国旗、学唱国歌等,能够感受到祖国的大好河山和幸福生活,对祖国产生自豪感和归属感; 3. **文化自信**:体会和感知传统文化和节日中所蕴含的中华文化,并主动向身边的人分享所感受到的中华文化。	1. **民族理解**:了解我国悠久文明历史、民族文化及优秀成果; 2. **国家认同**:了解祖国的发展历程,了解祖国建设者们的光荣事迹,对祖国的发展感到骄傲,珍惜现在的美好生活; 3. **文化自信**:通过活动体验感受传统节日的历史和文化底蕴;能够在实践活动中践行优秀的传统文化。	1. **民族理解**:认识和欣赏中华文脉的历史价值和现实意义,感受其中表达的情感和思想,以优秀的传统道德、精神文化标准要求自己; 2. **国家认同**:知道中国历史的重要史实和发展的基本线索,知道当代公民的社会责任,将祖国的发展与个人的未来理想建立联系,承担起建设祖国的责任; 3. **文化自信**:尊重各民族传统文化习俗,树立作为中华民族的归属感与自豪感,在不同场合展示中华文化,传播中华民族的优秀文化。
勤勉好学	1. **乐学好学**:能正确认识和理解学习的价值,初步养成良好的学习习惯,积累不同的知识; 2. **博学笃行**:拥有广泛的兴趣,有意识地培	1. **乐学好学**:能养成良好的学习习惯,了解各种学习方法,广泛阅读,增加知识储备; 2. **博学笃行**:主动参与各类活动,积极主动思考,并发挥自己的才能,	1. **乐学好学**:积极进行学习和探究活动,能自主学习,具有终身学习的意识和能力,善于总结,能够在实践中反思知识和能力; 2. **博学笃行**:主动发现和独

目标 年级	一至三年段	四至六年段	七至九年段
	养自己的特长。	发展自己的兴趣。	立思考问题,能培养自己的多方面才艺,并乐于展示自己的才能。
知美尚美	1. **多元发展**:善于观察,能发现生活、自然中的美,有兴趣了解不同文化背景下艺术的不同表现形式; 2. **学会欣赏**:喜欢观看、聆听反映生活的艺术作品,在聆听、观看、模仿、表演中获得初步审美体验; 3. **乐于表现**:将学习到的艺术要素运用到艺术活动中,尝试运用多种艺术形式,自由表达自己的情感。	1. **多元发展**:接触不同的艺术表现形式,在音乐、美术等领域中具有专长; 2. **学会欣赏**:能对同学或自己的艺术作品或艺术表演进行客观评论,能将日常情感通过艺术形式进行表达,从而获得审美体验; 3. **乐于表现**:将自己认识的艺术要素以不同的表现方式表现。	1. **多元发展**:有兴趣探索不同的艺术形式,尊重多元艺术文化,形成多元审美意识; 2. **学会欣赏**:有意识并有能力将不同文化中对生活及相关艺术作品的不同感受、体验和表现,进行比较与评论,加深对生活的认识; 3. **乐于表现**:能运用艺术要素和形式规律表达自己的情感。
创新实践	1. **感受认知**:初步了解生活中的自然、感知知识与生活的链接,启蒙创新精神; 2. **勇于探究**:养成探知的兴趣,乐于思考、勤于动手的良好习惯; 3. **敢于创新**:善于观察生活,有强烈的好奇心,具有初步的动手能力。	1. **感受认知**:了解一些基础科学知识和原理在生活中的运用,具有浓厚的思考探究兴趣,想象力丰富; 2. **勇于探究**:乐于在观察、求证、验证中去寻找解决方法和答案;有合作意识,乐意与别人分享成果; 3. **敢于创新**:积极参与社会实践活动,在实践中发展创新思维,进一步提升动手能力,能够亲手设计制作一些小作品。	1. **感受认知**:能够灵活运用自己所学的知识和技能,将不同的元素进行合理组合,并引入新的创意,形成新的创意或问题解决方案; 2. **勇于探究**:具有独立思考和实践创新的能力,在体验活动中,大胆探究,敢于创新与表现; 3. **敢于创新**:能够利用所学知识和外部资源,将自己的奇思妙想和精彩创意转化为实物作品。

目标 \ 年级	一至三年段	四至六年段	七至九年段
劳动实践	1. **树立正确的劳动观念**：正确理解劳动是人类发展和社会进步的根本力量，认识劳动创造人、劳动创造价值、创造财富、创造美好生活的道理； 2. **培养必备的劳动能力**：掌握基本的劳动知识和技能，正确使用常见劳动工具。	1. **树立正确的劳动观念**：尊重劳动，尊重普通劳动者，培育积极的劳动精神和创造性的劳动思维； 2. **培养必备的劳动能力**：增强体力、智力和创造力，具备完成一定劳动任务所需要的设计、操作能力及团队合作能力。	1. **树立正确的劳动观念**：形成尊重劳动、热爱劳动、解决问题、勤于创造、善于合作的氛围，继承和弘扬中华民族勤劳奋斗、乐于奉献的优良传统； 2. **培育学生积极的劳动精神**：领会"幸福是奋斗出来的"内涵与意义，继承中华民族勤俭节约、敬业奉献的优良传统，弘扬开拓创新、砥砺奋进的时代精神。

第三节　尊重生命的多彩与独特

课程框架是实现学校育人目标的关键载体。学校课程体系的构建不仅呈现出多重属性和样态，将生命的丰富多彩融入教育；还尊重每个生命的独特性，创设系统、多元的发展环境。学校从具体校情出发，通过学校课程逻辑、学校课程结构和学校课程设置的构建，充分展现学校课程的逻辑性、丰富性和特色性。

一　课程结构

学校课程丰富多彩，呈现出多种属性和样态。我们按照课程功能维度，将学校课程划分为培根课程、舒干课程、添叶课程、累果课程，构建学校四大类型课程，具体见图3-2。

1. 培根课程即学科基础性课程，以国家课程为基础，以立德树人为根本，促进学生自主发展，为学生的发展打好基础。培根课程指向必备知识的获取和人格的塑造，

图 3-2　深圳市坪山区第二外国语学校"树·人"课程结构图

是全体学生共同学习的,使学生在面对与学科相关的生活实践或学习探索问题情境时,获取能够促进认识问题、分析问题与解决问题的能力,为学生的一生打下坚实的根基。每一位学生都是一棵自在生长的树苗,他们的成长需要良好的基础,培根课程以国家教材、课程标准、品德规范为依托,让其根系发展、逐渐壮大。

2. 舒干课程即学科拓展性课程,是国家课程中学科课程及学校特色课程,是国家课程和地方课程的校本化、个性化体现。学科老师团队总结和反思课程实施过程中的局限性,通过选择、改编、整合、补充、拓展性等方式,对国家课程和地方课程进行再加工、再创造,使之更符合学生特点和需要。舒干课程指向学科素养及关键能力的培养,使学生在面对学科相关的生活实践或学习探索问题情境时,具备促进其认识问题、分析问题、解决问题的能力。学校通过小语种特色课程、劳动教育特色课程、生涯规划特色课程、科学创新等特色舒干课程,为学生的繁茂发展提供充足且多元的养分,使学生更加茁壮地成长。

3. 添叶课程即选择性课程,以尊重学生差异、开发学生潜能、择兴趣所选、弘扬个性所长为目标,在对学生的发展需求、校内课程资源、校外课程资源进行科学评估的基础上,开发可供学生自主选择的多样化课程,主要是社团课程。添叶课程可以唤醒与发现每一位学生的需求,让每位学生拥有自主发展的内驱力,让每位学生在自己的优势领域里发展,不断为个人成长、成才添叶。

4. 累果课程即综合性个体发展课程,指向学科素养的形成,与两门及以上的学科相关联,是基础性课程、拓展性课程融合后,在现实生活中的知识运用及学习素养的表现形式。主要包括传统节日、文化表达和综合实践等,这些课程将学生在学科学习过程中的知识和能力运用到现实情境中,通过实践和创造逐渐构建自身的学科素养,将课程内容真正转化为自身的成果。

二 课程设置

根据"树·人"课程体系结构,结合学校课程现状,学校按照不同年级水平从"培根课程""舒干课程""添叶课程""累果课程"四大类型,对学校一至九年级各学年的课程内容进行系统整理和建构,具体设置见表3-3。

表3-3 深圳市坪山区第二外国语学校"树·人"课程设置表

课程 \ 年级	培根课程	舒干课程	添叶课程	累果课程
一年级	语文、英语、数学、道德与法治、体育与健康、音乐、美术、科学	**德育课程:**习惯养成课程、小君子课程、文明礼仪课程 **小语种特色课程:**教育戏剧课程、配音秀 **科学创新特色课程:**少儿编程、自然科学、乐高机器人 **劳动教育特色课程:**个人起居类劳动指导课程,包括个人物品整理、清洗、家庭清扫和垃圾分类等指导课程 **"长养生命"生涯特色课程:**生涯课程、职业体验课程	**人格与品德:**"光盘行动"小学生节约美德养成教育、小学低段学科融合下的公益劳动教育课程 **运动与健康:**乒乓球、围棋 **艺术与审美:**Mother Goose 童谣吟唱、兰亭书法(硬笔) **文化与表达:**古诗词诵读和鉴赏、魅力中国 **思维与探究:**手工创造社、知规系列课、数独	**学科拓展:**体育节、艺术节、科技节、文学节、英语节(书法、演讲、歌唱、配音大赛等)、数学益智竞赛 **传统节日:**清明、端午、中秋、冬至等课程 **社会实践:**生命认知实践课程:引导学生亲近自然,体验生命,增强环保意识,关爱地球

课程\年级	培根课程	舒干课程	添叶课程	累果课程
二年级	语文、英语、数学、道德与法治、体育与健康、音乐、美术、科学	**德育课程：** 习惯养成课程、小君子课程、文明礼仪课程 **小语种特色课程：** 教育戏剧课程、配音秀 **科学创新特色课程：** 少儿编程、自然科学、乐高机器人 **劳动教育特色课程：** 个人起居类劳动指导课程，包括班级集体劳动等指导课程 **"长养生命"生涯特色课程：** 生涯课程、职业体验课程	**人格与品德：** "光盘行动"小学生节约美德养成教育 **运动与健康：** 围棋、足球、乒乓球、星光舞蹈队、体育舞蹈、田径队、跳绳队、麒麟舞、篮球训练队 **艺术与审美：** 原版动画《小猪佩奇》（Peppa Pig）赏析演绎、生涯绘玩社、金鹰小剧场、厚望书法社（软笔）、水墨丹青国画社、音乐戏剧、口风琴社团、小百灵合唱团、灿烂金属铜管乐团、绘心工艺社 **文化与表达：** 大语文阅读趣味课程、英语戏剧表演、国学经典诵读 **思维与探究：** 益智游戏社团（三阶魔方）、创造力培养课程、机器人搭建与编程、小小工程师	**学科拓展：** 体育节、艺术节、科技节、文学节、英语节（书法、演讲、歌唱、配音大赛等）、数学益智竞赛 **传统节日：** 清明、端午、中秋、冬至等课程 **社会实践：** 传统、地域文化体验实践课程：寻找鹏城之源，探究鹏城历史；了解深圳发展；了解客家文化，体验传统手工制作等
三年级	语文、英语、数学、道德与法治、体育与健康、音乐、美术、科学、读本	**德育课程：** 习惯养成课程、小君子课程、文明礼仪课程、我和我的祖国、学雷锋主题课程 **小语种特色课程：** 教育戏剧课程、配音秀 **科学创新特色课程：** 少儿编程、自然科学、乐高机器人、小小创想	**人格与品德：** "光盘行动"小学生节约美德养成教育 **运动与健康：** 围棋、足球、乒乓球、星光舞蹈队、体育舞蹈、田径队、跳绳队、麒麟舞、篮球训练队 **艺术与审美：** 原版动画 Peppa Pig	**学科拓展：** 体育节、艺术节、科技节、文学节、英语节（书法、演讲、歌唱、配音大赛等）、数学益智竞赛 **传统节日：** 清明、端午、中秋、冬至等课程 **文化表达：**

课程\年级	培根课程	舒干课程	添叶课程	累果课程
		家、超级发明家等 **劳动教育特色课程：** 个人起居类劳动指导课程，包括手工制作，照顾动植物等 **"长养生命"生涯特色课程：** 分学段的生涯课程、生涯融合课程、生涯浸润课程	赏析演绎、生涯绘玩社、金鹰小剧场、厚望书法社（软笔）、水墨丹青国画社、音乐戏剧、口风琴社团、小百灵合唱团、灿烂金属铜管乐团、绘心工艺社 **文化与表达：** 大语文阅读趣味课程、英语戏剧表演、国学经典诵读 **思维与探究：** 益智游戏社团（三阶魔方）、创造力培养课程、机器人搭建与编程、小小工程师	书法展、美术展、摄影展、手工艺术品展等 **社会实践：** 爱国情怀实践课程，了解革命先烈的伟大事迹，传承革命精神，树立远大理想；了解深圳发展历史，感受深圳的包容性和世界性，弘扬民族精神和时代精神
四年级	语文、英语、数学、道德与法治、体育与健康、音乐、美术、科学	**德育课程：**习惯养成课程、小君子课程、文明礼仪课程、我和我的祖国、我和我的家乡、我和我的父辈、他们的理想（革命先烈主题教育）、学雷锋主题课程 **小语种特色课程：** 俄语、法语、日语、韩语等；教育戏剧课程、"非正式会谈"主题交流课程、配音秀 **科学创新特色课程：** 少儿编程、自然科学、乐高机器人、小小创想家、超级发明家等 **劳动教育特色课程：** 校园劳动与家庭劳动指导课程，包括家居清洁、收纳整理、制作家常餐等	**人格与品德：** "光盘行动"德育养成、漫"话"民法典中的我 **运动与健康：** 足球社、篮球社、乒乓球队、青春咨询室、心理戏剧、麒麟舞社团课程 **艺术与审美：** 书法课程、彩墨画、小剧场音乐戏剧、乐器社团、合唱队 **文化与表达：** 朗读者、趣味阅读、主持人社团、英语电影赏析、英语歌曲赏析等 **思维与探究：** 创意思维、趣味科学小实验、走进院士、魔方训练营等、奥数班、小小理财家、数学问题探	**学科拓展：** 体育节、艺术节、科技节、文学节、英语节（书法、演讲、歌唱、配音大赛等）、数学益智竞赛 **传统节日：** 清明、端午、中秋、冬至等课程 **文化表达：** 书法展、美术展、摄影展、手工艺术品展等 **社会实践：** 劳动实践体验课程，以动手实践为主要方式，体验农事活动，在认识世界的基础上，获得有积极意义的价值体验，学会建设世界，塑造自己，体验团结协作，实现树德、增

课程 \ 年级	培根课程	舒干课程	添叶课程	累果课程
		"长养生命"生涯特色课程： 分学段的生涯课程、生涯融合课程、生涯浸润课程	究、数学趣味活动、STEAM课程	智、强体、育美的目的
五年级	语文、英语、数学、道德与法治、体育与健康、音乐、美术、科学、读本	**德育课程：** 习惯养成课程、小君子课程、文明礼仪课程、我和我的祖国、我和我的家乡、我和我的父辈，他们的理想（革命先烈主题教育）、学雷锋主题课程 **小语种特色课程：** 俄语、法语、日语、韩语等；教育戏剧课程、"非正式会谈"主题交流课程、配音秀 **科学创新特色课程：** 少儿编程、自然科学、乐高机器人、小小创想家、超级发明家等 **劳动教育特色课程：** 校园劳动与家庭劳动指导课程，包括校园卫生保洁、垃圾分类处理、绿化美化、社区环保等 **"长养生命"生涯特色课程：** 分学段的生涯课程、生涯融合课程、生涯浸润课程	**人格与品德：** "光盘行动"德育养成、漫"话"民法典中的我 **运动与健康：** 足球社、篮球社、乒乓球队、青春咨询室、心理戏剧、麒麟舞社团课程 **艺术与审美：** 书法课程、彩墨画、小剧场音乐戏剧、乐器社团、合唱队 **文化与表达：** 朗读者、趣味阅读、主持人社团、英语电影赏析、英语歌曲赏析等 **思维与探究：** 创意思维、趣味科学小实验、走进院士、魔方训练营等、奥数班、小小理财家、数学问题探究、数学趣味活动、STEAM课程	**学科拓展：** 体育节、艺术节、科技节、文学节、英语节（书法、演讲、歌唱、配音大赛等）、数学益智竞赛 **传统节日：** 清明、端午、中秋、冬至等课程 **文化表达：** 书法展、美术展、摄影展、手工艺术品展等 **社会实践：** 生命成长实践体验课程，普及安全防护知识，全面了解安全防范常识以及安全问题发生时的应对措施；学会珍惜生命，珍爱自己，增强学生的社会责任感

课程\年级	培根课程	舒干课程	添叶课程	累果课程
六年级	语文、英语、数学、道德与法治、体育与健康、音乐、美术、科学	**德育课程：**习惯养成课程、小君子课程、文明礼仪课程、我和我的祖国、我和我的家乡、我和我的父辈、他们的理想（革命先烈主题教育）、学雷锋主题课程 **小语种特色课程：**俄语、法语、日语、韩语等；教育戏剧课程、"非正式会谈"主题交流课程、配音秀 **科学创新特色课程：**少儿编程、自然科学、乐高机器人、小小创想家、超级发明家等 **劳动教育特色课程：**校园劳动与家庭劳动指导课程，包括体验种植、养殖、手工制作等 **"长养生命"生涯特色课程：**分学段的生涯课程、生涯融合课程、生涯浸润课程	**人格与品德：**"光盘行动"德育养成、漫"话"民法典中的我 **运动与健康：**足球社、篮球社、乒乓球队、青春咨询室、心理戏剧、麒麟舞社团课程 **艺术与审美：**书法课程、彩墨画、小剧场音乐戏剧、乐器社团、合唱队 **文化与表达：**朗读者、趣味阅读、主持人社团、英语电影赏析、英语歌曲赏析等 **思维与探究：**创意思维、趣味科学小实验、走进院士、魔方训练营、奥数班、小小理财家、数学问题探究、数学趣味活动、STEAM课程	**学科拓展：**体育节、艺术节、科技节、文学节、英语节（书法、演讲、歌唱、配音大赛等）、数学益智竞赛 **传统节日：**清明、端午、中秋、冬至等课程 **文化表达：**书法展、美术展、摄影展、手工艺术品展等 **社会实践：**创新探索实践体验课程，感受科技魅力，培养学生探索科学的能力，储备科技知识，放飞科学梦想
七年级	语文、英语、数学、体育与健康、心理、道德与法治、音乐、美术、信息技术、历史、地理、物理、化学、生物	**德育课程：**习惯养成课程、小君子课程、文明礼仪课程、我和我的祖国、我和我的家乡、我和我的父辈、他们的理想（革命先烈主题教育）、学雷锋主题课程 **小语种特色课程：**俄语、法语、日语、韩语等；教育戏剧课程、"非	**人格与品德：**国家版图教育、"红心闪耀"影视教育课、"重溯时光河流"——历史纪录片赏析 **运动与健康：**足球、篮球 **艺术与审美：**毛笔书法普及课、软笔书法、软笔国画 **文化与表达：**	**学科拓展：**体育节、艺术节、科技节、文学节、英语节（书法、演讲、歌唱、配音大赛等）数学益智竞赛 **传统节日：**清明、端午、中秋、冬至等课程 **文化表达：**从大万世居的闭合式

课程 年级	培根课程	舒干课程	添叶课程	累果课程
		正式会谈"主题交流课程、配音秀 **科学创新特色课程：** 少儿编程、自然科学、乐高机器人、小小创想家、超级发明家等 **劳动教育特色课程：** 家政学习、校内外生产劳动、服务性劳动等课程，包括家庭日常清洁、烹饪、家居美化等 **"长养生命"生涯特色课程：** 分学段的生涯课程、生涯融合课程、生涯浸润课程	古诗苑漫步、英语语音 **思维与探究：** 信息技术与数学融合——几何画板的运用、智慧交通机器人编程、物理视角下的中国古代科技智慧、物理现象探究、趣味化学社、人工智能课程、编程猫、创客社团、创意电子等	建筑形态探秘坪山客家文化；书法展、美术展、摄影展、手工艺术品展等 **社会实践：** 博物致知实践体验课程，了解历史，开拓视野，增长见识，促进学习知识和生活经验的深度融合，培养同学们的观察力和创造力。
八年级	语文、英语、数学、体育与健康、心理、道德与法治、音乐、美术、信息技术、历史、地理、物理、化学、生物	**德育课程：** 习惯养成课程、小君子课程、文明礼仪课程、我和我的祖国、我和我的家乡、我和我的父辈、他们的理想（革命先烈主题教育）、学雷锋主题课程 **小语种特色课程：** 俄语、法语、日语、韩语等；教育戏剧课程、"非正式会谈"主题交流课程、配音秀 **科学创新特色课程：** 少儿编程、自然科学、乐高机器人、小小创想家、超级发明家等 **劳动教育特色课程：** 家政学习、校内外生产劳动、服务性劳动等课程，包括校园包干区域	**人格与品德：** 深圳 40 年的变迁微剧、风云时政、用"微电影"演好道德与法治课育人大戏 **运动与健康：** 足球、篮球 **艺术与审美：** "让经典复活"——《诗经》艺术改编 **文化与表达：** 古诗苑漫步、英语语音 **思维与探究：** 物理视角下的中国古代科技智慧、数学与音乐的共鸣、小艾驾到——人工智能编程、STEAM 课程、生命科学探索、物理现象探究、趣味化学社、编程猫、创客社团、创意电子等	**学科拓展：** 体育节、艺术节、科技节、文学节、英语节（书法，演讲、歌唱、配音大赛等）、数学益智竞赛 **传统节日：** 清明、端午、中秋、冬至等课程 **文化表达：** 从大万世居的闭合式建筑形态探秘坪山客家文化；书法展、美术展、摄影展、手工艺术品展等 **社会实践：** 生涯体验课程，包括青春成长、职业体验、畅想未来；通过实地参观和体验，让同学们提前对自己的生涯发

课程\年级	培根课程	舒干课程	添叶课程	累果课程
		保洁和美化，以及助残、敬老、扶弱等服务性劳动 **"长养生命"生涯特色课程：** 分学段的生涯课程、生涯融合课程、生涯浸润课程		展有所思考，学会"选择"，懂得"规划"
九年级	语文、英语、数学、体育与健康、心理、道德与法治、音乐、美术、信息技术、历史、地理、物理、化学、生物	**德育课程：** 习惯养成课程、小君子课程、文明礼仪课程、我和我的祖国、我和我的家乡、我和我的父辈、他们的理想（革命先烈主题教育）、学雷锋主题课程 **小语种特色课程：** 俄语、法语、日语、韩语等；教育戏剧课程、"非正式会谈"主题交流课程、配音秀 **科学创新特色课程：** 少儿编程、自然科学、乐高机器人、小小创想家、超级发明家等 **劳动教育特色课程：** 家政学习、校内外生产劳动、服务性劳动等课程，包括体验包括金工、木工、电工、陶艺、布艺等项目在内的劳动及传统工艺制作 **"长养生命"生涯特色课程：** 分学段的生涯课程、生涯融合课程、生涯浸润课程	**人格与品德：** 深圳40年的变迁微剧、风云时政、用"微电影"演好道德与法治育人大戏 **运动与健康：** 足球、篮球 **艺术与审美：** "让经典复活"——《诗经》艺术改编 **文化与表达：** 古诗苑漫步、英语语音 **思维与探究：** 物理视角下的中国古代科技智慧、数学与音乐的共鸣、小艾驾到——人工智能编程、STEAM课程、生命科学探索、物理现象探究、趣味化学社、编程猫、创客社团、创意电子等	**学科拓展：** 体育节、艺术节、科技节、文学节、英语节（书法、演讲、歌唱、配音大赛等）、数学益智竞赛 **传统节日：** 清明、端午、中秋、冬至等课程 **文化表达：** 从大万世居的闭合式建筑形态探秘坪山客家文化；书法展、美术展、摄影展、手工艺品展等 **综合实践：** 励志团建实践课程，包括团队拓展，培养学生的团队意识、沟通能力和合作能力，增强集体凝聚力；培养自信，鼓励学生树立远大理想，坚定学习意志，从当下做起，抓住每一次机会努力成才，挑战自我

第四节　创设生命的沉浸式互动过程

基于"生命整全"的教育观,学校将"具身学习"理念作为教师认识学习、理解教学与课程建设的重要依据,强调营造身心同在的学习环境,为学生提供参与建构和生成知识的过程。

一　建构"生命化课堂",提升课程实施品质

"生命化课堂"是生命与生命交往互动的过程,是一种以学生为中心的、引发学生思想碰撞、激发学生思维、促进师生共同提升和完善的课堂形态。"生命化课堂"以学生的全面发展和身心整全为教学目的,根据学生的个性特点和学科的内容来展开教学,在课堂上尊重学生,关注学生个性,激发学生的创造力和生命力。

1. 开展基于课程标准的教学研究。课程标准是教材编写、教学、评估的依据,是国家管理和评价课程的基础,深入学习课程标准、撰写学期(模块)课程纲要是实施"基于课程标准的教学"的关键。依据课标、教材、学情,站在课程的角度整体规划教学,细化解读目标,把课程标准转化为学段目标、学期目标、单元目标、课文目标、课时目标,对课程标准中课程内容目标、教学建议、评价等进行系统化梳理,整合课程资源,按课程目标、课程内容、课程实施、课程评价四要素撰写课程纲要,统筹安排学科学段教学,逐步规范课程建设,通过有效的教学保证课程的有序、高质量实施。

2. 研究学生的学习意识和流程。"生命化课堂"要基于课前预测分析、课中实时分析、课后反思分析来设计和重构课堂学习流程。课前,教师需潜心研究学情,了解学生已知和未知,考虑学生的个性特点,站在学生的角度去设计学习活动;课中,教师需密切关注学生的学习状态和反馈情况,及时了解学生的学习进度,并根据学生的状态实时调整课堂节奏;课后,通过与学生的互动了解学生对课堂知识的掌握情况。

3. 强化课堂管理,提升课堂质量。学校从课前备课、课堂教学、作业设计、课后辅导、学业评价等方面完善课堂管理制度,制定相应的评价方案,加强学生的过程性评价,规范教师的课堂实施行为,从而整体提升课堂质量。

二　建设"生命化学科"，丰富学科课程体系

"生命化学科"是体现学校特色的课程，是实现学校育人目标的重要途径。"生命化学科"的实施既能拓展延伸基础学科课程的知识与技能，又能彰显学校的育人特色。

1. 生涯课程。生涯课程建设的定位必须依托人发展的全方位视角，符合适合个人长期发展的理念。学校结合"长养生命"的定位，在生涯教育工作中主要以生涯专项指导课程、生涯融合课程和生涯浸润课程三种课程形式进行探索与实践。

第一层面，生涯专项指导课程。学校学生成长支持中心老师专业教授的生涯专项指导课程，包含各学段的生涯课程及专家入校的生涯指导讲座。例如，小学段有《伟大的一步》、初中段有《你的房子是什么样的》等。

第二层面，生涯融合课程。在生涯融合上，由各科组教师进行德育、智育、体育、美育、劳动教育五方面与生涯的融合教育。

第三层面，生涯浸润课程。学校生涯浸润课程联合学校多个部门，积极探索形式多样、学生喜爱的生涯浸润系列活动，包括《豆丁·心视界》、树洞计划、豆丁训练营、豆丁读书圈、"让你的光芒闪耀"学生综合素养评价、主题教育活动、综合实践活动、企业游学、校园电视台等。

2. 科创课程。学校在行动上，探索科创体验活动与课堂教学的有机结合。学校与中国科学院深圳先进技术研究院和中科创客学院合作，共建粤港澳大湾区青少年创新科学教育基地；校内配备"创造力实验室""机器人实验室""达尔文实验室""航空航天实验室"等创客体验空间；开设"脑洞力""物理动手动脑之旅""天台生命农场""机器人编程社""神秘科学世界及科学小制作""创意会玩"等科创社团；定期开展科普进校园、科技创玩体验活动，培养学生科学精神与创新素养；通过开展中科院"科学快车"进校园科普活动，组织学生到深圳少年科学创新体验馆实践拓展，参与深圳科普月系列活动，开设科学家讲堂，全方位打造科创体验平台，着力提升学生的信息素养、创新意识和创新能力，把"科学"的种子撒满校园，为学生插上"创新"翅膀。

三　创设"生命化社团"，发展儿童兴趣爱好

"生命化社团"课程，是从"生命整全教育"理念出发，充分尊重生命发展不同阶段

所需的能力，以学生的兴趣爱好为依据，从身体的发展到心灵的发展，站在整体育人的高度，设置学校社团课程，保证每一位学生都能够找到适合的发展方向。

学校十分重视学生实践能力和个性特长的培养，将第二课堂与学生社团活动进行整合。在此基础上，开设47门选修课程，以课程超市的形式供学生自主选择，内容涵盖文学、艺术、科学、体育等几大类，满足学生的不同需求。课时安排根据不同课程内容的需要，设置为每课时30分钟、40分钟或60分钟，进行集中学习或分散学习。

四 推进"生命化探究"，落实综合实践课程

"生命化探究"课程是学生素养形成的重要阶段，学校倡导参与、体验、实践等多样化的学习方式，开阔学生眼界，丰富学生的具身经验，将学生置身于社会环境中，增强学生的创新精神和实践能力，将现实经验与理论、知识和生活进行深度融合，以达到学生的全面发展，也是对"生命整全"教育的重要实践。

学校以主题式研学为形式，将研学主要分为"我与自然""我与文化"和"我与社会"三个部分，引导学生在亲近自然，走进社会，感受文化的过程中做到"做中学""学中研""研中思""思中创"。

1. 主题式探究课程设计。学校针对学生的不同年龄和身心特点，低年段以"体验性"和"感受性"主题探究为主，中年段以"感受性"和"探究性"主题探究为主，高年段以"项目式"和"创新性"主题探究为主，整合校内外、社区、城市及省内外教育教学资源，围绕不同年级的发展水平，设计不同主题的综合实践探究课程。

2. 跨学科探究课程学习。综合实践探究课程实施并不仅仅指在单一学科中的体验、感受和思考，而是融合不同学科知识，贯穿于学习准备、探索实践和成果展示的整体学习过程。综合实践探究课程依托综合实践课程，将其他学科的知识内容及学科技能融合到实际活动中，组成综合实践课程大科组，主要开发综合实践探究课程。

在课程实施过程中，课前准备阶段，发布探究主题，教师根据主题准备该主题与本学科教学内容的相关知识和技能，帮助学生做好探究准备，让学生在探究的过程中能够带着问题去观察和思考，发挥探究性学习的真正教育价值；在课程开展过程中，以小组合作学习的形式进行探究和学习；课程结束后，教师组织学生以研究小报告、调查报告、手绘作品、发明制作、摄影记录等形式进行学习成果展示、交流和分享。

五 设计"生命化节日",营造学校课程氛围

节日教育蕴含着丰富的教育内容和巨大的教育价值,"生命化节日"是一种以活动为主要形式的课程。通过整合学校、家庭、社区等资源,从培养学生人文精神和创新精神出发,选取学生感兴趣的事物、生活中的经验、社会热门话题、学科知识概念、时令节日为主题,在活动中使学生形成深厚的人文底蕴和创新思维。目前学校开展了学科及文化周/月、仪式课程、节庆与活动、社区实践四类综合性课程,从学科、活动、社区等不同层面实现学校整体育人的目标。

1. 学科及文化周/月。学科文化周/月主要是以各学科文化知识为基础的综合性课程,能够激发学生对各学科的学习兴趣,强化课程目标,丰富学科知识内容。目前学校开展的学科文化主题活动具体见表3-4。

表3-4 深圳市坪山区第二外国语学校学科及文化周/月部分表

课程名称	活动形式	教育目的
体育节	举行各种体育活动比赛,如跳绳、跳远、仰卧起坐、接力赛,以及各种趣味项目(两人三足跑、抱球跳、同舟共济、袋鼠接力赛等)。	培养学生合作、自信、勇敢、公平竞争和团队意识等良好品质,体验参与的乐趣,享受成功的喜悦,树立"健康第一"的思想及终身体育锻炼的意识。
艺术节	开展丰富多彩的艺术活动,组织班级合唱比赛,校园声乐、器乐、舞蹈比赛;组织画展,举办水墨画、油画、水彩画、素描比赛、创意拼贴画创作等。	建设良好的文化艺术教育氛围,让学生在浓厚的艺术氛围里开启多种感知通道,打开情感的闸门,激发学生对艺术的兴趣与爱好,培养学生健康的审美情趣和良好的艺术修养,促进综合技能的发展。
科技节	科学小制作、科幻画、小发明、3D打印、四驱车拼装等一切创意在这里绽放;举办作品展示、科普知识竞赛、评比、拍卖会、发布会等,形式多样。	激发学生学习科学知识的兴趣,开发学生的潜能,提高学生的动手动脑能力,让学生在科技活动中感受生活离不开科技创新,体验科技活动过程的快乐,提高科学素养。
文学节	每年确定不同的主题,开展"开幕式""好书推荐""作家面对面""亲子阅读""古诗配画""古诗创编""古诗吟诵"等活动,使学生爱上读书与写作。	在传统文化中汲取资源,增强学生阅读兴趣的同时锻炼学生的表达能力,养成良好的阅读习惯,会读书,读好书,培育学生的文化自信。

课程名称	活动形式	教育目的
英语节	根据文化传播主题，开展各类文化的特色活动，将中华文化用英语等外语形式进行表达，将它们介绍给更多的人。	在培养学生尊重和认同本民族文化的基础上，使学生具有全球意识和开放的心态，能尊重世界多元文化的多样性和差异性，积极参与跨文化交流，着重培养学生同理思维能力。
读书月	该活动以阅读为主，通过国旗下讲话拉开读书月的帷幕。班级出一期有关读书的板报，学生制作精美书签，并挑选好的作品进行展览，开展中华经典诗文诵读比赛活动，要求全员参加。	培养学生读书、爱书的好习惯，为其今后的成长提供文化底蕴和发展后劲；形成热爱读书的良好风气，促进学生知识的更新、思维的活跃和综合实践能力的提高，并在读书活动中陶冶情操，获取真知；同时，培养学生课外阅读的能力，丰富知识，拓宽视野。
心理健康活动月	每年有不同的主题，设置电影、讲座、心理剧比赛、心理健康知识科普、心理游戏、积极心理小贴士等环节，在轻松愉悦的氛围中开展活动。	学生在轻松愉快的氛围中收获心理健康的相关知识，对心理学与个人生活的相关性有所认知，在生活中能够运用相关知识积极乐观幸福地成长，以达心理健康。
五月劳动主题教育月	宣传劳动模范人物先进事迹，组织开展学生劳动教育成果展示交流活动，评选劳动教育先进个人和优秀成果。	加大宣传力度，引导社会形成正确的劳动观念，重视劳动教育，充分发挥劳动教育"立德树人"的作用。

2. 仪式课程。仪式课程结合中小学生年龄、心理、认知特点，通过精心设计的仪式活动，在学生身体和精神上留下文化印记，帮助学生产生安全感、秩序感，拥有归属感、神圣感，同时，让学校真正关注学生生命成长的过程性、生命存在的丰富性。学校仪式课程有常规仪式课程（开学典礼、升旗仪式）和成长仪式（入团仪式、毕业典礼、誓师大会）等。具体安排见表3-5。

表3-5 深圳市坪山区第二外国语学校仪式课程部分表

课程名称	时间	对象	活动形式	教育目的
入队仪式	6月	小学部全体学生	经历升国旗、出队旗、奏出旗曲、奏唱队歌、宣读入队决定、新队员佩戴红领巾、宣誓等主要流程。	戴上红领巾，增添学生的自豪感与责任心，为队员们的人生之路画上浓墨重彩的一笔，使其怀着敬畏之心在学习和生活中严格要求自己。

课程名称	时间	对象	活动形式	教育目的
军训	9月	七年级学生	主要包括开展军训宣传动员会，队列训练，口号训练，军纪、军容教育，开展军训汇报表演，先进班级、个人评比等。	通过军事训练规范学生的坐立行走姿势，培养学生文明礼仪习惯，促进学生养成良好的个人品德。同时培养学生的组织性、纪律性与集体主义精神。
升旗仪式	周一	全体学生	升旗仪式包括出旗、升国旗、奏国歌、宣誓、国旗下讲话等内容，每一个升旗环节都饱含着满满的国家荣誉感、自豪感。	通过升旗仪式的庄重感、神圣感，养成学生的爱国主义情怀，增强学生的使命感和责任感。
团前教育	9月	七年级学生	了解党团关系，学习团史及团的章程、入团条件、团员发展程序、团员的权利和义务以及入团申请书的写法等。	严把发展新团员的入口关，及时吸收政治思想好、学习努力刻苦、积极要求上进的青年同学加入团组织，增强团组织的凝聚力和战斗力。
入团仪式	5月、10月	八、九年级学生	组建入团积极分子培训班，开展入团仪式，包括宣布入团名单、唱团歌、出团旗、戴团徽、宣誓等环节。	全面贯彻《共青团中央关于进一步加强团的基层组织建设的决定》的文件精神，增强广大团员的先进意识，带领广大团员坚定信念、树立理想、积极实践，切实加强团的建设和思想政治工作。
誓师大会	3月	九年级学生	由九年级师生、校领导参加，仪式上，有奏国歌、教师发言送祝福、学生代表发言表决心、家长代表送温暖等富有能量的表达，最后九年级学生激情呐喊誓词。	通过"百日誓师"，九年级全体师生统一思想、明确目标、鼓舞士气，为创造中考的辉煌奠定坚实的基础。
毕业典礼	6月	六、九年级学生	学生以班级为单位，进行毕业展演，将在学校学习的成果与感想进行呈现，开启班级"时光胶囊"，与同学、老师回首三年或六年间自己的收获与改变。	该仪式能让师生在庆典中见证"成长的喜悦"，拥有一个充满温情的回忆，为奔向美好的充满希冀的未来提供动力。

3. 节庆与活动。引导学生体验与感受中华民族传统节日中的传统文化、习俗与美,促进学生对中华文化的理解,增强爱国情感、民族自豪感,自觉成为中华民族优秀传统文化的弘扬者和继承者,具体见表3-6。

表3-6 深圳市坪山区第二外国语学校节庆与活动课程表(部分)

课程名称	活动形式	教育目的
春节	春节正值寒假期间,邀请同学们制作"祝岁册",庆祝中国优秀民族最重要的传统节日,在开学时,对作品进行点评、展示、表彰。	深入挖掘春节所凝结的中华优秀传统文化的内涵,培养和树立认识传统、尊重传统、继承传统、弘扬传统的思想观念,增强对中华优秀文化传统的认同感和自豪感。
端午节	开展包粽子、吃粽子、制作端午节手抄报、挂香袋、系五色绳、端午节诗歌朗诵等活动。	通过端午节进一步了解中国的传统节日,用心去体验我国的传统节日中蕴涵的意义,缅怀爱国诗人屈原,同时在活动中锻炼和发展学生的动手能力,增进学生对中国传统文化的了解和兴趣。
清明节	每年清明节设有不同的主题,根据主题开展多样化的清明活动,如国旗下主题展演、网络祭英烈活动、寻味清明、清明的色彩与清明的旅行等活动。	弘扬中华传统文化,缅怀英烈,寄托哀思。增进学生对清明节的了解,用感官切身感受清明节的色彩、特色饮食与节日所传达的情感。
中秋节	学生动手装扮班级,营造中秋节传统的气氛,升旗仪式中表演与月、中秋有关的歌舞,朗诵诗歌,展示书法,为全体师生送上祝福。同时,在主题班会中,使学生了解与中秋有关的故事,猜灯谜,了解中秋的来历、诗歌,通过绘画、语言来表达对中秋的理解,最后制作月饼,共享甜蜜。	通过形式多样、丰富多彩的活动,让学生走进中秋,感受中秋佳节的思乡之情和祝福团圆的美好情感,传承中华民族的传统文化,激发学生的民族自豪感,并在活动中培养学生主动参与意识、动手能力和团结合作精神。

4. 社区实践课程。根据年龄特征选择不同主题的社会实践活动,包括参观纪念馆、禁毒教育基地、爱国主义教育基地等;参观社会企业、社会实践基地等;每学年开展不同主题的社会实践课程。另外,还有研学旅行活动、福利院敬老活动、垃圾分类实践活动、学科融合下的公益劳动教育课程等。学校结合周边社区资源,将学习主题与社区活动、社区发展等项目结合,以年级、班级、小组合作等方式,根据不同的活动内容,灵活运用各类活动组织形式,由此调动社区力量和家庭力量,构建全员育人和全方位育人的社区教育环境。

综上所述,基于学校课程的建设基础,针对课程建设的相关问题,深圳市坪山区第二外国语学校坚持"开放、选择、体验、多元"的课程建设理念,突出能力与素养类课程的全面开发,构建"树·人"整全课程体系,突出课程设置的多样性、差异性、创新性和可选择性,以"生命化"的理念满足学生学习、生活和个性发展的多样化需求,最终指向学生核心素养的发展。

(撰稿人:深圳市坪山区第二外国语学校　周卫锋)

第四章

高关注性课程摄入

课程是时代发展的教育产物，与时代有密切的关系。每个时代的课程都折射该时代的教育理念、社会观念、知识成果和科技前沿。高品质课程建设离不开高关注性课程摄入，需要吸收时代的新气息和新内容，需要融入现代教育的新思维和新技术。在一所学校中，高关注性课程摄入需反映学生的学习需求和发展愿望，充分体现学校文化与课程理念，考虑学科的知识融合与发展趋势，兼顾社会的现实需要与未来发展，应综合考虑学生、学校、学科及社会四个重要因素，以此形成具有时代内涵的课程体系。

课程是时代发展的教育产品,与时代有密切的关系。每个时代的课程都折射该时代的教育理念、社会观念、知识成果和科技前沿。当今,世界正在经历着一系列变革,现代教育也面临着许多新的挑战。这些挑战已潜移默化地影响着学校课程建设与发展。课程摄入将有哪些新内容、新变化,正是人们特别关注的突出问题。

　　众所周知,学校是课程实施的责任主体。泰勒指出,学校课程编制应该寻求达到的教育目标,并提供选择性学习经验达到这些目标。这里所说的学习经验,是指学生学习所要经历的全部经验,亦即实现教育目标的过程。按泰勒的话说,是"学生者与他能够作出反应的环境中的外部条件之间的相互作用",而不是静态地指某一学程所涉及的内容。学校必须以确定的教育目标为依据,对学习经验进行精心选择,以利于最佳地实现教育目标。①

　　泰勒的研究表明,教育经验可以显著影响学生的学习效果,因此,在构建一个完整的学习经验体系时,"纵向"的时间顺序和"横向"的学科关联应当被恰当地结合在一起,以达到最佳的学习效果。

　　我们认为,泰勒的观点对学校课程建设具有重要的指导意义,但是学校课程不是一成不变的,课程内容建设更不能墨守成规,与时代脱节。伴随科技的发展、社会的变迁,学生发展也在发生变化。发挥育人功能的学校应与时俱进,打造高品质的课程体系,更好地为党育人、为国育才。而高品质的课程建设离不开高关注性课程摄入,这类课程摄入需要吸收时代的新气息和新内容,需要融入现代教育的新思维和新技术。

　　在学校课程建设中如何才能做到高关注性课程摄入呢? 我们认为,在一所学校中,高关注性课程摄入需反映学生的学习需求和发展愿望,充分体现学校文化与课程理念,考虑学科的知识融合与发展趋势,兼顾社会的现实需要与未来发展,应综合考虑学生、学校、学科及社会四个重要因素,以此形成具有时代内涵的课程体系。

---

① 罗明东.拉尔夫·W.泰勒与"泰勒原理"[J].教育研究与实验,1988(4):67—69.

第一，高关注性课程摄入需反映学生的学习需求和发展愿望。学生的真实学习需求和发展愿景，是推动课程建设的重要一环。泰勒认为，我们只需把有关学生目前的状况与理想的常模加以比较，确认其中存在的差距，就可以发现教育上的需要。根据心理学观点，当教师的期望与学生的实际需要情况保持一致时，能够让他们尽情分享教学的快乐，也能让学生在最大程度上获得学习的满足感。关于学生需要方面，有学者认为，学习者的需要是"完整的人"身心发展的需要，即人格发展的需要。① 施良方教授在《课程理论——课程的基础、原理和问题》一书中则指出，为了更好地满足学习者的需求，课程设计者必须密切监测和了解学生的行为和思维，特别是他们的兴趣、需求、认知水平和情绪状态。这些观点有助于学校课程建设者的深入思考与探索。

我们认为，学校教育的核心目标之一是培养学生的潜力，因此，在选择课程摄入时，应该充分考虑学生的学习需求和发展潜力。新时代学生需求的内涵是十分丰富的，学生发展的愿望也具有前瞻性。从内涵看，这个需求既包含学生"完整的人"身体发展的需求，也包含了学生学习的需求，二者相互促进发展；从性质看，学生的需求既包含了学生天性的自觉需求，也包含学生后天养成的自觉需求；从时间看，学生的需求既包含了学生当前的需求，也包含了其长期的需求。因此，课程摄入时应着眼于学生现实需求与发展愿景。

以深圳市坪山区科源实验学校（原汤坑小学）为例，该校的"人工智能""STEAM融合探究""3D创意打印设计""机甲大师编程""生涯教育""诗词大会""国学小讲堂"等现代科学技术与传统人文素养的课程摄入，一定程度上反映了学生真实的学习需求和发展愿望，给予学生与课程之间更加紧密的双向选择。这样的课程既让参与的学生浸润其中得以培养，又丰富了学校课程时代发展的新内涵。

第二，高关注性课程摄入需充分体现学校文化与课程理念。有学者认为，课程与文化之间有着天然的血脉关系，课程源于文化，并逐渐演化成为学校文化建设的重要载体。学校文化的内涵与意蕴引领课程体系构建，而课程体系构建促动学校文化传承创新。②

也有学者认为，自课程有显性和隐性之别的西方观点引入国内以来，学校文化建设又被称为隐性课程建设，因此还被纳入课程论的范畴。文化建设历来是学校必须承

① 张华. 论课程目标的确定[J]. 外国教育资料, 2000(1): 13—19.
② 贾建国. 基于课程体系构建的学校文化创生路径[J]. 教育科学论坛, 2021(25): 5—7.

担的一项重要且富有全局性的工作,突出学校特色和个性的形成。通过学校教育实现青少年一代文化培根的导引,是学校文化建设中关乎民族文化兴旺的大事。①

　　杨四耕教授在《课程变革创生富有个性的学校文化》一文中也明确指出,学校课程建设是学校文化变革与特色发展的核心元素。② 我们认为,课程理念是课程文化之根基,而课程文化既是学校文化的重要组成部分,也是学校教育的核心内涵。随着学校教育的持续发展和不断创新,学校课程日益凸显出教育的传承和发展的关键作用。在学校中,课程是学校教育核心内涵赖以传承的重要纽带,离开了课程,学校教育可能存在衰退乃至枯竭的风险。学校课程体系建设包含着课程研究、执行、评估和控制的完整要素,也是对课程文化实现系统性、序列化和个性化继承与发展的步骤。因此,学校课程建设需要在传承学校文化与课程理念的基础上不断融入新思维、新技术、新方法,为学校文化与课程理念的增值与创新提供了核心机制。这也是学校整体课程建设中尤为关注焦点之一。

　　第三,高关注性课程摄入需考虑学科的知识融合与发展趋势。斯宾塞提出,教育的目的在于帮助人们实现理想的人格,而评估一门课程的价值取决于人们实现理想的努力。尽管他的理念在近代的教育中有着深远的影响,但他的价值观和课程观仍属于实用主义的思想,即追求实用性的知识与技术。泰勒强调,在制订教育计划时,必须以学术界的权威意见和研究成果为基础,应将学科专家的建议作为确定课程目标的重要依据,而且,这些意见和研究成果必须紧扣教育的实际需求。

　　长期以来,学校各学科课程的教材大多是由学科领域专家研制和编写的,编制的教学课程目标往往过于专业,繁、难、偏、旧的课程内容也与时代脱节,导致学校课程建设与发展的停滞不前。

　　我们认为,课程发展应该远离"学科中心论"和"分科课程"的不良影响。在素养为先的育人时代,学科的育人价值不能仅仅满足于知识传递,还要强化学科交叉融合,凸显现代学科互补的融合优势和实践价值。这样的课程内容将变得更加丰富、多样、新颖、实用。因此,学校在课程摄入方面需要认真考虑学科的知识融合与发展趋势,重视学校具有时代特色的课程群、跨学科或项目式的课程研发,积极发挥"互联网＋教育""学科与信息技术融合""大数据分析""无围墙学校"等平台作用,形成课程融合新样

① 叶澜.试论当代中国学校文化建设[J].教育发展研究,2006(15):1—10.
② 杨四耕.课程变革创生富有个性的学校文化[J].现代教学,2017(7):23.

态,为未来社会复合型人才的培养奠定基础。

第四,高关注性课程摄入需兼顾社会的现实需要与未来发展。泰勒认为,课程应该根据当代社会的需求来设计,并且应该充分考虑学生的实际情况,以便更好地理解社会的变化。他的观点为当今的新课程改革提供了重要的现实指导。

有学者则认为,课程改革在本质上是一个"社会—政治"过程,其中充满权力的博弈、价值观的冲突及利益的折中。这在根本上是由课程改革的核心对象——课程的属性所决定的。① 我们认为,课程具有鲜明的社会属性。课程是建立在特定社会背景之上的,它具有明显的社会特征。这种特征是课程能够发挥育人作用的基础,它包括扎实的理论基础、良好的教育环境条件和实践机会。课程中的知识来源于社会,课程情境则是社会环境的具体体现,而活动设计则蕴含着丰富的实践意义。通过将多种因素有机结合,课程不仅可以有效地传播社会经验,而且还可以促进学生的社会化发展,从而发挥出其重要的价值。

但要强调的是,社会是不断发展变迁的,课程不能完全依赖于对当下社会的研究。随着时代的进步,现代社会的变革不断加快,科技的进步和知识的不断更新,使得教育组织机构不得不认真考虑社会将来的发展态势,加强对学习者的监督与引导,以确保他们在获得良好的教育基础上,充分利用现代信息和资源,实现其最大的价值,帮助他们更好地融入未来社会。因此,从这个角度看,我们认为,学校的课程建设需要兼顾社会的现实需要与未来发展,以此推动学校课程建设的良性发展。

总之,在世界百年未有之大变局背景下,在科技发展日新月异的今天,教育领域的课程与教学的变革已经拉开了序幕。在一定程度上讲,课程与教学的变革竞争是未来教育竞争的重要领域,也是人才竞争优势的核心基础。进一步加强面向未来课程的实践探索,努力开发新时代的高品质课程体系,是我们这个时代教育工作者孜孜以求的奋斗目标。

(撰稿人:深圳市坪山区科源实验学校　周景斌)

---

① 肖磊. 论课程改革的社会属性——兼谈课程改革制度化的立论之基[J]. 西南大学学报(社会科学版),2017,43(5):71—81.

HAPPY 课程：让每一个孩子享受金色童年

深圳市坪山区科源实验学校位于峰峦叠翠的马峦山脚下，坪山河蜿蜒流淌，源远流长，山水滋养万物在此开花结果。学校由原汤坑小学改扩建而成，位于深圳市坪山区碧岭街道汤坑社区，拥有八十多年的办学历史，于2022年7月更名为现校名。学校占地面积3.7万平方米，建筑面积7万多平方米，新建2栋教学楼、1栋综合楼，增设千人看台、3片篮球场、1片足球练习场、地下停车场、游泳馆、地下疏导中心、教职工公寓、午休用房、师生食堂等场地设施，教学功能设备齐全。学校先后获得了"全国青少年足球示范学校""全国智慧校园试点学校""省安全文明示范学校""省交通安全示范学校""省棋类特色学校""市体育典范学校""市改革创新领跑学校""市科创教育特色学校""市德育示范学校""市书香校园""市绿色学校""市办学效益先进单位""市阳光体育先进单位""市眼保健操示范学校""市工人先锋号""区教育系统先进单位""区基层党建先进单位"及"区十大文明学校"等荣誉称号。学校师资雄厚，现有区级名师6人，高级教师5名，具有硕士研究生学历教师32人。为了进一步整合资源，传承优势，把学校打造成适合学生成长的乐园，我们推进课程建设，打造让每一个孩子享受金色童年的"HAPPY 课程"，取得了可喜的成效。

第一节　让每一颗童心快乐飞扬

科源实验学校秉承着前身汤坑小学的教育理念。梧桐东延，马峦北麓，岁月静好，碧岭环顾。小村汤坑，悠然在谷，汤坑小学，伫立村东。赋金色童年，育心灵自主，求个性发展，谋师生幸福。

童年者，成长之初，因其未完成而有无限潜能。教育者不横加以结果，不强求以分数，顺应天性，友善用脑，发展其未完之心智，唤醒其生命之自觉。此为科源实验学校教育之儿童立场。幸福者,教育之彼岸。幸福非一日之功,亦非他年之待;自知自主、平和从容,不在远处,更在眼前。此为科源实验学校教育之幸福追求。

科源实验学校之成就金色童年课程,循四大目标路径而生。曰:和谐友善、博识尚美、健康向上、创新创造。四大课程体系如四条跑道,立德树人、养智育能,应坪山城市发展之需——育科源实验学校全面发展之才。

古之谓汤坑者,今之谓温泉也。若使全校师生,进得校园,如沐春风,如浸温泉,然则幸福童年教育得其初心矣!这是科源实验学校,也是前身汤坑小学的校赋。这一校赋秉持儿童立场,是我们确立学校课程哲学的基本立场。

一　教育哲学

科源实验学校"让每一个孩子幸福地成长"之办学宗旨,翻开"童味教育"之哲学诗篇:让童年成为珍藏的记忆。我们所追求的金色童年,就是要给孩子们幸福的童年,有儿童味儿的童年。我们要建的,是一所富有儿童味的学校;我们要做的,就是舞动童心、鼓舞童年,成就金色童年。

卢梭曾说:"大自然希望儿童在成人之前就像儿童的样子。如果打乱了这种次序,我们就会造就一些早熟的果实,他们长得既不丰满也不甜美,而且很快就会腐烂。"明朝教育家王守仁提出:"大抵童子之情,乐嬉游而惮拘检,如草木之始萌芽,舒畅之则条达,摧挠之则衰痿。"童年是人生的一段重要生命历程,童年的生活也应当是快乐的。我们应当尊重孩子的个性需求,设计丰富多彩的活动,让孩子们找到自己最感兴趣的内容,快乐学习,让每一颗童心都快乐飞扬,获得积极、愉悦的情感体验,教育应该遵循儿童的身心特点。

每个孩子都应该拥有一个幸福的童年。儿童幸福,即儿童快乐的现在与美好的未来。儿童能以自己向往的方式生活,自由表达自己的需求和思想,直接关心并思考自己生活问题,是儿童幸福的体现。尊重儿童立场,鼓励儿童表达,促进儿童参与,达至儿童幸福。儿童拥有自己的梦想和生活,按照自己的原则、自己的方式展开生活,思考生活中发现的问题,并自己找出解决策略的能力。儿童的表达是自我实现的途径,也是其进行自我教育的手段,自由表达自己的需求和想法,做出自己的判断,追求向往的童年幸福生活。

我们应该站在孩子的角度,理解孩子,为孩子打造适合孩子、让孩子乐于参与的课程体系,教育不应该是孩子的负担。"童味教育"的理念就是构建孩子的精神家园,是快乐的教育,要让童年生活多姿多彩,飞扬童心,绽放童年。

每一段历程都有其不可替代的价值。课程建设应该符合学生的成长阶段,教育应该尊重生命成长的顺序。"童味教育"是让儿童成为儿童的教育,就是让儿童回归天真、活泼的生命状态,享受儿童味的生活。幸福童年是金色的,是一段独特的流金岁月,金色童年是幸福人生的基石。学校、家庭作为儿童幸福生活的重要场所,应使每一个元素都充满幸福,幸福学生、幸福教师、幸福班级、幸福课程……让校园与家庭生活闪烁金色光芒,绚丽多彩,受益终生。营造校园丰富的人文性、友善性、包容性与积极性,通过濡染学校幸福文化,打造家校、社区的幸福联盟,完善学生的幸福观、幸福品质与幸福能力,获得感知、创造与享用幸福的能力。

教育的理想在于使所有的儿童都成为幸福的人。在教育中获得幸福,在幸福中获得成长,在幸福成长中收获幸福的金色童年。科源学子在教育中获得的幸福不仅是获得幸福的感受,也是获得追求终生幸福的途径,让每一个学生既能幸福地度过童年,也能幸福地度过一生。

童心是人类最美好、最纯真的情感。它充满了对生命、对生活的热爱和好奇,具有无限发展的潜力和可能。"童味教育"是开启生命的教育,要激发儿童的生命潜能,促进儿童的自我教育和成长;"童味教育"是归真的教育,要让儿童学会健康地生活、智慧地生活、高雅地生活,让每一颗童心自由烂漫。基于此,我们的教育信条如下:

我们坚信,

童年成为记忆的永恒;

我们坚信,

学校是童心飞扬的地方;

我们坚信,

每一颗童心都可以自由烂漫;

我们坚信,

儿童立场是不可违拗的教育法则;

我们坚信,

唤醒内心深处的童心是教师的高贵品质;

我们坚信,

让每一个孩子享受金色童年是教育的神圣使命。

　　总之,让每一颗童心自由烂漫,让每一个孩子拥有幸福快乐的童年,是我们学校的办学追求。学校努力让学生发现幸福、感受幸福、创造幸福,乐享童年。每个孩子都是天生的学习者,在现代教育中,教师的主要职责不是传授知识,而是激发孩子的学习动力,培养孩子的学习能力,使学生能够享受学习、自主学习。学会自主学习的孩子更容易在成长的过程中不断地创造快乐和幸福。教师应珍视孩子宝贵的童年时代,孩子们要珍视自己的童年时光,家长也要珍视孩子可贵的童年。学校为孩子创造良好的成长氛围,成就孩子童年的快乐与幸福,为孩子未来的幸福人生奠基,成就科源学子幸福的一生。尊重儿童,才能亲近童心,走进儿童心里,让儿童真正接纳教师;教师应根据儿童的年龄特点,遵循孩子学习的规律,主动地、生动活泼地进行教学,成为教学中的组织者、引导者、参与者,而不仅仅是讲授者。教师要相信学生,信任学生,在其与儿童的亲切对话中,在鼓励与表扬孩子时,应无时无刻为儿童成长传播幸福。

二　课程理念

　　每一颗童心都是一道风景,每一个生命都有无数故事。我们认为,课程就是倾听来自儿童的声音,让儿童在课程中展现个性的生长、灵性的神韵、缤纷的色彩、多样的经历和本真的境界。因此,我们将学校的课程理念确定为:让每一个孩子享受金色童年。这一课程理念有深刻的内涵。

　　1. 课程即生命风景。生命是一场旅行,每一路,每一天,都是风景。我们应当尊重孩子的需求,设计丰富多彩的活动,让孩子们找到自己最感兴趣的内容,快乐学习,让每一颗童心都快乐飞扬,获得积极、愉悦的情感体验,让课程成为孩子的乐园。课程是全面发展、健康成长的力量源泉,课程设置的适切性与否,直接关系到儿童对于课程的接受程度和习得成效。适切的课程可以带给儿童快乐的体验,让儿童有着无限的眷恋,有不愿割舍的情感。我们希望通过学校课程,让儿童具有同情心,具有协作精神和服务他人的精神;学会一定的运动技能,具有健康的体格,良好的卫生习惯;养成探究的学习与生活态度,内心富足,且具有表意的潜力;能够欣赏自然美和艺术美,养成快乐向上的精神品质。

　　2. 课程即文化相遇。课程是学习的经历和心灵的响应,在这里,学校要为孩子的成长提供自我展现的舞台,要让孩子们展现自己最为精彩的一瞬间,通过各种节庆汇演及作品展示等形式,让校园处处展现孩子们的生命活力与成长过程,让每一个孩子都能在校园里与文化相遇。学校课程不仅要让学生找到自己最感兴趣的活动内容,形成积极的情感体验,还要设计具有挑战性的活动内容,让儿童动手、动口、动脑,多种感官参与,合作交流,探究学习,开启儿童的生命智慧。课程不仅仅是学习的内容,课程是学校提供给学生生命成长的文化资源,是育人的资源和学习的场景。学校建设的场馆、开设的各门功课、营造的育人氛围、举行的各类活动都为学生的生命提供了课程场景。

3. 课程即灿烂情愫。教育的目的不在于促使儿童发展得更快,而是让其在发展的每一个阶段都获得丰富的经验,使得他能充分地享受人生的每一刻。眷注生命,是课程的旨趣;让生命灿烂,是课程的追求。在课程中寻找美、发现美、成为美。在自然中、在艺术中、在科学中不断地遇见美、享受美。相信总有一天,他们一定能创造美,并与这个世界分享自己的创造。一间教室一个世界,日月星辰、花鸟虫鱼,美好的时光让儿童内心充盈而丰富,让童年成为生命里最美的风景。学校课程不仅要让学生找到自己最感兴趣的活动内容,形成积极的情感体验,还要设计具有挑战性的活动内容,让儿童动手、动口、动脑,多种感官参与,合作交流,探究学习,开启儿童的生命智慧。

4. 课程即儿童立场。教育的目的应当是向人传送生命的气息,教育应从尊重生命开始。让童年成为一道永驻心田的风景,满足儿童生长的需要、尊重儿童生长的特点、善待儿童生长的习惯。根据儿童发展开设学生需求的、可选择的、个性张扬的课程是对儿童立场的确证。体现儿童立场的课程,在价值追求上,是理解差异、尊重差异、包容个性、呵护童心、引导发展的。课程是带着生命气息的知识,是美好的拥有,是与自然、与世界的美丽邂逅。我们要让童年成为生命里最美的风景,让儿童获得丰富的学习经历。我们希望,每一个孩子都能拥有一个这样的纯真童年:书海畅游、诗情飞扬、黑白对弈、弦歌不断、管乐铿锵……这是我们对学校课程建设的美好期待。

总之,童年是人生的一段重要生命历程,童年的生活也应当是快乐的。我们应当尊重孩子的个性需求,设计丰富多彩的活动,让孩子们找到自己最感兴趣的内容,快乐学习,让每一颗童心都快乐飞扬,获得积极、愉悦的情感体验,让课程成为孩子的成长的一段历程。基此,我校将课程模式命名为"HAPPY 课程"。我们期望,孩子们走进"HAPPY 课程",每一颗童心都快乐飞扬,智慧在这里成长,生命在这里绽放,给孩子一个幸福而难忘的童年。

第二节 夯实儿童全面发展之基

在"童味教育"的背景下,我们珍视每位学子的童年生命价值,让每一位科源学子都能实现童年阶段的个人生命价值。我们尊重每位孩子的人格完善与个性发展,一方面,使孩子获得更为全面的生活体验,感受自我意识、自我控制能力的发展,情感与意志等亦得以完善,初步形成学生个人对环境的调节方式;另一方面,提供多元的选择空间,保障学生兴趣与特长的发展,努力夯实儿童全面发展之基础。

一 育人目标

基于联合国教科文组织提出的"四个学会",我们提出自己的育人目标:培养"学会做人、学会学习、学会生活、学会创造"的少年儿童。

1. 学会做人——行为文明有礼,言行一致,诚实守信,形成良好的道德修养,具有国际视野,乐于尝试接触、了解并尊重不同文化。同时,掌握基础法律知识,为金色童年甚至幸福人生提供保障,通过遵守及运用法律,既能保护自己,也能保护他人。

2. 学会学习——学生掌握听、说、读、写等基本的学习方法,善于学习、乐于学习,形成自主学习的动力,拥有学习能力,在学科学习的基础上,发展个人兴趣爱好,学习与积累艺术知识、技能与方法,建立健康的审美价值取向。

3. 学会生活——健康的身体是达成金色童年、幸福成长的基础,形体姿态优雅端正、勤于锻炼、身体强壮是科源学子的健康标准,我们希望学生能以健康的体魄参与到自己的金色童年中。还要有健康的心理,培养学生阳光的心态与积极的生活态度,正确面对成功与挫折。我们希望学生能喜爱劳动,掌握与年龄相匹配的劳动技能和必备的生活技能,具备安全意识与自我保护的能力。

4. 学会创造——创造为童年生活带来"神奇的色彩",要善于保护和发掘汤坑孩子强烈的好奇心;不断鼓励汤坑学子在日常学习和生活中善于发现问题,说自己想说的话,做自己想做的事,勇于探索,勇于实践;不断鼓励科源学子在学习中在课堂上,善于发表自己的想法,发挥自己丰富的想象,善于思考提问,敢于批判质疑。

二 课程目标

学校以教育方针为指导,以核心素养为依据,结合"学会做人、学会学习、学会生活、学会创造"之育人目标,形成学校的课程目标,具体见表 4-1。

表 4-1 深圳市坪山区科源实验学校课程目标表

育人目标	课程目标	低年级	中年级	高年级
学会做人	文雅少年	尊师敬长,会使用基本的礼貌用语,不破坏公共卫生。	行为得体,能使用礼貌用语,自觉维护公共卫生,爱护校园设施,遵守公共场所秩序。	宽容大方,尊重他人,人际和谐,爱护公物,保护环境,自觉维护公共场所秩序。
	诚信之星	实话实说,说到做到,能初步明辨是非,知错能改。	树立讲信用、遵守诺言的意识,不隐瞒自己和他人的错误。	说话做事表里如一,重信誉,守诺言;理解诚信对个人及社会的重要性。
	守法少年	遵守课堂纪律,了解校纪校规,能基本遵守;能遵守交通规则,会拨打求助电话。	建立规则意识与法律意识,自觉遵守校纪校规,维护校园秩序;了解与自己有关的相关法律知识,懂得自我保护。	遵守规则与法律,维护校园与社会秩序;懂得法律知识,能用法律保护自己。
	多元学子	初步了解中国传统文化,了解简单的国际知识。	懂得不同的社交礼仪,参与国际化主题活动,接触多元文化并尊重文化的多样性与差异性。	关心国家与国际大事,能对全世界共同关心的问题形成自己的体会,积极参与跨文化交流的活动。
学会学习	自主学习	基本形成良好的学习态度与习惯,能完成基本学习任务,初步掌握阅读方法。	形成良好的学习态度与习惯,初步形成个人学习目标,探索合适的学习方式,自主阅读,会搜集与使用信息。	形成个人学习目标,掌握适合自己的学习方法,广泛阅读,能使用信息技术促进学习,具备知识迁移能力。
	静淀心性	勤于练习基本学习技能,接触中华优秀传统文化。	掌握基本学习技能,了解中华优秀传统文化,形成总结学习经验的意识。	学习技能良好,理解中华优秀传统文化,善于总结学习经验。

育人目标 \ 课程目标		低年级	中年级	高年级
	兴趣广泛	有兴趣了解不同艺术表达，接触不同艺术表现形式。	在不同艺术领域中发展专长。	有兴趣探索不同艺术形式，参与不同艺术表演与展示。
	知美尚美	通过不同的艺术作品感受美，在艺术欣赏中获得初步审美体验。	能在生活中积极参加艺术实践活动，形成发现与欣赏美的能力，知道美的标准，能对日常情感与日常情感的艺术表现进行审美判断。	积极参加艺术实践活动，具有艺术表达的兴趣与意识，形成评价美的能力，能对不同艺术形式进行比较。
学会生活	身端体正	知道正确的身体姿态。	能保持良好的体形，及时矫正自己及他人不正确的身体姿态。	能保持良好的体形与身体姿态。
	体魄强健	精力充沛，喜欢参与多种形式的体育活动，掌握不同体育游戏。	积极参与体育活动，形成健康的生活方式，掌握不同运动技能。	积极参加体育活动，身体素质良好，掌握不同体育运动技能与知识，具有体育精神。
	积极乐观	对新生活充满热情，适应新角色、新环境与新群体；乐于社交，融入集体。	形成积极乐观、坚强自信的生活态度。会体验并能表达与管理个人情绪。	悦纳自我，正确认识自己的优缺点与兴趣爱好；正确面对负面情绪与挫折。
	自我保护	初步了解运动及生活中有关安全避险的知识和方法，注意体育活动与日常生活中的安全。	基本掌握体育活动、比赛及日常生活中的安全常识，形成避免伤害与危险的意识。	初步掌握运动损伤及常见意外伤害的预防与简易处理方法，能保护自己及他人。
学会创造	批判质疑	对所学知识或生活现象能发现并提出问题。	不迷信权威，有疑问时敢于表达质疑，能从不同角度分析问题。	相信真理的相对性，独立思考与判断，能从多个角度考虑问题。
	勇于创新	大胆想象，敢于表达，充满好奇，勤于思考，能形成个人独特的想法与见解。	乐于对生活中的现象进行不同的思考，善于提出问题。	能在学习与生活中产生新的想法，形成与他人不同的想法与思考角度。

育人目标＼课程目标	低年级	中年级	高年级
乐于实践	动手操作能力有所提升，能解决生活中简单的问题；适度参与家务劳动，自己的事自己做。	学会多种劳动技能；积极参与不同社会实践活动；能在他人的帮助下，不断解决遇到的问题。	尊重劳动者，形成良好的劳动态度与习惯；掌握更多劳动技能；主动参与社会实践活动；能采取恰当的方法解决问题。
手脑并重	初步形成理性思维；初步了解科学原理与方法；有学习掌握技术的兴趣。	基本形成理性思维；基本了解科学原理与方法；能用工程思维解决简单的问题。	形成理性思维；掌握基本的科学原理与方法，将创意和方案运用技术进行优化或实现想法。

第三节　沁润童味教育的欢乐场

学校课程设计体现课程的逻辑，立足学校课程的内在价值，使课程变革有逻辑感、结构感和丰富感，如此，为实现育人目标的实现奠定坚实基础。

一　课程逻辑

学校基于"童味教育"之哲学和"让每一颗童心自由烂漫成长"的办学理念，确立"让每一个孩子都享受金色童年"的课程理念，努力培养"学会做人、学会学习、学会生活、学会创造"的少年儿童，着力建构"HAPPY 课程"体系，让学校成为一处沁润童味教育的欢乐场，具体见图 4 - 1。

二　课程结构

根据多元智能理论，学校课程分为"童心课程、童语课程、童智课程、童美课程、童健课程、童创课程"六大类，具体见图 4 - 2。
图 4 - 2 中，"HAPPY 课程"涵盖"童心课程、童语课程、童智课程、童美课程、童健

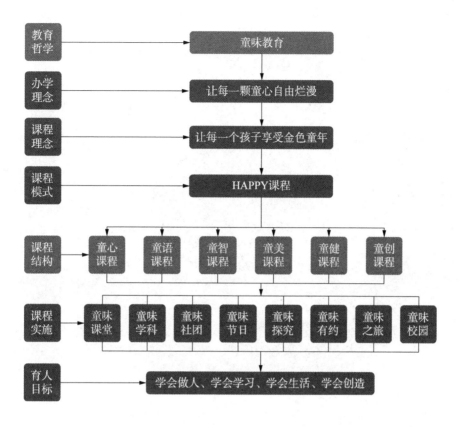

图 4-1　深圳市坪山区科源实验学校"HAPPY课程"逻辑图

课程、童创课程"六大类,其中融入了学校的特色内容。各板块课程具体内涵如下。

1. 童心课程是指品德与修养类课程。课程意在引导儿童养成良好的文明行为习惯和思想道德品质,培养儿童爱国主义情感与民族情怀,体会民族精神的丰富内涵,感受民族精神的伟大力量;关注儿童心理变化,引导他们学会自己的事情自己做,能融入集体生活;学会情绪调控,学习多角度认识问题;养成勤劳勇敢、自强不息的良好品质,增强耐挫力。

2. 童语课程是指语音与表达类课程。课程致力于培养儿童的语言文字运用能力,以丰富的语文、英语学科活动来提升儿童的综合素养,使其能够主动用不同的语言形式与他人交流,对任何事物都有自己的思考和观点;培养儿童热爱阅读的习惯,使其在交流分享中,敢于发表独到见解,并能我手写我心,我心抒我言,乐于表达,乐于写作;诵读经典古诗文课程,开展"诗词大会""国学小讲堂"等童语课程与社团活动,根植

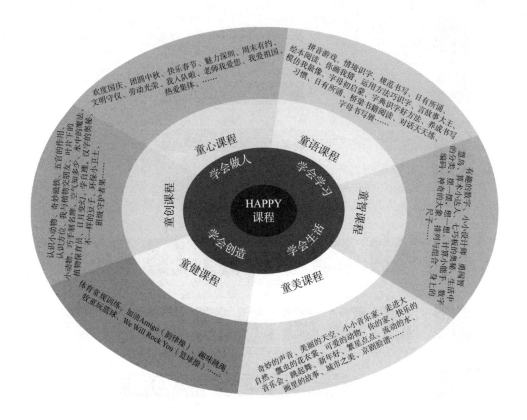

图 4-2　深圳市坪山区科源实验学校"HAPPY 课程"结构图

儿童的中国传统文化,汲取古人精华,培养多元、开放的成善学子。

3. 童智课程是指逻辑与思维类课程。课程意在让儿童初步学会运用数学的思维方式去观察、分析现实社会,去解决日常生活中或其他学科学习中的问题;引领儿童围绕问题情境展开数学活动,逐步增强应用数学的意识;体会数学学科解决问题策略的多样性及运用优化的思想方法解决问题的有效性;获得适应未来社会生活的重要数学知识及必要的应用技能。

4. 童健课程是指运动与健康类课程。通过体验体育运动带来的身体和心理感受,儿童能够乐于学习和展示简单的技术动作、掌握运动技能和方法及基本保健知识,全面发展体能,强健体魄,提高抗挫能力和情绪调节能力;融合心理健康教育与生涯教育课程,增强自尊心、自信心,培养自强不息的意志品质及提升对未来职业的认识与探索;养成良好的行为习惯和生活方式,形成积极向上、乐观开朗的生活态度。

5. 童美课程是指艺术与审美类课程。课程通过综合音乐、美术、器乐、戏剧、舞蹈、书法等内容，激发儿童对艺术的兴趣，开发儿童对艺术的感知力，提升儿童感受艺术美的能力，让儿童能够运用多种形式进行大胆的想象、创作来展示自己，感受中国传统文化的魅力、体会生活中的美，培养儿童的审美能力。

6. 童创课程是指科学与探索类课程。课程旨在给儿童提供丰富的实践探索空间。在日常生活中，走近科学、运用科学，把科学转化为对自己日常生活的指导。开展"人工智能""STEAM 融合探究""3D 创意打印设计""机甲大师编程"等童创课程及社团活动，通过趣味横生的活动培养儿童的工具操作能力、实验或制作的设计能力、交流表达能力及合作精神等，促进其乐于发现，主动探索。让儿童获得必需的有关劳动材料及工具的基本知识；养成良好的劳动行为习惯；通过劳动日或者劳动周等融趣味性与创造力培养于一体的劳动教育活动，培养儿童的创新能力。

三 课程设置

课程体系以课程功能为横向结构，以课程领域为纵向结构，结合各领域对应的课程目标进行课程设置，构建课程体系的主体课程内容。除了基础课程之外，学校的"HAPPY 课程"设置具体见表 4 - 2。

表 4 - 2　深圳市坪山区科源实验学校"HAPPY 课程"设置表

课程 年级		童心课程	童语课程	童智课程	童健课程	童美课程	童创课程
一年级	上学期	欢度国庆 团圆中秋 快乐春节 魅力深圳 周末有约	拼音游戏 情境识字 规范书写 日有所诵 绘本阅读 我说你做 你画我猜 趣词听说	有趣数字 小设计师 勇闯智慧岛 人工智能	体育常规 乒乓球操 趣味跳绳 我爱太极 体育加油卡	漂亮建筑 美丽天空 奇妙声音 我的好朋友 欢乐动物园 我的手掌画	认识方位 学做值日 奇妙磁铁 认识小动物 五官的作用 与植物交友 巧手制名牌 叶片下的小动物
	下学期	文明守仪 劳动光荣 我入队啦 周末有约	巧妙识字 日有所诵 绘本阅读 请你帮忙	算术小达人 七巧板奥秘 生活中分类 摆一摆，想一想	体育课堂 常规训练 我爱太极 趣味跳绳	春天歌声 住童话屋 小音乐家 瓢虫花衣	空气知多少 水中的魔法 植物保育员 日月之变幻

课程\年级		童心课程	童语课程	童智课程	童健课程	童美课程	童创课程
			言心情述\我的心愿\故事大王\趣词我听\我能模仿\看图识词\字母启蒙		童玩篮球\体育加油卡	可爱动物\你家我家\走进大自然	学自理成长\汉字的奥秘\你好向日葵\不同的豆子\晒我的成果\环保小卫士\班级守护者
二年级	上学期	我爱我师\我爱祖国\热爱集体\魅力深圳\周末有约	字典识字\好的方法\字如其人\日有所诵\阅读之星\我会商量\规范留言\变废为宝\对话日练	计算小能手\神奇的大象\排列与组合\身上的尺子	体育课堂\常规训练\韵律操\趣味跳绳	快乐音乐会\跳起舞来\新年好\繁星点点\流动的水\画里故事\城市之美\京剧脸谱	气象万千\动物世界\开心游乐园\磁铁的秘密\当好值日生\四季与植物\水培初体验\花形相框美\废品变身记\厨房小能手\小小交通员
	下学期	浓情端午\文明礼貌\走进清明\周末有约	字典识字\好的方法\字如其人\日有所诵\我的好友\中国美食	计算竞技场\美丽的剪纸\整理数据有奇\招和妙想\小小设计师	体育常规\体育加油卡\趣味跳绳	难忘的歌\美丽家园\乐场欢乐多\海底世界\可爱的树叶\花儿朵朵\星星的故事	我们的家园\四季与生物\神奇的科技\谁是大力士\我们爱清洁\火眼金睛亮\我是小画家\创作大比拼\水果巧制作
三年级	上学期	感恩老师\祖国您好\环保卫士\快乐春节\魅力深圳\周末有约	成语花园\硬笔书写\日有所诵\童话故事\身边小事\学编童话\词拼大王\我是演员\古诗词150首	开心算术\扮美校园\思维导图\数字编码	体育课堂\常规训练\We Will Rock You(篮球操)\趣味跳绳	乐器小世界\我会唱歌\舞动青春\色彩知识\基础技法\——干画法\水彩花卉\——山茶花	小小气象员\空气的秘密\神奇的溶解\奇妙的声音\校园小主人\水培小知识\土培小知识\小小设计家\创意串珠画

课程\年级		童心课程	童语课程	童智课程	童健课程	童美课程	童创课程
四年级	下学期	我爱劳动快乐六一爱护校园周末有约	成语花园硬笔书写日有所诵英语勤阅读英语风采秀	算术小游戏装扮教室美我来做日历统计喜欢的活动	体育课堂常规训练趣味跳绳童练篮球We Will Rock You（篮球操）	小小演奏家美妙的歌声动人的和声色彩的笔触水彩静物绿色韵味基础技法——湿画法	葵花日记安全用电形态万千小建筑师植物的秘密垃圾我分类红薯田园乐巧手小工匠瓦楞纸版画
	上学期	我来做主爱上科学我是小小志愿者周末有约	初识字理熟练书写硬笔正楷朗读大咖秀句子比拼讲演达人	计算大比拼平行四边形的不稳定性学做统计图一亿有多大	体育课堂常规训练We Will Rock You（篮球操）趣味跳绳童懂篮球	快乐奏歌音乐之声水墨春天小彩墨瓶石韵之美山山水水初识小乐器	神奇的旅行童心建乐园麦地管理员绿豆变身记烘焙快乐多
	下学期	快乐六一继承传统安全牢记幸福生活周末有约	初识字理熟练书写硬笔正楷科技故事话说新闻英语流利说讲演秀	巧算我能行三角稳定性直条对对碰午餐的营养	体育课堂常规训练We Will Rock You（篮球操）趣味跳绳	趣味弹奏多样弹唱彩墨花鸟墨荷技法蔬果飘香山山水水奇妙音乐会	飞得更高燃烧的秘密小机械师采摘季节麦浪滚滚学收纳分类神奇丝瓜络呼吸的奥秘
五年级	上学期	爱我中华我是小小志愿者环保卫士魅力深圳周末有约	追根溯源学汉字速写正楷班级公约推荐好书听力达人风采舞台剧	奇妙的算术多边形的面积谁是大赢家游戏规则我来定	体育课堂常规训练创意绳操花样跳绳	唱响童年认识民乐水墨童趣水墨画鱼花鸟美画梅兰竹菊悠扬民族情	珍惜时间生命的旅程探秘游乐场地球大变脸学做家常菜我的小乐园绿地小主人菜肴我最棒品泡菜百味

课程＼年级	童心课程	童语课程	童智课程	童健课程	童美课程	童创课程
下学期	劳动光荣 悦纳自己 魅力深圳 周末有约 红领巾寻访	速写正楷 读小古文 写作达人 追根溯源 学汉字 风采舞台剧	速算我最棒 立体图奥秘 变化新趋势 正方体奥秘	体育课堂 常规训练 创意绳操 花样跳绳	载歌载舞 静雅国乐 水墨动物 家乡古桥 水墨画山水 墨与彩韵味 聆听好声音	玩具总动员 我变废为宝 快乐收获节 完美设计师 葵园丰收会 植物调查员 小小体验师
六年级 上学期	队员作风 群星璀璨 周末有约 践行价值观	汉字英雄 优美行楷 小演说家 声临其境 我讲世界 阅读分享 创编能手 文化交流	算术乐园 奇妙世界 圆规创造美 读懂扇形图 起跑线秘密	体育课堂 常规训练 创意绳操 花样跳绳	悠扬民歌 美丽童话 剪纸文化 学二分法 花团锦簇 拉手好朋友	小探索家 光芒万丈 种植讲堂 健康大本营 农场承包制 班级感恩树 我是小厨神
六年级 下学期	祖国您好 感恩有你 周末有约	汉字英雄 毕业策划 声临其境 我讲世界 阅读分享 创编能手	计算大闯关 图形大团圆 统计大团圆 自行车数学	体育课堂 常规训练 创意绳操 花样跳绳	古风新韵 银屏之声 神奇印象 京剧脸谱 十二生肖 瑞兽闹春	人类的祖先 希望田野上 拉手共成长 成长手足情 鲜花送母校 葵花摄影师

四　课程内容

学校通过基础性课程校本化、拓展性课程特色化、选择性课程个性化、综合性课程主题化，实现课程内容的丰富和完善。

（一）基础性课程校本化开发

基础性课程包括国家课程与地方课程，占比 73%，其中国家课程占 70%。基础性课程为全体学生必修，强调促进学生基本素质的形成与发展，体现国家对公民素质的最基本要求,为每位科源学子的童年甚至整个人生打下坚实基础。基础性课程的实施要在把握国家与地方基本教育精神的前提下,结合实际校情、学情进行校本化实施,开足开齐国家与地方的各类课程,将国家与地方层面规划与设计的学生发展、学习需求转变为适合学校的创造性实践。基础性课程实施在满足国家与地方对不同阶段学生在知识与技能、过程与方法、情感态度价值观方面的基本要求的同时,结合学校对应的课程目标延伸与细化教学内容,在了解课程、学生与学校环境的基础上,更有指向性地体现"童味教育"的理念。根据学生发展六大核心素养与学校培养目标形成了学校课程目标,在基础性课程的实施中,以国家或地方课程的课程目标为基础,结合学校课程目标,使每门基础性学科有学校的培养重点。

(二)拓展性课程特色化开发

拓展性课程是能够体现学校特色的课程,是实现学校培养目标、使学生拥有金色童年并能够幸福成长的重要途径。通过拓展型课程的实施,在拓展基础性课程知识与技能的同时,展现学校育人特色。学校设置的拓展性课程为所有学生的必修课程,详见表4-3。

表4-3 深圳市坪山区科源实验学校拓展性课程一览表

课程名称	关联学科	适用年级	课程特点与作用	课程设置
我们一起播种微笑	道德与法治	一至六年级	课程分为不同主题,用故事的形式导入,依据不同年级设定的不同课程目标,分别从微笑献给自己、微笑献给他人、微笑献给社会三个维度为实现学生养成良好习惯、健全人格、知法懂礼等德育目标奠定基础,使学生学会与自己、他人、社会建立和谐友善的关系。	每两周1课时,于道德与法治课程中实施。
在中国看世界课程			课程包括世界主要国家的常识性知识,让学生体验不同国家特色礼仪、文化与节日,培养学生国际视野,形成多元开放心态,使学生即使身处中国,也能放眼世界,了解世界不同的文化,尊重与理解不同文化,形成自己对世界的认知。	每两周1课时,于道德与法治课程中实施。

课程名称	关联学科	适用年级	课程特点与作用	课程设置
健康成长交通安全体验课程	班会/队会	一至六年级	通过有趣的教具，让学生学习交通安全知识，体验交通安全的重要性，使学生能自觉关注交通安全。	每四周1课时，于班会或队会课程中实施。
健康成长安全演练体验课程			包括家中活动、校园中活动、上下楼梯、出行、防骗、自然灾害、火灾、暴恐等事件的注意事项与处理方式，以体验与演习的方式培养学生安全意识，为幸福成长提供保障。	每四周1课时，于班会或队会课程实施。
幸福成长节日主题教育课程			以中国传统节日为主，以西方国家节日为辅，使学生传承国家文化的同时了解不同国家与民族的节日风俗与活动，开阔视野，增长见闻。	每四周1课时，于班会或队会课程中实施。
静心练字课程	语文	一至六年级	在课程中融入所练习汉字的起源背景故事，加深学生对所练习汉字的理解，培养学生规范书写技能、审美能力。	每周1课时，融入综合实践课程中实施。
静心阅读课程			为学生创造专注于阅读、沉浸于阅读的氛围，提供丰富的阅读内容，传授高效的阅读方法。最终使学生掌握阅读方法，养成自主阅读、静心阅读的习惯，能平静用心于阅读，对阅读有持久的兴趣并钟爱阅读。	每周1课时，于语文课程中实施。
静心学国学课程			通过情境体验等方式帮助学生理解国学，让学生与经典同行，积淀国学底蕴，传承与发扬中华优秀传统文化，树立民族自信。	每两周1课时，于道德与法治课程中实施。
英语绘本阅读课程	英语	一至六年级	以绘本作为载体，呈现精美的画面，教师引导学生开展绘本阅读，课程中可加入绘本故事表演的形式；高年级学生可同步进行英语听说读写练习。绘本中生动有趣的故事让学生更乐于进行英语阅读，培养学生英语阅读的习惯与能力，提升英语技能。	每两周1课时，于校本课程中实施。

课程名称	关联学科	适用年级	课程特点与作用	课程设置
英语口语60句课程		一至六年级	精选适合各年龄段的与生活情境有关的口语必备语句,通过听、唱、演、游戏、配音的方式鼓励学生大胆开口说英语,在课程中激发学生说英语的自信,培养语感与语音、语调,初步具备基本的日常交流能力。	每两周1课时,于校本课程中实施。
欢乐英语日课程		四至六年级	每课时都有一个小组学生作为主讲人,用英文为全班同学展示自己在本节课中想要表达的内容,既提升了英语技能,又拓宽了视野,建立自信,将英语知识与技能学习与应用较好地结合。	每两周1课时,于活动课时间实施。
快乐芦声悠扬课程	音乐	三至六年级	选取适合不同阶段学习者的葫芦丝经典曲目与创新曲目进行演奏与表演展示,同时也有基本乐理的学习,培养学生耐心,磨练意志,发展兴趣,提升审美能力。	每周1课时,融入音乐课程中实施。
快乐童声合唱课程		二年级	传授合唱相关知识、合唱发声方法、基本乐理常识,运用国际先进教学法(如奥尔夫声势、柯达伊歌唱听力练习),培养良好音乐素养,提升音乐鉴赏与审美能力,锻炼学生舞台表现力,建立自信,发展兴趣爱好。	每周1课时,融入音乐课程中实施。
泥塑乐趣多课程	美术	五至六年级	学习泥塑的基本知识与技能,懂得造型的知识,对不同主题发挥想象进行艺术创作。提升审美能力与设计能力,发展兴趣爱好,培养合作能力,张扬学生个性,培养创新能力。	每两周1课时,融入美术课程中实施。
幸福太极行课程	体育	一至六年级	以适合各年级的太极动作、招式丰富学生的体育活动,在课程中开展比赛。继承中国传统体育文化,培养学生坚毅的意志品质,提升身体素质,培育体育精神与民族精神。	每周1课时,融入体育课程中实施。
快乐足球行课程		一至六年级	从知识与技能的学习出发,开展足球趣味游戏与活动,采用引导、启发为主的现代快乐体育教学模式,激发学生足球运动的热情,树立健身意识,培养团队精神与合作能力,增强身体素质。	每两周1课时,融入体育课程中实施。

课程名称	关联学科	适用年级	课程特点与作用	课程设置
我们一起爱蓝天课程	心理健康	三至六年级	通过各类游戏与活动，让学生在其中认识自我、悦纳自我，同时增强与同学间的合作互助意识。	每两周1课时，融入心理健康教育课程中实施。
我们一起来交流课程		一至六年级	在课程进行前，向学生收集各年级段学生关注的与心理有关的话题，筛选后结合学校课程目标，在课程中引导学生进行交流讨论，及时给出恰当的引导，为学生提供处理相关问题的知识，培养学生处理生活中心理困扰的能力。	每两周1课时，融入心理健康教育课程中实施。
静心口心算课程	数学	一至二年级	通过教学生学会口心算的基本方法，开展轻松愉快的口心算游戏闯关活动，使学生熟练掌握口心算的方法，提高口心算能力，培养数感及解决问题的能力。	每两周1课时，融入数学课程中实施。
静心七巧板课程		三至六年级	在拼玩七巧板的各种图案中进行，在能力提升后进行拼图创作，激发学生学习数学的兴趣，培养学生数学思维，既动手又动脑。	每两周1课时，于校本课程中实施。
我来玩转小发明课程	科学	三至五年级	以与学生生活相关的内容为主题，在课程中引发学生思考，将各种奇思妙想进行交流，课程操作性的小发明可以进行实践做出成品。培养学生思考、想象、动手、实践能力，养成创新习惯，提升发现问题、解决问题的能力。	每两周1课时，利用活动课时间实施。
我来研究小课题课程		六年级	将学生分为课题小组，每组选择一个课题，配一名指导教师，对学生选择的课题进行指导，最终完成课题报告与小课题论文的写作。	每两周1课时，融入科学课程中实施。
我是电脑绘画人课程	信息技术	三至四年级	应用软件进行绘图设计，学生掌握绘图工具，将自己的想法画出来，发展创新思维，掌握电脑绘画的技巧。	每两周1课时，融入信息技术课程中实施。
我是3D爱好者课程		五至六年级	从软件学习到学生设计出自己的作品并呈现，除了增进学生对计算机技能的掌握，同时发展创新思维与动手实践能力。	每两周1课时，融入信息技术课程中实施。

课程名称	关联学科	适用年级	课程特点与作用	课程设置
交通安全伴我行课程	综合实践	一至三年级	学生扮演小交警和路人,表演正确与错误的日常交通行为;带领学生参观交警工作的室内室外环境与内容,邀请交警讲解交通安全知识。培养低年级学生交通安全的意识,同时,培养学生在现实生活中发现并提出问题的能力。	每两周1课时,在综合实践活动课程中实施。
变废为宝课程		四至六年级	贴近学生生活,启发学生思考将生活中不用的物品变为装饰或艺术品。培养学生思考能力与创新思维,同时培养学生节约资源的意识,也增强了实践操作能力。	每两周1课时,融入综合实践活动课程中实施。

(三) 选择性课程个性化实施

学校选择性课程以"四点半课程"或特色社团课程为平台,为选修课程,计划每名学生选修一门,原则上由学生自主选择课程,也可由相关教师进行推荐。学校社团主要由学校教师和"四点半课程"培训人员负责,选择性课程的教师可以由本校教师、校外机构教师与家长担任。此类课程旨在丰富学生的课程选择,同时也作为基础与拓展性课程的补充,基于课程目标,培养学生多方面发展,形成个人特长特色,具体见表4-4。

表4-4 深圳市坪山区科源实验学校选择性课程一览表

课程名称	关联学科	适合年级	上课地点
我是文明小使者	道德与法治	一至二年级	各班教室
我是诚信好孩子		三至四年级	各班教室
我是校园小老师		五年级	校园
我是校园小交警	班会/队会	二至三年级	校园
我是校园小管家		四至五年级	校园
我是校园小记者		五至六年级	校园
我是国学小文人	语文	四至五年级	各班教室
我是小小主持人		四至五年级	专用教室
我是小小书法家		三至六年级	书法教室
我是阅读小博士		三至六年级	各班教室

课程名称	关联学科	适合年级	上课地点
欢乐英语小剧场	英语	四至六年级	专用教室
欢乐英语配音课程		五至六年级	各班教室
欢乐日语精英课程		五至六年级	各班教室
金嗓子精英课程	音乐	四至六年级	各班教室
红鞋舞精英课程		五至六年级	各班教室
绿喇叭精英课程		五至六年级	各班教室
漂亮儿童画	美术	一至二年级	专用教室
漂亮的沙画		一至二年级	专用教室
漂亮的剪纸		三至四年级	专用教室
漂亮中国字		四至五年级	书法教室
漂亮的国画		五至六年级	专用教室
童趣篮球乐	体育	三至四年级	篮球场
童趣网球乐		五至六年级	网球场
童趣乒乓球		三至四年级	乒乓球场
童趣围棋乐		三至四年级	专用教室
童趣象棋乐		一至三年级	专用教室
童趣国际象棋		四至六年级	专用教室
童趣跆拳道		五至六年级	体育馆
童趣武术乐		三至四年级	体育馆
童趣太极拳		五至六年级	体育馆
我来认识我自己	心理健康	三至四年级	各班教室
我们一起来表演		四至五年级	各班教室
童年我画思维导图	数学	四至五年级	各班教室
童年我来玩转魔方		三至四年级	各班教室
童年我讲数学故事		二至三年级	各班教室
我是气象观察员	科学	二至三年级	气象观察室
我是植物研究员		四至五年级	校园/教室

课程名称	关联学科	适合年级	上课地点
动画设计跟我来	信息技术	四至五年级	专用教室
我是自由遥控车		四至五年级	专用教室
我是任性机器人		四至五年级	专用教室
探秘自来水厂	综合实践	四至五年级	自来水厂
参观社区工厂		四至五年级	相应地点

（四）综合性课程主题化设计

综合性课程主要分为两种：其一，学科主题节日活动，作为各学科学习的强化与补充；其二，跨学科融合主题课程，以某一学科为主体，融合各学科共同参与学生的课程学习，具体见表 4 - 5。

表 4 - 5　深圳市坪山区科源实验学校综合性课程一览表

课程名称	活动形式	课程目标
我是幸福小公民	社会主义核心价值观进课堂活动，请各行业中能体现社会主义核心价值观的人进校进行演讲，以学生能理解的语言开展讲座，并进行互动。	将社会主义核心价值观的理论与现实相结合，用鲜活事例增进学生对社会主义核心价值观的理解并能根植于心。
生活主题课程群	为跨学科融合课程，设定与学生生活有关的不同主题，如校园、天气、孝德、绿色出行、资源保护、垃圾分类等，用小组合作的形式对不同主题开展探究、采访等行动。	学生通过学习不同学科知识与技能，认识到幸福生活需要自己做什么、怎么做。将安全、环保、节能、规则等道德观念与个人实际生活紧密相连，在生活中践行。
创建幸福班级争当幸福学生	每学期发起一次全校幸福班级、幸福五星学生评选活动，幸福班级由各班级自行上报，五星学生则是采取自荐和班级择优推荐相结合的方式评选。对获得称号的班级和学生给予表彰鼓励。	为学生树立身边榜样，引导学生崇德向善、见贤思齐，培养良好道德行为习惯。在竞争机制下为班级与学生增添紧迫感与活力。

课程名称	活动形式	课程目标
文学阅读节	开展各种各样的阅读活动,召开读书交流会,自制书签活动,举办"我最想推荐的一本书"阅读征文,组织跳蚤书市义卖活动,评比"校园阅读小明星"等。	激发学生阅读的兴趣,让每一个学生都想阅读、爱阅读、会阅读,从小养成热爱书籍、博览群书的好习惯,并在阅读实践活动中陶冶情操,获取真知,树立理想。
缤纷英语节	为学生搭建一个展示英语技能的舞台,如字母想象画、创意单词秀、英语海报、英文歌曲、英语舞台剧、西方文化知识竞赛等。	营造良好的英语学习氛围,激发学生学习英语的兴趣,体验西方文化,开阔视野,增强国际理解,丰富校园文化生活。
英语书写周	在课间进行英文书写练习,为期一周,低年级书写英语字母或单词,中高年级书写英语短文,在书写周的最后一天进行书写比赛,最终评选出各年级的优秀作品,进行展示。	规范学生英文书写,提升学生英文书写的规范性与积极性。
快乐艺术节	开展丰富多彩的艺术活动,组织班级合唱比赛,校园声乐、器乐、舞蹈比赛;组织画展,举办水墨画、油画、水彩画、素描比赛,创意拼贴画创作等。	建设良好文化艺术教育氛围,让学生在浓厚艺术氛围里开启多种感知通道,打开情感闸门,激发学生对艺术的爱好,培养学生健康审美情趣和良好艺术修养,促进艺术知识与技能发展。
亲子体育节	开展两人三足、拔河、接力、袋鼠跳等趣味亲子体育活动,评出各项目的前三名。	与家长一起,培养学生体育精神与团队协作能力,增进亲子关系,促进家庭和谐与学生成长。
心理健康周	利用校园墙报、手抄报、黑板报等多种途径宣传普及心理健康知识,开展"心理健康教育进家庭"活动,增进亲子沟通,组织学生编排心理话剧;开展生涯教育主题活动。	培养学生健全的人格和积极向上的阳光心态,推动学校心理健康教育科学化、规范化、特色化发展。
童味数学节	开展魔方竞速、七巧板拼图、数字猜谜等一系列轻松愉快的数学游戏,每个项目分为体验区与竞赛区,体验区的学生可以参与现场闯关集章,竞赛区学生可以参与现场竞技。	通过有趣的数学活动让学生感知学习数学没有那么枯燥,学生大胆展现个人数学知识与能力,增强学生学习数学的兴趣,营造数学学习的氛围。

课程名称	活动形式	课程目标
未来科技节	举办科幻画比赛、机器人、3D打印、科学知识抢答赛、现场编程比赛、科技制作比赛等项目。	放飞学生的想象力,激发学生的创新能力,勇于实践探索。
小创客主题课程群	该课程为跨学科融合课程,融合科学、信息技术、美术等学科,科学小制作、机器人、3D打印等创意在这里绽放。举办STEAM创意设计大赛、展示、竞赛、评比、拍卖会、发布会等,活动形式多样。	给孩子一个展现创意的平台,鼓励孩子的创新思维,着重培养学生统合思维能力。
植物主题课程群	本课程为跨学科融合课程,以科学为主学科,融合综合实践活动、美术、语文、数学学科。从校园出发,搜寻不同植物,了解有哪些植物是深圳独有的,观察、搜集材料,对植物进行生活环境、特征、历史、生长条件等方面的探究,绘出植物与植物生长的过程,撰写探究报告。	使学生完成完整的探究流程,巩固科学知识与技能,培养学生科学探究、问题解决、合作、写作等能力,了解深圳植物多样性,建立保护植物、保护自然的意识。
春季学生社会实践 秋季学生社会实践	开展研学旅行活动,如集体参观深圳一些企业或产业、外出考察等。	在实践中育人,提升学生综合素质,拓宽视野,促进思考。

第四节　相约童味课程学习之旅

　　课程实施与评价是办学理念落地生根的充分体现,是学校课程哲学的显性过程,也是实现育人目标的具体载体和生动过程。学校从"童味课堂""童味社团""童味节日""童味探究""童味有约""童味之旅""童味校园"等方面推进学校课程深度实施,在课程活动中师生结伴同行,让学生开启童味课程的学习之旅,尽享金色童年成长的快乐滋味。

一　建构"童味课堂"，提升课程实施品质

我们以学习方式为依据，在充分分析课程目标与学情的基础上，结合不同年级、不同学科的特点选取不同的学习方式，推进"童味课堂"实践。在我们看来，"童味课堂"是富有生长气息的课堂，教师以自然的方式打开儿童心扉，哺育儿童成长，是呵护童心的课堂。"童味课堂"是教学共生的课堂，其价值追求是让儿童受益终身，它有自身的起点和终点。因此，在教学实践中要注意以下几方面。

一是"童味课堂"立足立德，回归树人。教师要遵循的教学目标就是培养全面发展的人。教育要面向全体儿童，教师要关注每一位儿童。康德强调的"人的目的"就是"让人成为真正意义上的人"，由此推导出教育的目的就是"帮助人成为真正意义上的人"。因此，"教育的过程首先是一个精神成长的过程，然后才成为科学获知的一个部分"。由此可见，课堂教学必须坚持立德树人。

二是"童味课堂"立足学会，回归会学。正如科学家贝尔纳所言："良好的学习方法能使我们更好地发挥运用天赋的才能，而拙劣的方法则可能阻碍才能的发挥。"只有既关注学会、更关注会学的课堂，才能具有永久的课堂生命力。教学不是教师的灌输，而是点燃儿童思维的火焰；教学不是直接告诉儿童答案，而是科学地对儿童进行启发；教学不是压制儿童的个性发展，而是将儿童心中的能量释放出来，最终让儿童习得学习的方法，为终身学习奠基。

三是"童味课堂"立足有形，回归无形。教师和儿童一起呈现有意义、有活力、有韵律、有追求的课堂。教学模式不陈旧呆板，教师在教学过程能够理解教无定法，贵在得法，从有形规范的模式到无形成竹的内化，这是对教师的课堂教学方式提出的更高标准的要求。

四是"童味课堂"立足教师，回归儿童。课堂教学的主体不是教师，而是儿童。课堂不是以教师为中心的单向知识传授，也不仅仅是以教师为主导的学习探索，而是以儿童为中心的能力开发。教师以"春风育人，春雨润人"的亲切，"随风潜入夜，润物细无声"的默契，打开儿童心灵之门，让儿童诗意生长。

在具体教学过程中，学校"童味课堂"特别注重"友善用脑"。我们以神经学、心理学研究成果为依据，以教会、学会学习为理念，强调教师、学生、家长三方互动，积极学习，促进个性、自主发展，从而攻克学习的壁垒，激发学习的兴趣，塑友善之生，造暖心

之人,拥抱金色童年,实现幸福成长。我们相信每个孩子都可称为天生的学习者,我们的目的在于教会孩子以自己的方式学习,我们将引导学生学会怎样去学,由被动学习转为主动学习。"友善用脑"的教学理念为:明确目标—创设场景—诱发思考—引导结论,具体见表4-6。

表4-6 深圳市坪山区科源实验学校"友善用脑"课堂教学范式

课前	明学情:通过查阅《自主自学单》和询问学生了解学情。 设计新:教学设计新颖,要吸引学生,有利于学生学习。 能暖场:减轻学生压力,舒缓情绪,亲近师生之情。
课中	【第一步】 明确目标(目标简明,不超3个,激趣引入,3分钟内) 【第二步】 布置活动(明确学习活动任务) 【第三步】 宣示规则(学习规则有操作性) 【第四步】 学生探究(学习任务1—3个,约10—25分钟) (一) 自主自学(学生独立思考,用自己喜欢的方式学习) (二) 合作交流(引导学生主动交流讨论,每个成员发言) 【第五步】 团队展示(1—3个小组汇报展示学习成果) 【第六步】 质疑辨析(注重引导学生质疑辨析的能力) 【第七步】 师生评价(师生对展示汇报小组同学评价) 【第八步】 总结反馈(通过冥想、思维导图、展示等,3分钟内) 【健脑操运用】课堂中间,运用健脑操促进学生血液循环,保持学习热情。 (健脑操可以穿插在两个学习活动之间)
课后	【温故而知新】 用自己喜欢方式完成课后作业。(如画思维导图等进行知识梳理,加深记忆)

二 创设"童味社团",发展儿童兴趣爱好

为了发展儿童兴趣爱好,促进儿童发展,我们结合学校课程特色,以儿童相同或相似的兴趣、爱好、特长或自身需要为基础,创设"童味社团",并进一步确立社团活动目标、开发社团课程、加强社团过程管理、构建社团评价体系。

1. 童味管乐团。社团理念是提升儿童艺术素养,激发儿童对艺术的热爱,促进儿童全面健康发展。社团宗旨是丰富校园文化生活、增强青少年音乐素养和团队意识。学校管乐团经过多次改革不断趋于成熟,开发了管乐类社团(小号、长号、大号、次中音号、圆号、萨克斯、黑管、长笛、大管、双簧管)。学校从三年级开始选拔组建管乐班,按

班级编制,组成梯队建设。管乐课进入课表,管乐班在固定的时间、地点,由专业老师上课。三、四年级各管乐班每周上一次管乐大课,两节课连上。三、四年级的学习内容主要以基本功练习为主,以练习一些比较短小的曲子为辅,要求达到熟练吹奏,音准节奏正确,各声部之间衔接自然流畅即可。五、六年级的学习内容主要以组合曲子、行进曲为主,以基本功练习为辅,具体要求要比三、四年级高,演奏曲子要有力度、情绪对比变化,准确表现曲子速度、力度、情感等效果。管乐团有严格的考核制度。期末由各班正副班主任、管乐老师、家长代表作为评委,对儿童进行考核。考核分为铜管、木管、打击乐三个大声部进行测试,根据专业的管乐老师提供的评分表进行打分,而后根据比例,评出声部最优秀的儿童进行表彰。

2. 童味乐团。社团理念是"让音乐滋养童年"。社团宗旨是丰富校园音乐文化,发展儿童音乐特长,培育音乐新苗。社团总目标是通过合唱、舞蹈和戏剧,丰富儿童情感体验,增强声乐和舞蹈的基本功训练,提升一定的专业技能,激发兴趣,奠定基础。通过实践训练,培养儿童学习街舞和歌舞剧的兴趣,享受音乐的快乐,培养孩子的表现欲望和基本的舞台感觉,以及培养孩子的优美体态和对艺术的审美能力。通过不同形式的发声练习来规范儿童的声音,开展以合唱为主的多种学习活动,以提高儿童的声乐演唱技巧及舞台表演等专业技能,弘扬合唱艺术,构建人文校园。活动形式是每周集训三次,教师自主研发教材,制定社团管理制度,撰写社团活动记录,完成评价。

3. 童味舞蹈社。通过训练,培养儿童学习舞蹈的兴趣,享受音乐的快乐,提高儿童的舞蹈素养。通过规范的基本功及民族舞、芭蕾舞训练,让儿童的形体、姿态、腿线条、腰腿的软度、力度和控制进一步提高。社团以学习舞蹈《我的祖国》来演绎老百姓为解放军送水的感人革命故事,通过规范且简单的基本功及民族舞蹈训练,很好地完成社团目标。活动形式是每周集训三次,教师自主研发教材,制定社团管理方式,填写社团活动记录,完成评价。

4. 童味歌舞剧社。由儿童参加演出,反映儿童生活,综合音乐、诗歌、舞蹈等艺术,以边歌边舞为主的音乐戏剧形式展现。剧情生动,富有儿童情趣,音乐能表达角色的个性特点。社团内容是通过表演歌舞剧《绿野仙踪》,培养孩子们的优美体态和对艺术的审美能力。活动形式是每周集训三次,教师自主研发教材,制定社团管理方式,填写社团活动记录,完成评价。

5. 童味街舞社。通过街舞训练,儿童能够尽情张扬个性,增强爆发力,培养儿童一定的律动和舞感。多用 Funk(放克)音乐和 Hip Hop(嘻哈)音乐来跳舞,激发儿童对舞蹈学习的兴趣,提高儿童的舞蹈素养。社团内容是通过 Breaking(霹雳舞)、Hip Hop(自由式街舞)、Popping(震感舞)、Locking(锁舞)的练习,能完成完整舞蹈的表演。通过舞蹈《Popping(震感舞)》《Get it up》《I Can Make You Dance》的训练,培养儿童分工合作的社团精神,学会在集体中协调配合,相互适应。发展儿童个性,为专业的舞蹈发展奠定基础。活动形式是每周集训一次,教师自主研发教材,制定社团管理方式,填写社团活动记录,完成评价。

6. 童味绘画社。采用启发、鼓励的趣味教学法,转换课堂角色,以儿童为主、老师为辅,培养儿童的观察力、想象力、思维力和创造力,注重儿童的自我表达,提高儿童的动脑动手能力。课程安排有少儿造型课和创意卡通课。

7. 童味篮球社。通过定期组织训练,使社团成员保持对篮球的最大积极性,提高对篮球的兴趣。在儿童的奔跑、跳跃过程中,发展力量、速度和耐力等素质,磨练意志,培养团队精神和集体主义品质,锻炼运动员的身体素质,提升实践操作的能力。掌握正确的技术动作表现,不断提升儿童的篮球技战术水平,活跃校园篮球文化氛围。

三 激活"童味节日",浓郁学校课程氛围

"童味节日"课程包含传统节日、现代节日和校园节日三类课程,将传统节日、现代节日课程整合于学校课程架构之中。在校园节日课程中,学校设计了"童味读书节""创意科技节""童味数学节""童味艺术节""童味体育节"和"童味劳动节"。

1. "童味读书节"。为了增强学校儿童好读书、读好书的积极性,激发儿童读书的兴趣,让每一位儿童都亲近书本,喜爱读书,学会读书,也为了展示儿童的阅读成果,从而促进儿童个性的和谐发展,学校将分年级举办一至六年级读书节活动。"童味读书节"根据课程设计,将从演讲内容、语言表达、表情仪态和整体效果等四方面分别进行评价。

2. "童味数学节"。为了弘扬数学文化,激发儿童爱数学、学数学的兴趣,让儿童感受到生活中处处有数学,学会用数学的眼光去关心社会,去获取和发现新的知识,培养儿童观察、空间想象、动手操作能力及无限的创造能力,开创了"童味数学节"。每年于五月中旬和九月下旬各举办一次为期一天的数学活动。通过此次活动,希望儿童与数学为伍,以兴趣为伴,启迪智慧人生。

3. "童味科技节"。为了提高儿童的科学素养,激发儿童对科学知识的兴趣,培养

儿童的创造性思维,也为了丰富儿童的课余生活,让儿童在活动中增长知识、提高素质的同时,为同学们提供一个相互交流和同台竞技的机会。学校将分年级举办一至六年级"走近科学"活动。

4. "童味艺术节"。音乐和美术是心灵的艺术,也是人类情感与精神的结晶,并能让儿童从中获得视觉的愉悦和美的陶冶。学校坚持根植中华优秀传统文化深厚土壤,坚持以美育人、以美化人,引导儿童树立正确的审美观念,陶冶高尚的审美情操,丰富儿童艺术文化生活,培养艺术素养,展示学校艺术教育成果,形成全校性的艺术氛围,提高校园艺术教育品质。由学校教导处牵头,音乐和美术教研组具体实施。

5. "童味体育节"。为增强体质,展现全体师生精神面貌,发现和培养体育后备人才,结合《儿童体质健康标准》的测试及数据上报工作,学校每年组织举办一次"童味体育节",以班级为单位进行报名,参赛项目丰富多彩,在测试每个儿童体质健康成绩的同时,让每一个有专长的儿童来展示自己的风采,让每个人都能感受到运动的快乐。

6. "童味劳动节"。每年5月、10月是劳动与丰收的季节,从古至今,总会有不少热闹的仪式、节日在这个季节举行,来庆祝丰收的喜悦。为了让每一位儿童感受到劳动是一切幸福的源泉,调动每一位儿童的积极性、主动性、创造性,让每一位儿童牢固树立劳动最光荣、劳动最崇高、劳动最伟大、劳动最美丽的观念,学校于每年5月、10月份举办"童味劳动节",将"劳动最光荣"的思想转化到每一位儿童的实际行动中,培养儿童积极劳动的兴趣,养成爱劳动的好习惯。

四 落实"童味探究",活跃课程实施方式

"童味探究"学习活动在于让儿童保持独立的持续探究的兴趣,获得参与研究、社会实践与服务学习的体验,提升发现问题、提出问题和分析与解决问题的能力,掌握基本的实践与服务技能,学会分享、尊重与合作,养成实事求是的科学态度,增强服务意识与奉献精神,具有关注社会的责任心和使命感。

"童味探究"以课题小组合作研究为基本组织和实施形式。每组一般由同一班内的6至10人组成,原则上每班不超过10个课题,一名教师指导课题小组数不超过3个。课题组内要进行课题分工和角色分工,即每个成员都要承担一部分相对独立的课题工作,每个成员都要承担一个角色,确保真正参与课题研究。如组长、协调员、资源

管理员、信息技术员等,既各展所长,又密切配合,以保证课题研究顺利开展。

"童味探究"学习活动时间基本安排在暑假期间,建议由家长协助,在教师的指导下进行集中活动。内容如下:(1)学科内容与应用类,主要是进行学科内的拓展与跨学科的综合应用方面的探索,如六年级学习百分数之后进行相关的应用研究,四年级结合劳动教育,在学校楼顶农场种植豌豆,研究文章中的豆荚与自己亲自种出来的豆荚是不是一样等;(2)自然环境类,主要是从人与自然的关系角度提出的课题,如环境保护、生态建设、能源利用、农作物改良、动物保护和天文研究等与个人生活背景相关的课题;(3)社会生活类,主要是从研究人与社会的关系角度提出的课题,如学校规章制度研究、社会关系研究、社区管理、社团活动、人口研究、城市规划、交通建设等与个人生活背景相关的课题;(4)历史文化类,主要是从研究历史与人的发展角度提出的课题,如乡土文化与民俗文化研究、历史遗迹研究、城市变迁研究、名人思想与文化研究和校园文化研究等与个人生活背景相关的课题。

五 设计"童味有约",落实周末亲子课程

"童味有约"是我校家校共育课程的组织形式之一。"童味有约"课程设计紧跟时代,目的是让儿童爱家国、知感恩。

1. 开发课程。(1)学校组织教师团队开发"童味有约"课程,并依据儿童的年龄段特点推出"宝贝课堂(低年级)""周末耍吧(高年级)"两个版本。(2)把国内外有影响力的、在某个领域有极高造诣的、为推动社会发展进步做出突出贡献的人物、行业和团体等,作为素材推荐给儿童。(3)开发时事话题类课程,给儿童打开一扇认识世界的门。(4)设计"魅力深圳"系列实地游学主题。

2. 课程目标。通过儿童自主学习、自主探究、交流合作的学习方式,学校丰富儿童的学习场域、学习形式,拓展学习时长,将"童味有约"课程打造成为一个开放、自主、多元的学习平台,以此丰富儿童生活、张扬儿童个性,提升儿童学习能力,帮助儿童树立正确三观,最终实现立德树人的根本任务。

3. 活动形式。(1)每周五下午,班主任老师在少先队活动课上介绍本周的"童味有约"课程。同时在学校公众号平台中发布"童味有约"的两个版本。把课程安排在周末,确保儿童有足够的时间去研究、思考。(2)不同年级段的儿童查看本年级段的版本,利用周末时间自主完成或邀请家长共同完成。既可以在学校公众号中查看导

语、视频,思考问题,还可以通过上网或到图书馆及实地考察的形式搜集资料进行学习。

4. 作业提交。(1)儿童通过学习文字和视频材料,呈现出的作业以思维导图、文字资料、PPT和路演视频(讲解视频)为主。一至三年级学生的作品,儿童在作品左下角写清班级、姓名,用彩色框框裱;四至六年级学生的作品,儿童在作品右下角写清班级、姓名,用彩色框框裱。高年级班主任老师鼓励儿童以文字叙述为主。(2)上交时间为周日晚上。(3)上交方式以家长拍摄儿童作品为主,拍摄时要清晰、有亮度,方向正确,能修图、加边框最好。家长将作品提交至班级群或以"钉钉作业打卡"的形式提交,学校保存一部分优秀作品的纸质稿,为展示儿童丰富的课程学习成果做准备。

六 推行"童味之旅",落实研学旅行课程

学校结合周边资源,推进"童味之旅"研学课程。依据不同学段儿童的年龄特点及各学科教学内容的需要,学校开展"走进公园玩一玩""走进动物园看一看""走进单位见一见""走进博物馆想一想""走进党史馆学一学""走进纪念馆念一念""走进职业体验馆试一试"等不同主题的旅行研学课程。学校"童味之旅"课程设置具体见表4-7。

表4-7 深圳市坪山区科源实验学校"童味之旅"课程活动表

年级	主题	地点	活动板块设计
一	走进公园玩一玩	人民公园	准备出游时需要的物品;探秘园内不同的景色;画出看到的美景。
二	走进动物园看一看	动物园	了解常见动物的特征和生活习惯;思考问题:你看到了什么动物? 能把它们分分类吗? 说出你的分类标准;以填空的形式完成观察日记。
三	走进企业见一见	深圳企业	了解该单位是做什么的、最让你惊叹地方的是什么;分享自己参观体验过程中的所思、所感、所想。
四	走进博物馆想一想	博物馆	了解博物馆的位置,找出合理的出行方式并做出预算;记录自己所参观的展厅,说出自己最喜欢它的理由;分享自己参观体验过程中的所思、所感、所想。

年级	主题	地点	活动板块设计
五	走进党史馆学一学	党史馆	了解党的历史；了解最让你感动的人物或事迹；完成一份"红领巾心向党"的主题手抄报。
六	走进纪念馆写一写	纪念馆	了解历史；找出参观的出行方式，计算不同的方式所需要的费用；将最感动自己的人物和事迹写出来。
七	走进职业体验馆试一试	职业体验馆	在教师带领下，在场馆专业人员指导下，学生体验不同的社会职业岗位，将自己亲身经历画一画、写一写。

研学旅行的根本目的是让儿童接触社会和自然，在体验中学习和锻炼，培养儿童刻苦钻研、自理自立、互勉互助、艰苦朴素、吃苦耐劳等优秀品质和精神。研学旅行校本课程有利于儿童体验研学探究的过程，学会科学探究的基本方法，加深对自然、社会、文化、历史的认识；有利于儿童形成科学的自然观和严谨求实的学习态度，更深刻地认识学科知识和社会知识的相互关系；有助于培养儿童合作、信任、良好的人际关系，启蒙学生的职业理想，促进学生健康成长。学校组织研学旅行前，召开家长委员会议，充分研究活动方案。

七　激活"童味校园"，打造环境隐性课程

在学校环境文化方面，我们力求让学校更优美、更和谐、更具有人性化，让学校每一面墙、每一块绿地都成为儿童自我教育、展示风采的最佳场所，以实现良好环境与人的互利共生，让校园成为儿童身心舒展的地方。

1. 大厅文化。凸显"童味教育"之主题，将学校教育信条、办学理念等文化元素融于其中。

2. 文化长廊。学校进一步打造以"童味学科""童味社团""童味节日"等为主要内容的文化长廊。

3. 教室文化。让教室充满温馨气息：（1）主题鲜明，设有班名、班徽，主题内容思想健康，体现以儿童为主体的设计理念；（2）整体配置，整洁美观、和谐统一，符合儿童年龄特征，彰显班级建设理念，切合学校工作要求。设有"图书角""荣誉角""卫生角""展示栏"等，黑板报定期更新；（3）颜色搭配，色彩运用协调，注重儿童性和趣味性；（4）体现"洁"——教室洁净，无卫生死角，桌椅、讲台、门窗、地面等干净无灰尘，窗户玻

璃透明干净,墙壁洁白、无人为的污点,靠近本班教室的走廊及包干区无垃圾;(5)体现
"美"——教室布置美观、有本班特色,能集中体现出本班的班级风貌、特色和追求的目
标等。

综上所述,学校将秉承"童味教育"的教育哲学,全面贯彻党的教育方针,坚持以人
为本,关爱学生全面发展,深入实施素质教育,探索建立学校、家庭、社区有效互动的新
机制,不断优化学校课程资源配置与管理,为打造高品质的学校课程体系而不懈努力。

(撰稿人:深圳市坪山区科源实验学校　汤庆东、周景斌、吴娟娟)

第五章

高参与性课程实施

高参与性课程实施是缔造取向的课程实施，具体表现为全员参与、全程参与、深度参与和有效参与。高参与性课程实施是面向全体学生的，满足学生多样化发展的需要；重视课前激发学生兴趣，课中引导学生主动参与、主动探究，课后主动反思；倡导体验式、探究式、实践式等学习方式，持续推进教与学方式变革；倡导在实践中学习，让书本知识与社会生活融为一体，努力提升学习的整体效益，全面提升学生综合素质。

关于课程实施,辛德等人在富兰研究的基础上,提出了课程实施的三种取向,即忠实观、相互调适和课程缔造。其中,忠实观把课程当作可预测的文件或产品,而课程发展和实施只是一项技术性工作;相互调适取向认为成功实施的特征在于它是一个相互调适的过程,课程实施是变革方案与学校实际情境在课程目标、内容、方法、组织等方面相互调整、改变与适应的过程;课程缔造取向认为,真正的课程是教师与学生联合缔造的教育经验,课程实施本质上是在具体教育情境中缔造新的教育经验的过程,知识是个人化、情境化的,课程不是预先决定的,而是形成于个体建构过程中。① 我们认为,高参与性课程实施是缔造取向的课程实施,具体表现为全员参与、全程参与、深度参与、有效参与,倡导新理念和新方法,变革教与学方式,创生课程内容,国家课程校本化实施,地方课程整合化实施,校本课程特色化实施,提升学习的整体效益,全面提升学生素质。

　　高参与性课程实施是全员参与的课程实施。我们以学生为主体,严格执行国家课程标准,满足学生多样化发展的需要,面向全体学生开设课程,全体学生在各类课程中参与学习。教师是课程实施的人力资源保障,全体教师不断提高课程开发、实施能力,确保三级课程实施质量。家长是课程实施的重要辅助力量,我们积极引导家长参与各类课程体验、主题教育实践活动、志愿者服务和公益性活动,使之成为部分地方课程和校本课程的开发者和授课者。专家学者、科学家、运动员、教练员、艺术家、能工巧匠、民间艺人等各领域专业人才,以及符合活动需求的公益人士、志愿者等,也是课程实施的重要辅助力量,我们充分发挥其优势,一起参与课程实施,使学校教育与社会生活进一步融合。

　　高参与性课程实施是全程参与的课程实施。我们充分发挥学生的主观能动性,让学生主动融入课堂、投入学习。我们营造宽松、愉悦的课程学习氛围,在课程学习中抓

---

① 尹弘飚,李子建. 再论课程实施取向[J]. 高等教育研究,2005(1):67—73.

住学生的每一分钟,使学生在自主与合作、学习与生活相融合中全程参与学习。我们重视课前激发学生兴趣,课中引导学生主动参与、主动探究,课后引导学生主动反思。我们不断丰富课程教学环境,增强课程教学的情境性,把课堂设在教室、实验室、校园角落、各种场馆、社区,促进学生全程参与学习。我们推进课程内容创生,动态调整课程设置,提供可供学生选择的、灵活多样的课程,促使学生全程参与学习。

高参与性课程实施是深度参与的课程实施。我们持续推进教与学方式变革,改变以往课程实施过于强调接受学习、机械训练的现状,倡导学生乐于探究、勤于动手,让学生搜集、处理信息,提出、解决问题,推动学生高度投入学习。我们积极倡导体验式、探究式、实践式等学习方式,推进大单元、项目式、跨学科等方式学习,让学生更多地进行体验、探究、实践学习。我们积极推进启发、参与、讨论的教学方式,以学生的发展为本,提升学习的趣味,在学习中进行更多的实验、调查、研讨、实践。我们让学生走出校园,进行实验观察、调查访谈、动手实践,在实践中学习。

高参与性课程实施是有效参与的课程实施。国家课程校本化实施、地方课程整合化实施、校本课程特色化实施探索出新路径,各个学校在教与学方式变革中探索出了有利于促进学生学习的方式,课程教学中以学生为主体,课堂的主动权还给了学生,学生在实践中学习,让书本知识与社会生活融为一体,学生参与课程学习的积极性、主动性明显提高,每个学生得到充分的发展,个性得到了张扬,培养了学生良好的团队协作、创新能力、实践能力,提升学习的整体效益,全面提升学生综合素质。

总之,高参与性课程实施是缔造取向的课程实施,面向全体学生,满足学生多样化发展的需要;重视课前激发学生兴趣,课中引导学生主动参与、主动探究,课后主动反思;倡导体验式、探究式、实践式等学习方式,持续推进教与学方式变革;倡导在实践中学习,让书本知识与社会生活融为一体,努力提升学习的整体效益,全面提升学生综合素质。

(撰稿人:深圳市坪山区坑梓中心小学　张其龙)

岭秀课程：看见儿童纯真生动的笑脸

深圳市坪山区碧岭小学创办于 1968 年，地处坪山区马峦山北麓的碧岭社区，占地面积 36 600 平方米，建筑面积 11 221 平方米。学校现有教学班 29 个，学生 1 354 人，教职员工 94 人。学校先后荣获"全国和谐校园先进单位""广东省绿色学校""深圳市书香校园""深圳市阳光体育活动先进学校""深圳市篮球特色项目学校""深圳市校园足球特色学校""广东省校园足球推广学校""广东青年主题书法活动先进组织单位""广东省中小学教师校本研修示范学校""坪山区文明校园"等荣誉。

第一节　每个孩子都有动人的故事

任何课程理念都是特定文化的产物，课程不是价值中立或文化无涉的纯粹知识活动，它具有价值参与的属性。这是因为，课程本质上就是一种价值赋予和文化自觉。美国著名课程学者阿普尔从"社会—个体"路径出发，将课程视为"反思性实践"，课程是包括行动和反思的社会交往实践和意义建构过程，更是以意义创造为核心的社会性建构过程，主张通过意识形态的批判而达到社会公正和个体解放。因此，我们需要对不同课程理性背后的文化处境有更深入的理解，进而形成日益成熟的文化自省能力的课程体系。为此，我们立足在地文化，梳理既符合学校内涵发展需求，又顺应时代发展的课程哲学。

一　教育哲学

碧岭小学地处坪山区马峦山北麓的碧岭社区，紧邻东部华侨城旅游胜地。这里山清水秀，生机盎然，是"东进"桥头堡上的绿色明珠。蓝天、白云、山峰，绿意盎然，山映着水,水照着山,山间绿树红花,俨然一幅生动的画。学校遂以"生动教育"为办学哲学,引领学校课程深度变革。

我们认为,"生动教育"是以生动的手段和方法培育生动的人的教育,是让每一个孩子成为生动活泼的人的教育,是学校发展素质教育的个性化理论概括和实践探索。

"生动教育"的思想源泉是陈鹤琴先生的"活教育"思想。陈鹤琴认为,要了解儿童心理,认识儿童,才能谈到教育儿童,这是"活的教育",而不是死的教育。我们要活的教育,教材是活的,方法是活的,课本也是活的。我们尽量要让儿童的手、脑、口、耳、眼睛动起来,打破只用耳朵听、眼睛看,而不用口说话、用脑子想事的教育。活教育的目的就是让儿童做人、做中国人、做现代中国人。要做一个"现代中国人",起码要具备几个条件:第一个条件是要有健全的身体;第二个条件是要有建设的能力;第三个条件就是要有创造的能力;第四个条件就是要能够合作;第五个条件就是要服务。陈鹤琴先生的这些思想为学校的"生动教育"提供了丰富的思想滋养。

在我们看来,教育是一首生动的歌,每个孩子都有动人的故事。"生动教育"的"生"是对生命的眷注、对生活的汲取和对生长的诉求,"动"是动手、动脑和动心的有机统一。"生动教育"是生命的律动,是语言的灵动,是交流的潺动,是情绪的涌动,是生动活泼的教育生态。一句话,"生动教育"是富有生命动感的教育、再造丰富生活的教育、感受生长过程的教育、呈现生动表情的教育。

"生动教育"的美好愿景,直接表现为课堂教学充满生命的灵动,生命存在因尊重而精彩、因自主而快乐、因和谐而完美、因出彩而幸福。我们"以生为的,以动为矢",致力培养"生动活泼的现代中国人"。学校是诗意美好的地方,"生动教育"的核心价值,是创造生动活泼的教育场景,呈现生动发展的生命样态,办一所充满生机与活力的学校,让生命充满生机与活力。因此,我们提出如下教育信条:

    我们坚信,

    教育是一首生动的歌;

    我们坚信,

    学校是诗意美好的地方;

    我们坚信,

    每个孩子都有动人的故事;

    我们坚信,

过生动活泼的教育生活是最幸福的；

我们坚信，

让生命充满生机与活力是教育最舒展的姿态；

我们坚信，

看见每一个孩子纯真生动的笑脸是教育的最美期许。

基于上述教育哲学，我校提出自己的办学理念：让每一个生命充满生机与活力。长期以来，我们的教育普遍缺乏生命感。在教育领域里，生命缺席了，灵魂消失了。我们的课堂寻觅不到生命的欢呼和雀跃，看不到生命的气息和光华。教育本是生动的事业。每一个生命都是迷宫，没有一种生长像生命成长那样复杂多变难以琢磨，没有一种活动像教育那样充满了智慧与挑战。丰富生命之意义，让人性丰富起来、生动起来、鲜活起来，让生命富有人的意蕴是教育的神圣使命。

二 课程理念

我们依据"生动教育"之哲学，确定了自己的课程理念：看见每一个孩子纯真生动的笑脸。这一课程理念具有丰富的内涵。

1. 课程即生命的动感。教育关注生命、生长和生活。教育必须尊重每一个生命，关注个体差异性，因材施教。课程是带给孩子幸福的礼物，是给孩子发展提供的机会；课程应当是曼妙的诗篇，我们应当尊重孩子的个性需求，设计丰富多彩的课程，让孩子们找到属于自己的世界，让童言无忌，让童心飞扬，让童年难忘。因此，需要我们精心建设学校课程，整合国家课程、地方课程和校本课程，不断提升育人质量，努力为不同的学生提供尽可能多的选择性课程，让丰富多彩的课程满足不同孩子的学习需求，尽我们所能地去为他们梦想的实现提供帮助，用课程浇灌，让每个孩子在花期到临时，努力绽放自己。学校应为汇聚美好的地方，课程应努力呈现生命的动感。

2. 课程即生活的再造。杜威提出："教育即生活、教育即生长、教育即经验改造。"我们的课程"要解放孩子的头脑、双手、脚、空间、时间，使他们充分得到自由的生活，从自由的生活中得到真正的教育"。我们所实施的课程就是"还原孩子生活的本来面目"，既源于生活、寓于生活，又用于生活、服务于生活，不断丰富和积累孩子的生活经验，注重日常生活环境、动手实践环境、探究创造环境的创设，加强学校生活、家庭生活和社会生活的联系,促进每个孩子身体、心理、品德和谐发展。我们应该给孩子最好的音乐、最好的文学、最好的精神文化教育,让他们在学校自然地接受美的熏陶;课程应该给儿童提供真美善的事物,让他们自己去感受丰富多彩的生活。

3. 课程即生长的旋律。美国课程学者派纳从"个体—社会"路径出发,将课程视为个体"生活世界的体验"或"履历经验"的重组,是课程主体的"一种内心的旅行",主张通过"履历情境"的描述和"自我知识的探求"来发展个体的"存在经验",实现个体解放。课程是活的,是意义的生成,它与场景关联,与应用关联,与生活对接,与社会融通。关注课程的场景性,就是让所有的时空都释放出教育价值,让所有的时空都成为课程场景,让孩子们学习成果的形成、展示、发布、分享。让这些过程成为校园里最美丽的景观,让时空展现出生命成长的气息和活性。课程要让儿童变得放松,让孩子们感到静悄悄地生长,让他们回想起看似遥远又并不遥远的梦,让儿童回想起在雨中,那雨儿是跳动的旋律。当你摔倒时,一种力量在扶着你,让你回想起在蓝天下放飞纸飞机,放飞一个个让你期待的梦。这就是成长——个性的自然生长!

4. 课程即生动的表情。课程应当顺应儿童的天性,展现其生动的表情,养护儿童自然而又纯真的心性,让他们充盈着灵性之蕴,因为,每一次成长都值得赞美!只有让教育生动起来,我们才能看见每一个孩子纯真生动的笑脸;只有激发儿童自主学习兴趣,点燃他们的学习激情,才能打动孩子们稚嫩而又单纯的心灵;只有打开孩子们的文化视野,让他们更多地进入文化、感受文化、思考文化、追寻文化,才能为儿童成长提供最宝贵的东西,让他们展现最为精彩的瞬间。如此,校园才能处处展现孩子们的生命活力。我们期望,每一个孩子走进校园,智慧在这里生长,生命在这里绽放。这里,将给孩子们自由烂漫的童年。

总之,课程关涉生命的感动,应该是精选的学习内容和丰富的学习经历。由此,我们将学校课程模式命名为"岭秀课程",内蕴我们的课程旨趣。因为,"秀"的本义是谷类作物抽穗开花,引申指事物的精华及灵秀茂盛的样子,它寄寓了我们对学校课程的美好期许。我们期待,"岭秀课程"将成为儿童生命成长的丰富养料。在这里,课程将给予儿童多元展示的舞台;在这里,你将看见每一个孩子纯真生动的笑脸;在这里,每一个生命都将焕发勃勃生机!

第二节　做生动的中国人

一切课程都是服务育人的。我们根据时代发展对未来人才培养的需要，按照教育方针和当代学生核心素养框架，结合学校的教育哲学，厘定学校育人目标，设计学校课程目标。

一　育人目标

学校把"做生动的中国人"作为育人目标，我们坚持立德树人，着力培养担当民族复兴大任的时代新人，坚持"五育"并举，全面发展素质教育，努力培养"知书达理、活泼矫健、聪慧烂漫"的现代中国人。

- 知书达理：爱家国，识礼仪，懂感恩，爱劳动；
- 活泼矫健：爱生活，喜运动，乐助人，有情趣；
- 聪慧烂漫：爱探索，勤思考，能合作，善学习。

二　课程目标

育人目标是学校课程建设的基点。学校将"知书达理、活泼矫健、聪慧烂漫"的育人目标细化为一至六年级的具体要求，设计学校课程目标，具体见表 5-1。

表 5-1　深圳市坪山区碧岭小学"岭秀"课程目标细化表

年级	知书达理	活泼矫健	聪慧烂漫
一年级	遵守学校纪律，能使用基本的礼貌用语，团结同学，尊敬长辈，爱劳动，自己的事情自己做。	初步了解卫生常识，养成良好的饮食习惯；学会自我保护；积极锻炼，初步掌握动作规范，学会基本的身体活动方法及体育游戏；有积极乐观的心态。初步了解艺术的基础知识，具有健康的审美情趣和良好的道德情操。	学会学习，了解一些学习方法，善于思考，敢于提出问题，能够与他人合作；养成自主读书、认真书写的好习惯。

年级	知书达理	活泼矫健	聪慧烂漫
二年级	遵守学校规定，遵守课堂秩序；能使用基本的礼貌用语，对人有礼貌；团结同学，尊敬长辈；爱护公物，爱劳动，学会自己的事情自己做。	初步掌握正确的卫生知识，养成良好的饮食习惯；学会自我保护；积极参加阳光体育锻炼，初步掌握动作规范，学会基本的身体活动方法及体育游戏；保持乐观向上的生活态度；对艺术产生兴趣和爱好，了解艺术的基础知识，具有健康的审美情趣和良好的道德情操。	积极学习，初步掌握一些学习方法，善于思考，敢于提出问题，能够与他人合作；养成自主读书、认真书写的好习惯。学会解答问题。
三年级	正确地使用礼仪规范，遵守学校纪律；尊重他人；热爱劳动，积极参加劳动，为集体做好事，富有责任感；养成热爱生活、乐观向上、勤劳朴素的习惯。	能够科学用眼，初步树立食品卫生意识；初步学会合理安排课外作息时间；了解日常生活中的安全常识，掌握简单的避险与逃生技能；树立保护生命的意识；积极参加阳光体育锻炼，每天不少于一小时，学会一定的体育技能；在体育活动中爱护和帮助同学；完善自我，保持身心健康，注重自身素养的发展；欣赏优秀艺术作品；通过启发联想训练学生的创造性思维能力；初步体会大自然的美感，激发学生的创作欲望。	能够主动学习，积极思索，形成良好的预习和复习习惯；养成良好的听说读写的学习习惯；学会向别人请教，自主查阅资料，与他人协作解决问题。
四年级	自觉地使用礼仪规范，自觉遵守公共秩序；在集体中互相尊重、互相谦让；热爱劳动，积极参加校园公益劳动，为集体做好事，富有责任感；养成热爱生活、乐观向上、勤劳朴素的习惯。	能够科学用眼，树立食品卫生意识；学会合理安排课外作息时间；了解日常生活中的安全常识，掌握简单的避险与逃生技能；积极参加阳光体育锻炼，每天不少于一小时；欣赏优秀艺术作品，能够做简单的评价；通过启发联想训练学生的创造性思维能力；能够体会周围生活和大自然的美感。	能够主动学习，积极思索，形成良好的预习和复习习惯；养成良好的听说读写的学习习惯；学会向别人请教，自主查阅资料，与他人协作解决问题；能够运用所学知识解决简单的生活问题。
五年级	自尊自律，文明礼貌，诚信友善，宽以待人；懂得感恩；热心志愿服务，具有团队意识和互助精神；能主动作为，履职尽责；能明辨是非，具有规则	了解健康的含义与健康的生活方式，初步形成健康意识；树立正确的营养观；了解食品卫生知识，养成良好的饮食卫生习惯；初步掌握卫生保健知识；了解日常生活中的安全常识，积极参加阳光体育锻炼，提高自我保护的能	能正确认识和理解学习的价值，具有积极的学习态度；养成良好的学习习惯；掌握一定的学习方法，乐学善用，勤于思考，能够将所学

年级	知书达理	活泼矫健	聪慧烂漫
	与法治意识,崇尚自由平等;热爱并尊重自然,具有绿色生活方式和可持续发展理念及行动。	力。认知自我,保持身心健康。掌握一定的艺术知识;能理解和尊重文化艺术的多样性,具有发现、感知、欣赏、评价美的意识,具有健康的审美价值取向;具有艺术表达和创意表现的兴趣。	知识实际应用到生活当中,解决问题;具有终身学习的意识和能力。
六年级	自尊自律,文明礼貌,诚信友善,宽和待人;孝亲敬长,有感恩之心;热心公益和志愿服务,敬业奉献,具有团队意识和互助精神;能主动作为,履职尽责,对自我和他人负责;能明辨是非,具有规则与法治意识,崇尚自由平等,能维护社会公平正义;热爱并尊重自然,具有绿色生活方式和可持续发展理念及行动。	了解健康的生活方式,形成健康意识,树立正确的营养观;了解食品卫生知识,养成良好的饮食卫生习惯;掌握常见传染病基本知识和预防方法,树立卫生防病意识;了解青春期生理发育基本知识,初步掌握相关的卫生保健知识;了解日常生活中的安全常识,学会体育锻炼中的自我监护,提高自我保护的能力;具有艺术知识、技能与方法的积累;能理解和尊重文化艺术的多样性,具有发现、感知、欣赏、评价美的意识和基本能力,具有健康的审美价值取向;具有艺术表达和创意表现的兴趣。	能正确认识和理解学习的价值,具有积极的学习态度和浓厚的学习兴趣;养成良好的学习习惯;掌握适合自身的学习方法,乐学善用,能够将所学知识实际应用到生活当中,解决问题;具有终身学习的意识和能力。

第三节　设计充满活力的学习经历

学校立足前期课程改革成果,着力建设课程体系,重点关注学校整体课程与特色课程的有机融合,推进国家课程的校本化实施和特色课程建设,逐步构建起各类课程协调发展的高质量、可选择的学校课程体系。

一　课程逻辑

课程设计要有逻辑。一所学校的课程逻辑是由课程哲学、课程目标、课程结构和课程实施等要素构成的、条理清晰的有机体。课程逻辑的严密性很好地体现了学校课程领导力。为此,学校遵循"生动教育"之办学哲学,秉承"让每一个生命充满生机与活力"的办学理念,探索学校课程模式,将学校课程系统化,建构严密的学校课程逻辑,具体见图5-1。

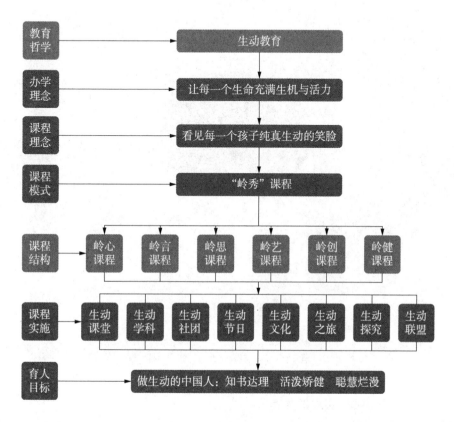

图5-1 深圳市坪山区碧岭小学"岭秀课程"逻辑图

二 课程结构

课程结构是课程各部分的配合和组织,是课程体系的骨架,它规定了组成课程体系的类型和比例关系,体现着课程理念和课程设置的价值取向。课程结构是针对整个课程体系而言的,课程的知识构成是课程结构的核心问题,课程的形态结构是课程结构的骨架。我校立足学校实际,根据多元智能理论,将课程分为"岭心课程、岭言课程、岭思课程、岭艺课程、岭创课程和岭健课程"六类,具体见图5-2。

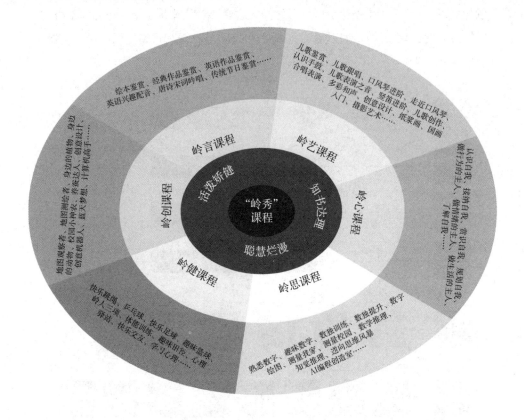

图5-2　深圳市坪山区碧岭小学"岭秀课程"结构图

各板块课程意涵与实践张力如图5-2。

(一) 岭心课程:自我与社会课程

此类课程主要涉及品德与社会等基础型课程和文明礼仪教育、性别教育、生命教育及职业体验、劳动技术、社会实践和服务等领域,如小茶艺师、"我的房间,我做主"、小厨房、小点心师、菜园小管家、小园艺师、小理财师、爸妈"跟屁虫"等课程,把学生的社会实践、个性发展、职业启蒙和创新能力培养等有机整合,让学生通过实践活动和亲身体验培养合作精神、公民意识和社会责任感,孕育学生的职业理想,让学生掌握基本的谈吐、举止、服饰等个人礼仪,以及在家庭、校园、公共场所等社会生活领域的礼仪,养成文明礼貌的行为习惯。学校"岭心课程"实施的总体指导思想是:根据学生的身心发展特点,将自知、自信、自强、自主贯穿在小学六年的学习中。

低年级开设认识自我、接纳自我等课程,引导学生发现自身的优点,鼓励学生积极看待自身可能存在的发展不均衡,让学生在成长的过程中不断正确认识自我。同时,低年级开设接纳他人、认可他人等课程,以低年级儿童喜欢的游戏形式进行,学生在游戏的过程中可以获得鼓励性和积极性的正向情感体验,建立和谐友爱的班级氛围。

中年级开设做行为的主人、做情绪的主人等课程,鼓励学生接纳不完美的自己,以学生为中心,增强学生的自信心,用客观主动的心态去包容自己。同时,中年级开设我是小小调解员、你来我往等课程,学生通过亲身体验和化解矛盾来感知团队合作的重要性,在操作实践的机会中提升人际交往能力。

高年级开设三省、了解自我等课程,增强学生的自强与自主意识,发展学生的自我调控能力,通过制定原则、计划等方式鼓励学生发展自我。同时,高年级开设工程制作、社会调查等课程,通过小组协同的方式培养学生的责任心与组织能力,使学生在合作的过程中学会从不同的角度看待事物,养成与别人合作交流的习惯。

(二) 岭言课程:语言与表达课程

此类课程主要涉及语文、英语等学科及其综合呈现的领域,包含语文课程群、英语课程群、第二外语课程群等,既涵盖语文、英语等基础型课程,也包括小作家、小读者、小记者、小编辑、小主持、小翻译等拓展型课程,结合不同年龄段学生的身心特点,引导学生广泛接触各类文学作品,提高学生的文学素养,培养学生的阅读、欣赏兴趣,增强学生的交流能力,实现情感熏陶、形象感染,最终使学生成为精神丰富、人格高尚的人。结合课程目标建设,学校"岭言课程"实施的总体指导思想是:将作品欣赏、写字、配音、吟唱及经典传承贯穿在小学六年的学习中。

低年级开设作品欣赏及写字教学课程,内容契合学生的兴趣点,课程设计符合学生的认知规律与多元智能发展阶段,如"绘本鉴赏""经典作品鉴赏""英文作品鉴赏",主要侧重于培养学生的学习兴趣,通过趣味横生的故事将学生引入知识的殿堂,旨在提升低年级的阅读能力。

中年级开设中英文作品配音课程,借助多种形式的背诵和表演让经典之韵深入学生的内心,提升中年段学生的表达和创作能力,为后续学习创造条件。每年学校的文学节或读书主题月便是学生表现文学素养的良机,各班或读或唱,展示其在"岭言课程"中收获的硕果。

高年级开设唐诗宋词经典学社与传统节日文化熏陶课程,为学生进一步接触文学经典提供舞台,加深学生对语言文字的理解,并引导学生从另一个角度了解我国传统文化,明晰传统节日的来历及习俗,培养家国情怀。

(三) 岭思课程:逻辑与思维课程

此类课程包含数学课程群、思维课程群等。教材只是信息资源与媒介,在学习活动内容中要让这有限的资源投入到学生头脑的广阔天地中去。基于这样的目的,我们尝试运用现代课程理念重新审视,分析、研究、思考现行的教材合理性,进一步贯彻新课标的相关精神,对教材进行局部调整、优化组合、扩充资源:低年级倡导"快乐数学",使学生在愉悦中学习;中年级倡导"生活数学",使学生在体验中感悟数学;高年级倡导"思维数学",使学生在思维的深度与广度上得到长足的发展。通过每日一题、每日一问、数学跑道、数学园地等活动,以学生为主,寻找身边的数学,把握生活的数学,增强学生数学意识,使数学与生活、学校与社会、课内与课外互补共进。

逻辑思维对于学生的健康成长十分重要,结合小学数学核心素养的三个维度:数学认知、数学思想及认知发展,学校"岭思课程"实施的总体指导思想是:将有趣、有味、有用的逻辑思维锻炼贯穿在小学六年的学习中。

低年级开设趣味数学、数独训练等课程,培养学生对数学学习的向往,引领学生热爱数学,激发学生对数学的探索欲望。通过童话故事、趣味图片等形式展示数学的趣味性,以好玩的数独游戏为载体提高学生的学习热情。

中年级开设计算长度、测量家校等课程,通过多感官及工具的应用,科学准确地帮助学生建立清晰准确的数学观念,以手脑并用的形式提高学生的参与度,在计算、测量的过程中培养学生的逻辑思维。

高年级开设数学推理、逆向思维风暴等课程,让学生在解决问题的同时,渗透、强化逻辑思维,体验到逻辑思维的实用性,学会用辩证的眼光来观察世界。

(四) 岭艺课程:艺术与审美课程

此类课程包含音乐课程群、美术课程群、综合艺术课程群,主要涉及美术、音乐等艺术领域。学校扎实推进基础型课程中的音乐、美术课程,创新开发拓展型和探究型课程中的艺术类课程,基于学生发展的需求,开设少儿舞蹈、声乐、绘画、书法、陶笛、非洲鼓、打击乐等多项艺术课程,为学生提供艺术课程菜单,自主选择感兴趣的艺术课程,以基础型课堂教学和拓展型社团活动相结合,激发学生对艺术的热爱,提高学生的艺术素养与审美素质。学校"岭艺课程"实施的总体指导思想是:将艺术鉴赏、乐器表演、美术创作等贯穿在小学六年的学习中。

低年级开设儿歌鉴赏、儿歌跟唱课程,从听觉上培养学生的乐感,通过聆听音乐的方式获得审美体验,并开发学生的想象力、创造力与表达能力。同时,低年级美术开设辨别方向、制作拼图等课程,通过基础知识的教学培养学生的直觉思维能力,学生可以在制作方向卡、拼图的动手操作过程中初步感受图形与现实生活的转换。

中年级开设口风琴、手鼓及竖笛课程,让学生能正确地使用乐器并配合演唱,通过基础练习逐步加深学生对于乐器的理解,为校园乐队的组建提供种子力量。每年校园艺术节时,各艺术团通过节目表演的方式打造艺术海洋,激发更多的学生燃起对艺术的向往。同时,中年级美术课程开设欣赏三维物体、设计家校等课程,进一步加强学生对大小、相互位置等表面现象的感知。对家庭和校园的设计则是要求学生利用空间知识解决现有问题,提升空间想象力。

高年级开设创作表演、多彩和声等课程,学生通过编创歌曲全面提升艺术素养,同时通过感知音律、协同合唱的方式来获得美的体验,能够懂得合唱的基本方法,锻炼合作能力、群体意识。同时,高年级美术开设迷宫探险、设计立体毕业礼物等课程,通过迷宫、毕业礼物的方式加强空间能力锻炼的趣味性与生活性,以设置挑战的方式激励学生不断突破自我。每年毕业季,学生可以利用身边物品对空间能力进行充分展示,设计出有创意的毕业礼物。

(五)岭健课程:运动与健康课程

此类课程包含体育课程群、心理辅导课程群等,主要涉及体育、心理辅导等学科领域。学校对国家规定课程进行补充、拓展和整合,关注每一个孩子的个体差异与不同需求,关注每一位学生的身心健康发展,根据不同学生的需要开发多种形式的课程,包括各种球类、棋类、跆拳道、花样跳绳等各类体育课程及心理辅导课程,以社团活动为主要途径,分年级、分步骤有效落实体育课程,推动学生身心素养的提升,为学生的健康发展服务,为学生终身体育意识的形成奠定基础。培养身心健康的小学生是我校的育人目标之一,学校通过丰富的校内体育锻炼,发展学生的兴趣爱好,让学生在运动中有所收获、有所突破,强化学生的身体素质。学校"岭动课程"实施的总体指导思想是:

将跳绳、乒乓球、足球、篮球、体能训练、趣味田径和心理辅导系列课程贯穿在小学六年的学习中。

低年级开设跳绳和乒乓球课程，增强学生的耐力、灵活性、协调性及上下肢的力量，通过科学合理的锻炼为学生打下良好的身体素质基础，培养体育兴趣和体育能力。

中年级开设心理辅导、足球和篮球课程，通过介绍体育知识、科普体育活动来使学生锻炼身心健康，培养学生坚强的意志和积极的社会适应能力，提高学生的自我控制力，培养阳光积极的生活态度。

高年级开设心理辅导、体能训练和趣味田径课程，鼓励学生养成坚持锻炼的习惯和终身运动的意识，帮助学生掌握科学锻炼的方法，给校园生活增添色彩。

(六) 岭创课程：科学与探索课程

此类课程包含自然课程群、科技教育课程群等，主要涉及自然、信息科技等综合学科领域。学校积极落实基础型课程中的自然、科技信息等相关课程，开设小实验、小探究、小常识、小百科、小制作、小环保、小种植等课程，重点创设创新实验室，开发"乐高机器人"课程和3D打印课程，通过让学生亲历科学探究活动，引导学生发现问题、质疑、探索反思，激发学生对科学研究的兴趣，掌握基本的科学研究方法，让学生在实践中解决问题、增长智慧，为学生提供广阔的科技实践研究平台，促进学生创新精神与实践能力的发展。

科学探究是学生感受世界的重要路径，对于学生今后人生观和世界观养成的重要性不言而喻。学校"岭创课程"实施的总体指导思想是：根据学生的年龄特点及兴趣爱好，结合科学、信息技术等学科的知识规律，将感知自然、科学制作、科创设计等贯穿在小学六年的学习中。

低年级开设地图观察、身边的动植物等课程，充分利用学校隐性环境资源，通过多感官协调的方式鼓励学生真正地动手动脑学科学，鼓励学生向往、热爱大自然。

中年级开设养蚕达人、变废为宝等课程，通过探究来满足学生的求知欲望，进一步锻炼学生的科学探究精神与科学思维能力，营造学生爱科学、用科学的氛围。

高年级开设创意机器人、蓝天梦想等课程，学生可以根据自己的兴趣爱好发展科技创造能力，在丰富多彩的活动中不断提升科学素养。每年科技节学生可以将自己的科技作品进行展示，丰富学生科学视野。

三 课程设置

　　"岭秀"课程具有多元化、儿童化和个性化的特质,为实现培养"知书达理的儿童、活泼矫健的儿童、聪慧烂漫的儿童"的课程目标,学校课程在横向分类的基础上进行了纵向布局,按照年级/学期进行设计,确保每个孩子在各成长阶段均能得到充分的发展。结合学校实际,除了基础课程外,学校拓展课程设置,具体见表5-2。

表5-2　深圳市坪山区碧岭小学"岭秀课程"设置表

年级/学期		岭言课程	岭艺课程	岭思课程	岭健课程	岭创课程	岭心课程
一年级	上学期	绘本鉴赏	儿歌鉴赏 辨别方向	熟悉数字	快乐跳绳	地图观察	认识自我 认识他人
	下学期	绘本制作	儿歌跟唱 制作方向卡	趣味数学	快乐跳绳	地图测绘	接纳自我 接纳他人
二年级	上学期	经典作品 鉴赏	走近口风琴 拼图初体验	数独训练	乒乓球	身边的植物	赏识自我 认可他人
	下学期	经典作品 表演	口风琴进阶 制作个性拼图	数独提升	乒乓球	身边的动物	规划自我 接纳他人
三年级	上学期	英语作品 鉴赏	认识手鼓 欣赏三维物体	计算长度	快乐足球	校园小神农	做行为的主人 今日分析交流会
	下学期	英语演唱	手鼓进阶 空间绘图	数字绘图	快乐足球	养蚕达人	做行为的主人 我是小小调解员
四年级	上学期	英语兴趣 配音	竖笛之音 设计我家	测量我家	趣味篮球	变废为宝	做情绪的主人 我的特长
	下学期	英语剧表演	竖笛进阶 设计校园	测量校园	趣味篮球	创意设计	做生活的主人 你来我往
五年级	上学期	唐诗宋词 吟唱	儿歌创作 迷宫探险	数学推理	岭人三项	创意机器人	三省 项目式学习
	下学期	文学剧本 表演	儿歌表演 搭建迷宫	知觉推理	体能训练	璀璨星空	三省 工程与制作

学期 \ 年级		岭言课程	岭艺课程	岭思课程	岭健课程	岭创课程	岭心课程
六年级	上学期	传统节日鉴赏	合唱表演 设计立体毕业礼物	逆向思维风暴	趣味田径	蓝天梦想	了解自我 合作建模
	下学期	节日戏剧表演	多彩和声 纸浆艺术	AI 编程创造室	趣味田径	计算机高手	了解自我 社会调查

四　课程内容

根据各课程的学科特点,在尊重学生认知规律的前提下遵循从易到难原则,岭秀课程力争科学系统地设置各年级课程内容,具体见表5-3至表5-8。

表5-3　深圳市坪山区碧岭小学一年级课程设置表

课程维度	课程安排		内容要点
岭言课程	上学期	绘本鉴赏	了解绘本背后的故事,增加识字量。
	下学期	绘本制作	简单绘本制作与欣赏。
岭艺课程	上学期	儿歌鉴赏	通过欣赏儿歌,激励学生表达自我。
	下学期	儿歌跟唱	通过跟唱感受儿歌传达的感情。
岭思课程	上学期	熟悉数字	培养学生正确的书写姿势。
	下学期	趣味数学	探寻数学里有趣的规律。
岭健课程	上学期	快乐跳绳	加强体能训练。
	下学期	快乐跳绳	加强体能训练。
岭创课程	上学期	地图观察	进一步植入社会基本常识。
	下学期	地图绘画	通过简单地图培养学生的方位感。
岭心课程	上学期	认识自我	以分享为目的,鼓励学生表达自我。
	下学期	接纳自我	站在儿童角度认识自己。

表5-4　深圳市坪山区碧岭小学二年级课程设置表

课程维度	课程安排		内容要点
岭言课程	上学期	经典作品鉴赏	了解作品背后的故事,增强人文培养。
	下学期	经典作品表演	作品表演制作与欣赏。
岭艺课程	上学期	走近口风琴	了解口风琴构造与使用方法。
	下学期	口风琴进阶	熟悉口风琴使用方法。
岭思课程	上学期	数独训练	寻找数字中的规律与趣味。
	下学期	数独提升	探寻数学里有趣的规律。
岭健课程	上学期	乒乓球	加强体能训练。
	下学期	乒乓球	加强体能训练。
岭创课程	上学期	身边的植物	走近自然、感受生活。
	下学期	身边的动物	走近自然、感受生活。
岭心课程	上学期	认识自我	以分享为目的,鼓励学生表达自我。
	下学期	规划自我	站在儿童角度认识自己。

表5-5　深圳市坪山区碧岭小学三年级课程设置表

课程维度	课程安排		内容要点
岭言课程	上学期	英文作品鉴赏	了解作品,增强跨文化理解。
	下学期	英语演唱	通过演唱增强跨文化理解。
岭艺课程	上学期	认识手鼓	了解手鼓构造与使用方法。
	下学期	手鼓进阶	熟悉手鼓使用方法。
岭思课程	上学期	计算长度	将数学应用于生活。
	下学期	数字绘图	感受数字本身的魅力。
岭健课程	上学期	快乐足球	加强体能训练。
	下学期	快乐足球	加强体能训练。
岭创课程	上学期	校园小神农	走近自然、感受生活。
	下学期	养蚕达人	介绍养蚕流程及用途。
岭心课程	上学期	做行为的主人	以分享为目的,鼓励学生表达自我。
	下学期	做行为的主人	站在儿童角度认识自己。

表 5 - 6　深圳市坪山区碧岭小学四年级课程设置表

课程维度	课程安排		内容要点
岭言课程	上学期	英语兴趣配音	通过配音的方式增强学生的学习兴趣。
	下学期	英语剧表演	作品表演制作与欣赏。
岭艺课程	上学期	竖笛之音	了解竖笛构造与使用方法。
	下学期	竖笛进阶	熟悉竖笛使用方法。
岭思课程	上学期	测量我家	欣赏创意设计,画创意设计图。
	下学期	测量校园	用科学的方法感受校园。
岭健课程	上学期	趣味篮球	增强体能训练。
	下学期	趣味篮球	增强体能训练。
岭创课程	上学期	变废为宝	节约资源。
	下学期	创意设计	走近自然、感受科技的魅力。
岭心课程	上学期	做情绪的主人	以分享为目的,鼓励学生表达自我。
	下学期	做生活的主人	以分享为目的,鼓励学生表达自我。

表 5 - 7　深圳市坪山区碧岭小学五年级课程设置表

课程维度	课程安排		内容要点
岭言课程	上学期	唐诗宋词吟唱	了解作品背后的故事,增强人文培养。
	下学期	文学剧本表演	作品表演制作与欣赏。
岭艺课程	上学期	儿歌创作	创作儿歌,感受不同韵味。
	下学期	儿歌吟唱	创作儿歌。
岭空课程	上学期	迷宫探险	通过迷宫探索有趣规律。
	下学期	搭建迷宫	通过迷宫探索有趣规律。
岭思课程	上学期	数学推理	基于数字的思维训练。
	下学期	知觉推理	通过推理探寻有趣规律。
岭健课程	上学期	岭人三项	加强体能训练。
	下学期	体能训练	加强体能训练。
岭创课程	上学期	创意机器人	学习编程技术,设计科技作品。
	下学期	璀璨星空	介绍宇宙相关知识。

课程维度	课程安排		内容要点
岭心课程	上学期	三省	以分享为目的,鼓励学生认识自我。
	下学期	三省	以分享为目的,鼓励学生认识自我。

表5-8　深圳市坪山区碧岭小学六年级课程设置表

课程维度	课程安排		内容要点
岭言课程	上学期	传统节日鉴赏	了解传统节日,增强人文培养。
	下学期	节日戏剧表演	通过戏剧的形式增强人文培养。
岭艺课程	上学期	合唱表演	参与合唱排练,了解音乐风格。
	下学期	多彩和声	多声部五线谱的认识学习。
岭思课程	上学期	逆向思维风暴	思维与口才的锻炼。
	下学期	AI编程创造室	计算思维的锻炼。
岭健课程	上学期	趣味田径	增强体能训练。
	下学期	趣味田径	增强体能训练。
岭创课程	上学期	蓝天梦想	介绍航模及制作组装办法。
	下学期	计算机高手	学习计算机编程技术。
岭心课程	上学期	了解自我	以分享为目的,鼓励学生表达自我。
	下学期	了解自我	以分享为目的,鼓励学生表达自我。

第四节　让学习过程变得生动活泼

学校课程实施是将课程计划付诸实践的过程,是能否实现预期课程目标的关键因素,也是学生快乐成长的过程、教师享受教育幸福的历程、学校彰显育人特色的进程。我们从"生动课堂""生动学科""生动社团""生动节日""生动文化""生动之旅""生动探究""生动联盟"八个途径推进学校课程实施,让学习过程变得生动活泼,实现课程的内在意义。

一 构建"生动课堂"，提升课程实施品质

什么样的课堂是"生动课堂"？我们认为，当课堂教学"有着春天的希望，有着阳光的味道"(苏霍姆林斯基)时，那便是"生动课堂"。"生动课堂"要求学习目标准确，学习内容丰富，学习过程有趣，学习评价富有激励性，学生能从课堂中都能得到愉悦、幸福和满足，得到自我的充分发展与自由。

具体来说，"生动课堂"具有以下基本特质：(1)"生动课堂"的目标是精准的、饱满的、多维的、指向提升核心素养的课堂；(2)"生动课堂"的教学内容是丰富的，课堂教学从学生已有知识和经验出发，确保科学性，具有系统性，具有趣味性；(3)"生动课堂"的教学过程是立体的，师生之间不仅仅是知识的传递，同时还伴随着心灵的接触，情感的交流；(4)"生动课堂"的教学语言充满情感色彩，能拨动学生的心弦，引起他们内心世界的共鸣；(5)"生动课堂"的教学方法是灵动的多样的，丰富多彩、生动形象的画面，让课堂小高潮不断；(6)"生动课堂"的学习评价是多元的，恰当巧妙的激励性评价，为课堂教学开出一条明朗的路来，激发儿童的探索热情；(7)"生动课堂"的教学文化是儿童立场，课堂不仅仅是教师的声音，更多的是孩子对知识求知探讨辩论的声音，是孩子们自己的想法、感受和思考。

在课堂教学实践中，我们可以从视觉、听觉等多角度进行"生动课堂"的探索，使课堂教学妙趣横生，让学生沉醉其中，让学习不再枯燥。(1)用视觉效果为课堂教学增色。纯文字的文章和图文并茂的文章相比，后者往往更容易吸引学习者。心理共鸣论认为，当配色与人的思想情趣发生共鸣时，人们将不由自主地感到色彩所带来的愉悦。好的视觉效果在提高课堂生动感方面能起到十分重要的作用。从课堂设计的呈现方式来看，应尽可能选择图文并茂的形式，并适当地插入相关视频。通过图像、动画、视频等形式，使枯燥乏味的知识变得更加生动形象，使学生有身临其境之感，让学生在愉悦的氛围中主动学习。(2)用听觉效果营造良好氛围。大部分学生都喜欢音乐，我们不妨投其所好，巧妙地将音乐引入课堂，提高学生的注意力和记忆力，增强学生的想象力和创造力。可以使用不同类型的声音素材，如旁白、音效，并根据具体教学内容选择声音素材的节奏、音调、音色。背景音乐节奏也能影响学习者的学习效果，我们可以结合具体学习内容，选择不同的背景音乐，帮助学生尽快融入教学情境，直观地感受潜在

的情感,深化思想认识,营造良好氛围,产生情感共鸣。(3)用灵动的语言和趣味性的学习情境让课堂充满活力。趣味性的情境和幽默生动的语言更能够直击学习者的感觉,把抽象的事物具体化、把复杂的事情简单化、把理性的事物感性化、把枯燥的事情趣味化,从而使课堂教学达到事半功倍的效果。

二 建设"生动学科",丰富学科课程内涵

学校以"生动学科"来推进特色学科建设。"生动学科"建设是学校内涵发展的重要组成部分。学校以学科课程、学科团队、学科教学、学科学习和学科应用构成五位一体的模型推动学科建设。

一是结合学科特点,构建特色学科课程。学科课程是教师基于国家课程自主开发的、顺应学生发展需求的特色课程。学校从两方面入手,一方面通过挖掘学科内部与其他学科之间的逻辑来构建专业的学科课程群,另一方面将地域特色渗透到学科中,基于特色追求,教师根据对学科的独特理解、独特优势、独特资源,共同打造"生动学科"。

二是借助团队合力,彰显学科特色教研。以学校主管领导为主要负责人,整体把握和引领课程建设,各教研组引领各级优秀骨干教师研发"生动学科"课程,在实施中不断提升全体教师的课程领导力。教师结合自身情况组建"师徒结对""课程中心"等,形成学习共同体,明确目标定期活动,全方位发展,为学科课程群的高质量建设奠定了基础。

三是打造生动课堂,提升学科教学品质。学科团队及学校"生动课堂"文化形态和各学科本质研究教学,制订指向学科核心素养的学科课程规划,编写基于课程标准的学期课程纲要和与教学目标、学习活动、评价任务一致的教学方案。各科教师大胆开拓课程实施方式,提炼个人教学主张,形成独具特色的教学风格,在不断优化课程实施的过程中提升学科的教学品质,使"生动学科"课程高效逐层落实。

四是构建多元学习,聚焦学科核心素养。每一门学科都有适合自己的学习方式,每一个学生都有不同于他人的学习方式,我们聚焦各学科核心素养,引导学生寻找适合自己的学习方式,培养促进其终身发展的学习方法。

五是着力应用价值,彰显学科育人魅力。高品质的学科教学是保证教学质量的基础,也必然彰显学科的应用和育人价值。各学科团队基于学科特色,以正确的教学目标为前提,以丰富的课堂活动为主线,以全面提升学生的学习力和应用能力为目标,创设学习情境,彰显学科育人魅力。

以上五个方面中,打造学科课程群是特色学科建设最重要的内容。为此,学校一方面通过挖掘学科内部或学科之间的逻辑来构建专业的学科课程群;另一方面充分利用地域特色来渗透多门学科,打造学科拓展课程群。

三 创设"生动社团",发展兴趣特长课程

为了丰富校园文化生活,发展学生的兴趣与特长,促进学生的全面发展,我们以牧歌社团活动为平台,以丰富生活、展示个性、培养兴趣、健康快乐为宗旨,成立相应的学生社团。开展"生动社团"是我校课程建设的重要组成部分,它是实现"让每一个生命充满生机与活力"的重要载体。"生动社团"特别容易看见每一个孩子的笑脸,特别有利于保护儿童天性。

"生动社团"可以分为语言类社团、艺术类社团、科技类社团、计算类社团和体育类社团五大类。其中,语言类社团旨在培养学生对语言艺术的运用能力,提升学生的主持、演讲、解说和介绍能力,从学生的兴趣出发,丰富学生的课余生活;艺术类社团旨在培养学生感受美、理解美、鉴赏美和创造美的能力,同时在创造美的过程中发挥学生的创新思维,潜移默化地提高学生的整体艺术素养;科技类社团旨在培养学生科学兴趣和创新实践能力,向学生弘扬科学精神,普及科学知识,传播科学思想,形成爱科学、讲科学、用科学的浓厚氛围;数学类社团旨在激发学生的创新思维能力,打破常规,灵活思考,给学生知识的更新、智慧的成长和无穷的快乐;体育类社团旨在培养学生积极主动的体育锻炼习惯,提高学生的身体健康素质和体育文化素养,推进校园体育文化建设。具体社团课程见表5-9。

表5-9 深圳市坪山区碧岭小学"生动社团"课程设置表

序号	类别	社 团 名 称
1	语言类	辩论社团、主持表演社、小记者站、英语模联、英语剧场表演社……
2	思维类	数学游戏、魔方、象棋、五子棋……
3	科技类	航模、机器人、科学实验、魔方、魔术、绿色能源电动车……
4	艺术类	合唱、中国舞、玩转色彩、儿童画、扎染、版画、啦啦操、古筝、葫芦丝、书法、陶艺、超轻粘土、手工折纸、衍纸、手工DIY、毛线编织、纽扣画、剪纸……

序号	类别	社 团 名 称
5	健康类	击剑、篮球、足球、羽毛球、乒乓球、板羽球、花样跳绳、心理绘画、心理沙盘、心理剧表演……

四 创设"生动节日"，浓郁学校课程氛围

为浓郁校园文化，我校以"传统节日课程""现代节日课程""校园节日课程"为互动主题，努力营建校园文化课程。

1. 传统节日课程。传统的节日具有丰富的文化内涵，民族的文化精神通过课程系统地传递，使传统的文化变得可感可触，生动形象。我们以节日课程为依托，让学生体验节日文化习俗。我们充分利用班队会活动课及各学科拓展课程，深化传统节日课程主题活动，将传统节日课程做活，做系统，做扎实，具体课程实施计划见表5-10。

表5-10 深圳市坪山区碧岭小学传统节日课程实施计划表

月份(农历)	节日	主题	活动
一月	春节	浓浓的亲情	剪窗花、写对联、拜年话
一月	元宵节	烈烈的思乡情	赏花灯、猜灯谜、吃元宵
三月	清明节	深深的思念情	忆先烈故事、制作思念花、扫墓
五月	端午节	强烈的爱国情	包粽子　念屈原
八月	中秋节	醇厚的民族情	做月饼、绘月亮、讲故事
九月	重阳节	真正的敬老情	敬老人、献孝心

2. 现代节日课程。现代节日包含着人们对美好生活的寄托和希望，我们开展"现代节日课程"引导学生关注生活，增强生活仪式感。我们利用班队会活动课、国旗下演讲、各学科拓展课程，深化现代节日课程主题活动，将现代节日课程做好，做出新意，做得深入人心，现代节日课程实施计划见表5-11。

表5-11　深圳市坪山区碧岭小学现代节日课程实施计划表

月份(阳历)	节日	主题	活动
一月	元旦	新年新气象	1. 制作一份新年规划 2. 订下一个小目标
三月	妇女节	我爱妈妈	1. 亲手给妈妈制作一张贺卡 2. 给妈妈唱一支歌 3. 给妈妈说一句暖心的话 4. 为妈妈做一件力所能及的事
五月	劳动节	劳动最光荣	1. 我是社区服务小能手 2. 我身边的劳动模范 3. 评选班级劳动小模范
六月	儿童节	少年强则国强	1. 亮亮我的成绩单 2. 才艺展示
七月	建党节	我是优秀少先队员	2. 学习党的历史 2. 学画党旗、党徽 3. 我身边的党员
八月	建军节	拥军爱军	1. 走进军队 2. 革命故事比赛 3. 赠送拥军大红花
九月	教师节	老师,您辛苦了!	1. 出一版敬师黑板报 2. 我给老师敬杯茶 3. 说一句感谢老师的话
十月	国庆节	祖国妈妈我爱你	1. 学唱国歌 2. 国旗国旗我爱你 3. 爱国歌曲合唱比赛 4. 我做升旗手
十一月	感恩节	谢谢爱我的人	1. 对爱我的人说声"谢谢!" 2. 为爱我的人做件力所能及的事

　　3. 校园节日课程。校园节日是以学生的校园生活为依托由学生自主设计的校园文化课程,它充满了仪式感,增强了学生的责任心和参与度,具体实施计划见表5-12。

表 5-12　深圳市坪山区碧岭小学校园节日课程实施计划表

月份(阳历)	节日	主 题 活 动
九月	入学季	设计实施新生系列入学课程,让新入学的学生了解学校,了解老师,热爱学校,热爱上学
十一月	创意节	师生进行"小创意、大智慧"展示
十二月	学科节	各学科进行深化学科核心素养的系列活动
三月	足球节	足球操展示、班级足球联赛
四月	读书节	国学学习展示、读书成果展示
五月	科技艺术节	体验多彩课程、展示学习成果
六月	毕业季	设计实施系列毕业课程,对母校多一点留念,多一些感恩,对初中生活多一些了解,多一些准备

五　打造"生动文化",创设校园环境课程

　　学校引入空间课程领导理念,结合"生动教育"理念进行整体设计,为学校课程发展提供硬件上的支持与保障。在建筑设施、校园环境与设备规划等学校空间的设计和建造上,促进教育意境、学校课程、教师教学、学生学习和行政管理的提升,展现一座设计合理、环境优美、体现人文和艺术相结合的现代化校园。从实际出发,我校努力用优良校风影响学生,高尚师德感染学生,幽美环境陶冶学生,崇高典范激励学生,丰富课程浸润学生,优秀作品吸引学生,多彩活动活跃学生。我们从提升学生的心灵品质出发,挖掘校园围墙、操场、廊道、楼梯间、班级等处的资源,开发建设"生动文化"的校园环境课程,让生动文化融入校园各个角落,让每一寸空间都发挥它的教育价值。同时,用活课程资源,开展丰富多彩的活动。"生动文化"校园环境课程计划见表 5-13。

表5-13　深圳市坪山区碧岭小学"生动文化"校园环境课程设计表

地点	课程目标	课程资源	活动设计
生动文化主题墙	利用校园大门口围墙展示梦想主题文化,结合活动开展,让孩子们感受生动文化的魅力,增强文化自信心。	1. 主题展示墙 2. 筑梦起航门 3. 课程理念雕塑 4. 操场镂空板 ……	在操场镂空板抒写个人梦想,并定期展示不同学生的梦想,看见每一个孩子的笑脸。
"岭秀号"职业体验空间	利用"岭秀号"职业体验空间,让孩子们进一步感受生动文化的魅力,增强文化自信心。	"岭秀号"列车空间	在"岭秀号"列车空间内定期介绍不同职业及其中的优秀人物代表,让学生从小树立向优秀人物看齐的意识,种下一颗梦想的种子。
岭秀舞台	利用"岭秀舞台",为学生创设一个表达自己梦想,展示自己梦想的平台	岭秀舞台	利用周五下午午读时间,分年级、分班级鼓励学生登上岭秀舞台,可以演说,可以展示才艺,可个人,可团体。
生动文化廊道	将主题与学生作品结合布置廊道,结合开展相应的活动,生动文化种植心间。	每一层廊道上结合楼层年级分别从"生动课堂""生动学科""生动社团""生动之旅""生动节日"等方面展示学生学习成果。	1. 经典诵读会 2. 读书分享会 3. 各种社团展示 ……
生动文化楼梯	用创客作品点燃学生梦想	每一栋楼梯墙上展示创客之星及其作品	创客之星及创客作品展示
岭秀班级	以生动文化创设各具特色的班级氛围,开展合适的班级活动,陶冶学生情操,增强班级凝聚力。	1. 特色班牌 2. 学生各类作品秀 3. 黑板报 4. 好人榜 5. 活动角 ……	1. 教室环境布置 2. 设计班级口号 3. 好人故事会 4. 展示学生作品 ……

　　在课时安排方面,以上课程每月至少一次,围墙文化与廊道文化的课程整合到社团活动或学科拓展课程群教学活动中去,班级文化课程整合到班队会课中去。

六 推行"生动之旅",开发研学旅行课程

"生动之旅"课程设计要考虑岭南文化与国家意识培育有机统一。广东既是岭南文化的中心地、古代海上丝绸之路的发祥地,又是中国近代革命的策源地、现代改革开放的先行地,课程资源十分丰富。充分发掘广东岭南文化的深厚内涵,确立反映广东精神的主题内容,立足广东,胸怀祖国,放眼世界,彰显"生动之旅"课程设计的广东特色与国家民族精神和世界意识教育的有机统一,是广东特色基础教育课程改革的有机组成部分。

为了全面实施素质教育,深化课程改革,整合各科课程资源,结合学校实际与不同学段学生的年龄特点及各学科教学内容的需要,学校一到六年级开展了"走进身边场馆""体验游乐项目""探寻科技奥秘""家乡名胜古迹""走近中国制造""了解世界之窗"等不同主题的旅行研学课程。学校"生动之旅"课程设置具体见表5-14。

表5-14 深圳市坪山区碧岭小学"生动之旅"课程设置及活动实施表

年级	主题	地点	活动板块设计
一年级	走进身边场馆	深圳市动物园	**预学:**了解常见动物的特征和生活习惯;认识人民币面值,简单了解人民币的兑换。 **共学:**你看到了什么动物?能把它们分分类吗?说出你的分类标准。 **延学:**画出最喜欢的动物;以填空的形式完成观察日记;分享收获。
二年级	体验游乐项目	深圳市人民公园	**预学:**出游时需要准备哪些物品? **共学:**你体验了哪些游乐项目?请分类填写并用图表示出它们的运动方式。 **延学:**以数学日记的形式分享今天的收获。
三年级	探寻科技奥秘	深圳市科技馆	**预学:**了解深圳市科技馆的位置;找出合理的出行方式并做出预算。 **共学:**记录所参观的展厅,找到自己最喜欢的展厅,说出自己最喜欢它的理由;用学过的方位词绘制出从学校出发到深圳科技馆的路线图;写出自己最感兴趣的科学现象,了解产生这种现象产生的原因;根据自己所在的位置,完成方位的填写。

年级	主题	地点	活动板块设计
			延学：完成自己的体验日记；分享自己参观体验过程中的所思所感所想。
四年级	家乡名胜古迹	咸头岭遗址	**预学**：了解咸头岭遗址；在地图上找到位置。 **共学**：用方位知识绘制参观游览路线图；找出最划算的购票方式，计算总钱数。 **延学**：写一篇心得体会。
五年级	走近中国制造	华为公司	**预学**：你了解的中国制造有哪些？ **共学**：手机是怎么制造出来的？图文结合描述制作过程。在制作中最让你惊叹的是什么？ **延学**：完成科幻作文或者绘画，主题为未来的中国制造。
六年级	了解世界之窗	世界之窗	**预学**：了解世界之窗的历史；找出参观的出行方式，计算不同的方式所需要的费用。 **共学**：最感动你的人物和事迹是什么？按比例画出世界之窗的平面示意图。 **延学**：完成一份手抄报。

学校课程设置应尊重孩子的兴趣和需求，活动设计不仅关注学生游学过程中的体验，更注重研学前的预学和研学后的延学。具体操作步骤：(1)根据研学课程对学生进行相关知识、能力等方面的专业指导；(2)制定相应的研学活动要求及评价措施；(3)展示交流，对研学活动中学生的表现及作业进行星级评价；(4)研学课程结束后，对本次活动进行总结，提出修改意见和建议。在课时安排方面，学校充分利用节假日和寒暑假，可个人单独进行，也可以以小组合作方式开展。

研学旅行课程不仅让学生走出校园去认知社会，认识自然。在旅行的过程中还陶冶了学生的情操、增长了学生的见识，使学生在体验不同的自然和人文环境的同时，激发了学生关爱自然、关心发展、进行科学探究的愿望，培养了学生热爱家乡、热爱社会的思想情感，从而全面提升了学生的综合素养。

七　激活"生动探究"，落实 STEAM 教育课程

学校"生动探究"是基于学生兴趣，以项目学习方式，使用数字化工具，倡导造物，鼓励分享，培养跨学科解决问题能力、团队协作能力和创新能力的一种创客教育课程。

富有学校特点的 STEAM(科学 Science、技术 Technology、工程 Engineering、艺术 Art、数学 Mathematics)教育课程倡导孩子超学科学习概念,注重学习与现实世界的联系;在学科之间,相互支撑,相互补充,共同发展。在相互碰撞中,培养各方面技能和认知,强调孩子的主动探索精神。STEAM 教育更注重学习的过程,而不是结果。STEAM 课程就是让孩子们从"做"中"学",像"创客"一样进行创造,拥有自己的作品,享受创造作品的学习过程和成就感。构建基于"STEAM+"的学习空间与课程:基于 STEAM 的教育理念,在教学中要能打破各学科之间的壁垒,突破学科的界限,整合学生的知识,把社区资源与学科、学校有机地融合,丰富学校教育的元素,拓宽教育实施的空间,提升学生综合素养,使学习不再是一种狭义空间和固化课程的技能技巧的训练,而是一种典型的文化素养浸润,是跨学科的实践学习。

学校的 STEAM 课程在满足小学阶段常规创客与科技教育的基础上,提供丰富的创新能力培养方面的设备及支撑元素,让学生更好地发挥想象力,设计制作出更多特色案例,并为学生作品的专利申请打下坚实基础。除了智能编程、3D 制图、无线通讯、传感网络项目,还基于学校特点,围绕智能校园主题开放各种具备功能与工艺的智能项目,如智能花园项目,对每块区域的温湿度进行监控,并通过通讯技术把信号传输到所需要的互联网载体。同时在传感器与控制器的配合下可以实现自动浇水施肥、温度调控等智能化,另外,结合智能硬件的鱼菜共生系统也可作为一个智能电子与生物科学的综合型教育型的 STEAM 学习案例。

五年级第一学期,强调对创客工具使用的学习与实践,同时着重对创造力的培养(表 5-15)。

表 5-15　深圳市坪山区碧岭小学创造力培养主题课程

序号	主题	内　　容
1	发明的历史	描述发明的原因,以及创造力在发明及人类文明中的作用
2	阿奇舒勒的故事	发明是有规律和方法的
3	技术系统功能	描述物品的功能是如何实现的
4	技术系统进化法则	物品是如何更新换代的
5	时间分离原理	如何进行时间分离
6	条件分离原理	如何进行条件分离

序号	主题	内　容
7	嵌套原理	使每一个部分都位于一个更大物体的内部
8	部分或超额行动原理	如果得到规定效果的 100% 很难，那么就完成得多一些或少一些
9	转变到新维度原理	把物体的动作、布局从一维变成二维，二维变成三维，以此类推
10	中介物原理	使用中间物体来传递或者执行一个动作
11	改变颜色原理	对于难以看到的物体或过程，使用改变颜色来观测
12	同质性原理	相互作用的两个物体，用同种或相似属性的材料制成
13	状态转变原理	利用状态转变时的现象（如体积变化、热量的吸收或释放等）
14	发明原理概述	其他典型发明原理介绍
15	综合运用：自行车	自行车发展过程中运用的发明方法

五年级第二学期，在第一学期的基础上加入电子项目的课程内容，丰富学生的作品功能，搭建完整的创客教育体系（表 5-16）。

表 5-16　深圳市坪山区碧岭小学电子项目课程内容

序号	主题	内　容
1	走进电子世界	认识主控板（Arduino Uno 板，Mini 板，Lilypad 艺术板灯）
2	探究编程逻辑	利用电子模块学习编程逻辑
3	电子好帮手	了解万用表的使用方法，学会测量电子元器件
4	天旋地转	舵机的认识与学习，发挥想象再创造
5	彩虹的心	利用 RGB 灯，根据红绿蓝三原色的不同比例，展示出彩虹色的灯
6	奔跑吧！LED 们	将多个 LED 灯依次快速点亮
7	达文西之灯	学会用光敏电阻代替光敏传感器
8	交互红绿灯	添加一个交互元件，利用时间分离原理将人行道和车道分开来工作
9	特雷门琴	学习超声波距离传感器，再配合使用蜂鸣器

序号	主题	内　　容
10	看得见的声音	声音传感器的了解,将收集到的声音信息转化成你可以看得到的信息来展现
11	对你爱不完	8×8点阵屏的学习与认识
12	红星闪闪	认识艺术的控制板Lilypad,学习可穿戴设备的制作
13	打印的电子艺术	将3D打印技术和电子结合起来
14	落入草丛的流星	将电子与植物结合起来,让黑暗中的植物也可以散发光彩
15	水杯的秘密	利用温度传感器和LED灯,不同的温度下,给予我们不一样的提示信息

此外,我校的STEAM课程还包含大量的科普课程,其课程目标是:做中学,认知自然现象,接触新鲜事物,启迪探索自然规律的欲望;玩中学,体验科技魅力,感受科技神奇,激发学习科学知识的兴趣;DIY,强调实践操作,培养合作创新能力和动手动脑能力。课程设置采用分年级的系列课程模式,以五、六年级为主,展开科普实践的体验式学习。

五年级上学期课程内容是:电与磁。电与磁是我们日常生活中经常碰到的,让学生了解电、磁知识,对他们以后学习和生活都有帮助。本课程主要项目有:(1)磁悬浮,磁力能让铁环悬在空中,世界上最先进的磁悬浮列车就是运用这个原理造成的;(2)脚踏发电,转动自行车,让感应电机发出电来,使摄像头和电视屏幕工作,操作者的头像就会出现在屏幕上;(3)密码开关,自己用普通开关组合起来就能制成一组密码,只要用这个密码就能点亮电灯,密码不对,电灯就不会亮;(4)雅各布天梯,高压放电现象;(5)人体导电,人体中有电解液,可以导电;(6)人体电池,不同金属的电势差经过人体会产生电流。

五年级下学期课程内容是:机床的应用。工业生产离不开机械设备,让学生认识一些常见的工业生产机床,了解各类机床主要功能,是学工的第一步。本课程主要了解下列机床的结构和功能。本课程的内容是:(1)操作机床是本次学工实践的重要一环,为了让学生熟练掌握常用基本技能,本次实践的侧重点是学习裁板、切削和打孔;(2)钳工虽然多数是手工活,但钳工是工业生产上必不可少的工种,中国航天许多零部件都是由被称为"大国工匠"的钳工最后完成的,让学生接触一些钳工操作,对他们的智力发育和能力培养都有很大的好处。课程中,每两人一只虎钳、一支钢锉,每人一片不太规则的小铝片。指导学生用钢锉将铝片锉成比较标准的圆形或者正方形。基地学校提供定制的压机,学生可用自己做的圆铝片压制一个纪念币带回家。

六年级上学期课程是:数码与虚拟。现代科技日新月异,让学生从小接触一些高新技术,对培养他们的创新思维大有好处。本课程活动的重点是引导学生探讨数码与虚拟方面的有关知识,方法是先让学生充分体验、实际操作,然后由教师讲解项目结构和基本原理。本课程实践的主要项目是:(1)数码漫画,了解数码概念,认识数码块的作用,体验数码变化引起的图像变化,感受数码技术的神奇;(2)手影识别,了解电脑的图像识别技术和跟踪能力;(3)无水鱼池,碧波荡漾的鱼池中金鱼穿梭,步行其中,脚步所到之处,漾起圈圈波纹,这是现代声光电技术营造的虚拟场景,学生通过实践可了解电视剧中惊险场景的制作技术;(4)手劈西瓜,远离屏幕挥手能敲响屏幕上的乐器;(5)虚拟翻书,在书的上方只要做出翻书的动作,书的屏幕上就会出现新的一页。

六年级下学期课程是:传感与遥控。本课程活动的重点是引导学生探讨传感与遥控方面的有关知识,方法是先让学生充分体验、实际操作,然后由教师讲解项目结构和基本原理。主要课程有:(1)感应竹竿舞,了解逻辑程序和传感器相结合的应用技术;(2)无皮鼓,传感器实现光电控制让没有皮的鼓发出鼓声;(3)跳舞谱曲,舞步对踏板的压力通过传感器控制电子琴演奏;(4)机器人,机器人阿尔法会表演近20个舞蹈和运动项目,在实践中学生将了解机器人的结构和广泛的使用空间;(5)无人机,教会学生操纵无人机,并了解无人机在工农业、军事、医疗等多领域的应用。

八　建设"生动联盟",做实家校共育课程

"生动联盟"是我们积极探索家校共育的一种新思路。为了进一步拓宽学生的视野,增长孩子的见识,更好地为学生提供优质高效的教育资源,学校邀请热心学校教育的家长朋友走进课堂,发挥职业优势,为孩子们讲述社会大百科,形成别具特色的家长讲堂新局面,完善社会、家庭、学校三位一体的教育体系,促进学生全面发展。"生动联盟"的课程设置内容见表5-17。

表 5 - 17　深圳市坪山区碧岭小学"生动联盟"课程设置表

实施年级	课程内容	课程目标	实施方法
一年级	职业教育	家长从事着不同的职业,其中不乏行业的精英、道德的模范,家长利用自身的优势走进孩子的课堂,现身说法,做学生榜样,促学生成长。	课堂讲授 观摩学习 感悟引领
二年级	传统习俗	传统文化进校园,邀请有一技之长的家长走进学校,从变脸到皮影,从绘梦到剪纸,从学礼以立到"武""舞"民族风,荟萃传统之美,演绎民族之魂。	课堂讲授 观摩学习 感悟引领
三年级	励志教育	学习改变人生,从小树立远大理想。学校以故事为教育的切入点,邀请家长用自身感悟、以故事形式引领学生成长。	观摩学习 感悟引领
四年级	科学教育	以科学探索为主题,邀请家长走进教室,带着孩子们开启科学探索之路,引导孩子们"像科学家一样思考",呵护每一个孩子的科学梦。	课堂讲授 观摩学习 感悟引领
五年级	理想教育	优选家长中的成功代表,讲理想谈梦想,结合自己的奋斗史,用事实说话,从小处入手,让学生明白学习是自己的事,从小树立远大理想,并持之以恒、坚持不懈,总会有梦想成真的那一天。	课堂讲授 观摩学习 感悟引领
六年级	感恩教育	情感教育是一切教育的基石,学校邀请家长讲述自己的感恩故事,从知恩、感恩到报恩、施恩,以灵魂唤醒灵魂,对学生进行以德报德的品性教育。	课堂讲授 观摩学习 感悟引领

综上所述,学校课程建设坚持以学生发展为本,从满足学生需求出发,积极构建立足学校现状、适合学生身心发展的多元课程体系,不断健全课程管理使学校课程得以顺利实施和推进,力求达到课程成就教师,课程促进学生全面发展、个性发展,课程推进学校特色建设。

（撰稿人:深圳市坪山区碧岭小学　陈建军、何盈娟）

第六章

高成长性课程评价

高成长性课程评价即发展性课程评价,其评价体系的建立,是在现代课程评价发展的过程中,以泰勒课程开发模式和评价模式为基石,从我国基本教育国情出发,形成的由课程设计评价、课程实施评价、课程结果评价相互交融的螺旋结构。其中,课程设计评价是促进课程改进和提高的评价结构;课程实施评价是实现课程实施中即时反馈的评价结构;课程结果评价是根据测量结果进一步循环决策以期最终实现课程目标的评价结构。三个结构即时性地生成伴随式成长数据,最终实现让学生真正成为课程学习的主体。

课程评价是课程管理非常重要的一个环节,是权衡教育目标设置与达成、提高教学质量的重要因素,是课程改革的一个重要方面。[①] 高成长性课程评价即发展性课程评价,是建立在规范性评价与超规范性评价双向互动的基础上,以促进学生全面发展、教师不断提高、课程不断发展为目的的新的课程评价系统。高成长性课程评价以泰勒课程开发模式和评价模式为基石。按照刘志军关于课程评价体系的基本框架构建的观点,它是由课程设计评价、课程实施评价、课程结果评价相互交融的螺旋结构。[②] 因此,高成长性课程评价是在课程评价的理念、目的、主体、内容、方式、过程及结果的解释与运用等方面以发展的理念和方式来开展的课程评价制度,包含课程设计评价、课程实施评价和课程结果评价这三种评价结构。

一是课程设计评价。泰勒的目标模式是课程评价中产生最早的也是影响最大的评价模式,他提出评价模式的一个重要进步是把课程设计与课程开发紧密地结合了起来。在此以前,测验只是关注学生本身,在此以后,评价者首先关注的是课程设计,评价者首先界定课程设计的目标,并以目标为中心开展评价,评价结果再反馈到课程设计的参与人员,这样就使课程设计评价成为课程开发的有机组成部分。在当前的条件下,无论是国家课程、地方课程还是校本课程,都需要有明确设置的课程目标和课程总体安排,需要了解多方面课程结果,更需要审视课程实施过程。发展性课程评价正是通过对这三方面内容进行评价,构建起促进课程不断改进与提高的评价系统。[③] 因此,课程设计评价是在课程设计与开发的基础上,以预先设定的课程目标为导向,结合课程实施过程中的变化,最终目的是促进课程改进和提高的评价结构。

二是课程实施评价。课程实施评价也称为过程评价或表现性评价,是通过对课程计划的实施情况进行连续不断的检查,向管理人员和执行人员进行反馈,使他们了解

---

① 薛继红.关于对我国基础教育课程评价的探析[J].教育理论与实践,2016,36(26):43—45.
② 刘志军.发展性课程评价研究[D].上海:华东师范大学,2002.
③ 刘志军.发展性课程评价体系初探[J].课程·教材·教法,2004(08):19—23.

课程计划的进度,有关活动是否按预定计划实施,计划执行人员是否有效地利用了现有的资源,最初的计划的设计是否周全,是否有值得进一步改进的地方等。通过向课程计划制定者和执行者提供信息,实现课程计划的不间断调控,为实施决策服务。表现性评价又可以分为形成性的表现性评价和终结性的表现性评价。形成性的表现性评价旨在帮助学生及时改进,教师了解学生某方面的表现,以便提供有益的诊断性反馈,帮助学生改进。① 例如,我们在信息化教学过程中使用在线课堂实时反馈系统,通过接收器、反馈器及教师对学生成果展示进行录像后的实时评分,让学生完成小组合作、二次作答和课堂评价,最终目的是完成课程过程中的即时反馈和课程实施评价。因此,课程实施评价是在课程计划实施的过程中,不断实施反馈后的优化和调控,实现课程实施中即时反馈的评价结构。

三是课程结果评价。课程结果评价也称为成果评价,是通过测量、解释和判断课程方案的成就,以确定课程方案满足人们需要的程度。同时,成果评价还广泛地收集参与课程方案的人员对方案成功与否的判断,以及方案结果与预期目标的符合程度等。根据课程方案的效果,为进一步的再循环决策服务。例如,建立"一生一案"档案,让学生自己收集学习过程中反映自己成长的资料,每周各学科教师会根据本周的教学内容设置线上报告的答案,通过线上系统形成个性化的周报告,达成"一生一周一反馈"的课程结果评价。因此,课程结果评价是通过对课程方案成果进行测量和判断,确定课程方案是否符合预期目标,并根据测量结果进一步循环决策以期最终实现课程目标的评价过程。

总之,高成长性课程评价,就是要围绕课程设计评价、课程实施评价和课程结果评价,三位一体式地让课程伴随评价,将评价伴随成长,利用信息化教育教学设备,即时性地生成伴随式成长数据,让学生真正成为课程学习的主体。

(撰稿人:深圳市坪山区弘金地学校　周小祥)

---

① 苟顺明,王艳玲.美国教师教育课程评价的策略与启示[J].教师教育研究,2014,26(2):102—107+77.

体验式课程：让每一个生命与一百个世界相遇

　　深圳市坪山区弘金地学校创建于 2017 年 5 月，是由金地集团投资兴办的九年一贯制、寄宿制、高端优质、国际化的民办学校。学校实行小班化教学，在校生规模 840 人。现有教师 85 人，硕士、博士学历者占 19％，有坪山区名师工作室 2 个。教师获区级及以上奖励超过 200 人次，承担市、区级课题及融合课程 48 项。学校拥有一支热爱工作、乐于探究的高素质教师队伍。形成了"本土名师＋海归教师＋外籍教师"三元合一的师资队伍，成为莘莘学子精神的助力，推动着学校长足、优质地发展。

　　党中央、国务院高度重视提升义务教育质量工作，2019 年印发《关于深化教育教学改革全面提高义务教育质量的意见》，明确要求"树立科学的教育质量观，深化改革，构建德智体美劳全面培养的教育体系，健全立德树人落实机制"，对新时代义务教育质量的基本要求作出了具体阐述。教育部《关于深化基础教育课程改革进一步推进素质教育的意见》亦提出，"进一步完善基础教育课程体系，全面落实基础教育课程方案，大力推进教学改革"。学校为落实立德树人根本任务，促进德智体美劳五育融合，精心设计学校"体验式课程"体系，以"六体验"课程实施路径促进学生健康成长。

第一节　行之有方，筑梦成长

一　教育哲学

　　弘金地学校以全人教育作为学校教育哲学提炼的理论基础，培养师生富有家国情怀、民族精神和国际视野。传承优秀民族文化，培养学生对祖国拥有高度认同感和归属感、责任感、使命感。拥有"先天下之忧而忧，后天下之乐而乐""天下兴亡，匹夫有责"的家国情怀；拥有保家卫国、济世安民的政治理想；拥有以振兴中华为己任，敢于担当、勇于奉献、勤劳勇敢、自强不息的伟大民族精神。吸纳世界文化精髓，确保学生学贯中西，提升自主发展能力，基于此，学校提炼"弘教育"作为教育哲学。

弘，在本义上表示广阔、广大、远大的意思，在引申义上，"弘"还表示广大无边、不受拘束。这里，"弘"不再仅限于空间的广大，还包含思想、情感等方面的广泛、慷慨，表达了超越狭隘、拘束的限制，拥有宽广胸襟和视野的涵义。"弘"可以用来表达宣扬、宣传、传播的意思，如弘扬、弘示。这里，"弘"意味着推广、普及、传播，将某种观念、思想或精神效应扩大、延伸，使之得到更广泛的认可和影响力，具有积极意义。

1. "弘教育"是丰富的教育。学校不仅致力于让学生掌握基础学科知识，更加重视启发学生的思维，培养他们的创新意识和综合能力。通过多样化的教学方式和丰富的教育资源，学生可以获得更全面、更多元的知识体系，拓宽视野，增加学习乐趣。弘教育关注学生的个性发展与价值观塑造。学校注重培养学生的综合素养，包括道德品质、社会责任感、自主学习能力等方面，鼓励学生树立正确的人生观和价值观，培养健康积极的心态，促进他们个性特长的发展，实现个体的价值和社会的发展。弘教育的丰富性还体现在对师生关系的重视与提升，营造和谐的师生关系，教师以身作则，成为学生的引路人和榜样，引导学生正确认识自己、珍爱生活、努力学习。

2. "弘教育"是深刻的教育。弘教育注重对教育目标的深刻理解，以培养学生成为具有个性、有情怀、有担当的人才为目标，学校积极倡导全面而有个性的教育理念，从学生的特点和需求出发，制定个性化的学习计划和教育方案，为每个学生提供最适合的成长环境和支持，使他们在深刻理解自我、实现自我潜能的过程中得到充分的发展。深刻性体现在对学生成长过程的深刻理解和关怀，在教育教学过程中，更加关注学生的思想、情感、品德等方面的培养。通过深入了解学生的个体差异、心理状态和发展需求，学校能够更好地调动学生的学习积极性，激发他们的潜能，促使他们全面成长。

3. "弘教育"是超越的教育。弘教育强调教育的终极目标是培养学生成为具有人文关怀、社会责任感和全球视野的综合型人才。这种教育不仅注重个体的发展，也致力于社会和全人类的利益。超越传统教育的边界，拓宽教育的视野和内涵，追求更高层次、更全面发展的教育理念。这种超越的教育，不拘一格，丰富多彩。在沉思的时光中，静听灵魂之歌；在探索的旅途中，感受真理之光。知识如甘泉涌出，洗涤俗尘，生发希望的新芽。

二 课程理念：让每一个生命与一百个世界相遇

学校将每个学生视为独特的生命，注重关注他们的个性发展和需求。"让每一个生命与一百个世界相遇"这一课程理念传达了对学生个体特质和潜能的尊重与呵护，以及提供丰富多元的学习机会和体验，帮助他们开启与世界各种可能性相遇的旅程。

1. 课程即生命的眷注。课程是与每一个学生的生命相联系、相互滋养的载体，是对每个学生的个体特质和潜能的尊重和呵护，给予学生丰富多元的学习机会和体验，帮助学生开启与世界各种可能性相遇的旅程。通过多元化、个性化的课程设计与实施，学生将有机会接触不同领域的知识、文化和经验，启发多元思维，激发创造力，在学习的过程中感受到教育的温暖和关爱，激发内在潜能，拓宽认知视野。课程使每一个生命得以在教育中找到归属感和成长空间，促使他们在与各种世界相遇的过程中不断完善自我、丰富内心世界。

2. 课程即宽广的世界。课程是一个多维度、多元化的世界，包括学科知识、社会实践、人文艺术、体育健康等方面，涵盖着学生成长发展的多方面需要。通过广泛而深入的课程设置和实施，学生经历积极探索、跨界学习，拓展认知边界，拥抱丰富的人生体验，创造更加丰富多彩的学习之旅，让课程成为一个引领学生成长发展的宽广天地，学生可以在这个"宽广的世界"中获得全面的知识积累和个人成长，激发个人潜能，达到心智的升华。

3. 课程即文化的相遇。课程是不同文化之间相互交流、融合的平台。在课程的设计与实施中融入多元文化元素，可以激发学生对文化多样性的好奇心和探索欲，培养他们跨文化沟通、交流与合作的能力，使其成为具有开放心态和文化包容性的全球公民。学生通过课程的学习，得以接触和体验各种不同文化背景、价值观念和传统习俗，从而促进对文化多元性的理解与尊重，拓宽心灵的视野，培养国际化视野和跨文化交流的能力。通过开展多元化的文化教育课程和跨文化交流项目，学生可以体验到丰富多彩的文化遗产、历史传统和现代文化创意，从而深刻感受到不同文化之间的共通之处和独特之美。

4. 课程即个性的生长。赋予课程引导、启迪和呵护学生个性成长的功能。学校课程构建依据学生的特点和需求设计和实施多样化课程，提供适合个体发展的学习机会，引导学生认识自我、发掘潜能，塑造积极的人格品质和发展方向。课程关注和促进学生个体的成长和发展，尊重每个学生独特的个性特质，培养其潜能，帮助其实现自我价值。课程是引领学生个性生长的土壤和阳光，为学生提供多样化、个性化的学习体验，激发其内在动力，塑造独特鲜明的个性风采，使其实现个性化成长，追求自我实现和幸福生活。

第二节 培养全面发展的人

学校奉行全人教育办学思想，以加德纳多元智能理论为指导，坚持素质教育办学方向，立德树人，构建系统完整并体现个体差异的教育体系，培养人格更完整、知识更全面、能力更突出、身心更健康、阅历更丰富的学生，为每位学生量身定制教育方案，使学生成为富有创新精神和实践能力的、终身学习并能参与国际事务和国际竞争的国际化人才。

一 育人目标

"弘教育"将培养全面发展的人具体化为：信仰崇高的坚定爱国者、博闻强识的终身学习者、精汉通英的国际交流者、正心修身的未来创造者。

1. 信仰崇高的坚定爱国者——关注学生品格教育。培养学生对国家、社会、民族的忠诚和责任，以及对传统文化、历史传承的尊重和热爱，促使学生在成长过程中树立正确的世界观和价值观，积极投身社会实践，为建设美好祖国贡献自己的力量。学生具备文化自信，自觉维护国家的利益和尊严，更要求他们拥有坚定的爱国情怀和强烈的社会责任感。

2. 博闻强识的终身学习者——关注学习能力。培养学生具备宽广的知识视野和深厚的学识储备，更注重激发学生持续学习的兴趣和能力，培养其在不同领域获得新知识、解决问题的能力。注重学科知识教学与现实生活相结合，构建以学生为中心的学习模式，为学生终身学习能力的培养奠定基础。

3. 精汉通英的国际交流者——关注合作能力。国际交流者具有全球化思维和跨文化素养，具有辨识性吸纳多元文化精髓的能力，是具有中国灵魂、世界眼光的和平信念者，在未来的国际舞台上，成为连接各国和促进文化交流的桥梁和纽带。

4. 正心修身的未来创造者——关注实践创新。守正创新，追求卓越，能够面对未来社会的挑战和机遇，勇敢探索、创新实践，具有创新精神和创造力的未来创造者，为推动社会进步和科技发展做出积极贡献。让孩子拥有面向未来的关键素养,培养有能力面对未来挑战、积极创新的一代新人。

二 课程目标

围绕育人目标的"四者"画像,以及"四者"育人目标的素养内涵,学校设置"弘教育"体验式课程具体目标,见表6-1。

表6-1 深圳市坪山区弘金地学校"体验式课程"目标

课程目标		低年段☆☆ (一至三年级)	中年段☆☆☆ (四至六年级)	高年段☆☆☆☆☆ (七至九年级)
弘道课程	寻道悟道	养成良好生活和行为习惯,具备基本的道德品质,学习正确判断和选择生活中的道德问题。	养成积极向上的生活态度,形成尊重他人、乐于助人、善于合作、勇于创新等品质,能独立判断道德问题。	具备自主、自立、自强的态度和能力,初步形成正确的世界观、人生观和价值观。
	体道践道	能发现问题、提出问题,对问题有自己独特的看法与见解;能基本理解所要解决的问题,掌握简单的问题解决方法。	能对问题进行简单的独立思考与归纳;能进行开放性较强的自主探究活动,能运用所学知识尝试自主解决问题。	能运用科学的思维方式认识事物、解决问题、指导行为;树立科学观念,体会数理知识背后的思维方法。
	行道弘道	能够理解包括物理规律和一般真理在内的具体学科知识。	能够掌握具体学科知识和知识体系并不断巩固和提升,水平逐步提升。	具有掌握科学知识的能力,具备科学文化,能够在生活中运用这些能力来解决实际问题。
弘健课程	理想信念	具有运动兴趣、有健康生活的意识;养成并保持健康的生活习惯,形成初步的是非观念。	积极体验运动,能制定和实行简单的运动计划;掌握基本的科学锻炼方法和知识,初步确立自己的理想。	经常参与体育锻炼,自觉制订并实施科学的锻炼计划;掌握基础的保健和锻炼方法。 有较明确的人生理想并能够为之付诸行动。
	人生价值	能恰当地、正确地体验并表达情绪;具有正确的角色意识。	能进行积极的情绪体验与表达;逐步适应生活和社会的变化。	具有正确的自我意识,认识青春期生理和心理特征。

课程目标		低年段☆☆ （一至三年级）	中年段☆☆☆☆ （四至六年级）	高年段☆☆☆☆☆ （七至九年级）
	道德行动	尊重劳动，具有积极的劳动态度和良好的劳动习惯。	具有动手操作能力，掌握一至两项具体的劳动技能。	在主动参加的家务劳动、公益活动和社会实践中，具有改进和创新劳动方式、增强劳动效率的意识。
弘创课程	自我管理	有自我意识，能够愉悦地与人交往，能够管理自己的简单事务。	悦纳自己和他人，建立一定的集体观念，能够在集体中发挥作用。	能担当一定的家庭、社会责任；能主动承担任务，并寻找最佳解决问题的策略。
	勇于探究	勇于探索和创新，对实践活动感兴趣，乐于探究不同现象；具有不畏困难、坚持不懈的探索精神。	有探索与发现的志趣与动力，积极参与社会实践与科技探究竞赛；意识到提问和猜想对科学探究的重要性，具有科学的推理和判断能力。	乐于探索、分析复杂的问题和事物，具备积极主动的学习态度，具有较强的自主性和独立性。
	实践创新	具备较强的好奇心与求知欲望；能形成自己独特的想法，并能明确表达出自己的看法；乐于参与实践活动，尝试在实践中创新。	积极参与创新活动，初步形成创新意识；敢于大胆设想，明确提出可操作的创新方案，并将设想落于实践。	运用开放性的思维方式应对项目情境，组织相关的知识与能力；能提出新观点、新方法，创新性地解决生活实践或学习探索情境中的问题。
弘雅课程	审美志趣	初步了解艺术基本要素，有自己感兴趣的表现形式，有兴趣感知、体验和参与本地区和本民族的艺术文化活动。	感知与发现东西方经典艺术的特色与异同；有兴趣搜集世界各地经典作品，探索艺术与地区环境、文化历史和社会状况的关系。	能欣赏多种形式的艺术作品；熟悉多种艺术形式，理解不同艺术形式与其历史文化、社会环境的联系；形成自己独特的审美观念。
	生活追求	学习基本的生活技能和手操能力，具有独立生活的意识。	掌握基本生活技能，学会自我管理、自主生活；具有基本的生产劳动的能力。	具有独立生活的能力；积极参与社会实践，能尝试多种方式改进生活与劳动方式。

课程目标		低年段☆☆ （一至三年级）	中年段☆☆☆ （四至六年级）	高年段☆☆☆☆ （七至九年级）
弘业课程	知美行美	初步感受自然与生活中的美与艺术形式，有兴趣探究艺术与生活的联系，乐于对艺术作品进行清晰地描述。	主动感知和发现自然与生活中的艺术之美，主动探索艺术与生活的联系。	具有发现、感知、欣赏、评价美的意识和基本能力；具有健康的审美价值取向。
	科学素养	初步学习科学的探索方法，乐于参与学习、探究活动。	具备一定的科学探索能力，能够合作探究解决问题。	具有较强的科学意识，积极参与科学探索活动，能够得出结论并加以阐述。
	人文基础	初步掌握阅读方法，感受语言的优美，积累词汇与知识；了解基础的中华优秀传统文化。	进一步了解中华优秀传统文化；接触西方基本文化知识；能感受到人文素养的丰富内涵。	阅读国内外不同类型的文学作品；深入了解中华优秀传统文化；关心当代人文生活，尊重多样文化。
	科创思维	具有丰富的好奇心和想象力；积极观察，乐于动手体验。	能尝试用实验、观察等多种手段获取事实和证据，积极进行探究合作与交流。	善于从不同角度思考问题，形成自己的观点与创意；关心科技新进展并主动展开讨论活动。
弘志课程	家国情怀	热爱集体，热爱祖国，尝试领会中国长期形成的民族精神和优良传统。	了解中国共产党的历史和光荣传统，热爱党、拥护党，感受个人成长与民族文化和国家命运之间的联系，具备构建社会主义和谐社会的责任意识。	积极践行社会主义核心价值观，坚持理想信念，自觉成为社会主义接班人；认同中华文化，弘扬中华优秀传统文化，继承革命文化，发展社会主义先进文化，增强文化自信。
	国际视野	了解世界上有不同的国家、地域，学习简单的英语表达及运用知识。	能够关注到不同国家、种族之间的差异表现，了解不同国家的文化历史和风俗习惯，能够运用英语进行简单的表达和交流。	能接纳、关心和尊重不同的文化形态与信仰等；主动关注国际问题，并能够站在不同角度思考问题，具有一定的国际责任感，形成全球意识。
	责任担当	树立公民意识，参与社会生活，志愿服务社会。	积极参与公共生活、公益活动，有为他人、为社会服务的精神。	能够积极主动承担社会责任，对国家有强烈的认同感。

第三节　在多元体验中创生

一　课程图谱

　　"弘教育"体验式课程,由弘道课程、弘健课程、弘创课程、弘雅课程、弘业课程、弘志课程六个维度构成。"体验式课程"图谱见图 6-1。

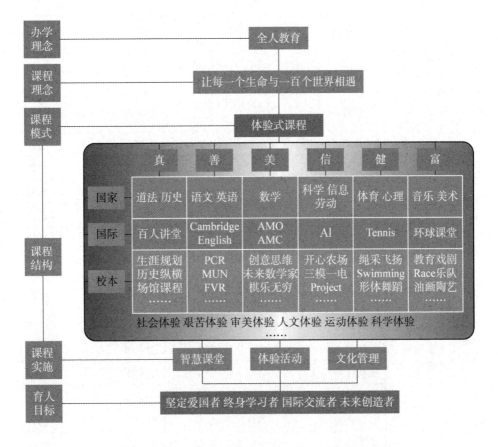

图 6-1　深圳市坪山区弘金地学校"体验式课程"图谱

二 课程设置

"体验式课程"的设置如表6-2所示。

表6-2 深圳市坪山区弘金地学校"体验式课程"设置表

课程类别	课程价值	校本课程名称	课时数	开设年级	类型
弘道课程	寻道、悟道体道、践道行道、弘道	百人讲堂	64/学年(小学)32/学年(初中)	小学部、初中部	必修
		生涯规划	64/学年(小学)32/学年(初中)	小学部、初中部	选修
		习字修身	64/学年(小学)32/学年(初中)	小学部、初中部	必修
		心理画	64/学年(小学)32/学年(初中)	小学部、初中部	选修
		中国文化小讲堂	64/学年	小学部	选修
		毛笔书法	64/学年	小学部	选修
弘业课程	理想信念人生价值道德行动	棋乐无穷	64/学年	小学部	选修
		历史纵横	32/学年(初中)	初中部	选修
		开心种植园	64/学年(小学)	小学部	选修
		语文味	32/学年(初中)	初中部	选修
		MUN	64/学年(小学)32/学年(初中)	小学部、初中部	必修
		小作家	64/学年(小学)	小学部	选修
		玩转地球	32/学年(初中)	初中部	选修
		微观世界	32/学年(初中)	初中部	选修
		啦啦操	64/学年(小学)	小学部	选修
		食全食美	64/学年(小学)	小学部	选修
		小主持人	64/学年(小学)	小学部	选修
		小小服装师	64/学年(小学)	小学部	选修
		DIY手工皂	64/学年(小学)32/学年(初中)	小学部、初中部	选修

课程类别	课程价值	校本课程名称	课时数	开设年级	类型
弘健课程	自我管理 勇于探究 实践创新	绳采飞扬	64/学年（小学）32/学年（初中）	小学部、初中部	必修
		Swimming	64/学年（小学）	小学部	选修
		足球小将	64/学年（小学）	小学部	选修
		Tennis	64/学年（小学）32/学年（初中）	小学部、初中部	必修
		旋转飞盘	64/学年（小学）	小学部	选修
		魅力篮球	32/学年（初中）	初中部	选修
		太极功夫扇	64/学年（小学）	初中部	选修
		野外生存	64/学年（小学）32/学年（初中）	小学部、初中部	选修
		创意折叠剪纸	64/学年（小学）	小学部	选修
		弘孩儿舞蹈社	64/学年（小学）	小学部	选修
		国际象棋	64/学年（小学）32/学年（初中）	小学部、初中部	选修
		开心篮球	64/学年（小学）32/学年（初中）	小学部、初中部	选修
弘雅课程	审美志趣 生活追求 知美行美	教育戏剧	64/学年（小学）	小学部	选修
		创意油画	64/学年（小学）	小学部	选修
		围棋少年	32/学年（小学）	小学部	必修
		音海徜徉音乐社	64/学年（小学）	小学部	选修
		RACE乐队社团	32/学年（初中）	初中部	选修
		音舞诗画	32/学年（初中）	初中部	选修
		小线条大世界	64/学年（小学）	小学部	选修
		手工陶艺	64/学年（小学）	小学部	选修
		奥数社	64/学年（小学）	小学部	选修
		创意手工 快乐英语	64/学年（小学）	小学部	选修
		趣味编程	32/学年（初中）	初中部	选修

课程类别	课程价值	校本课程名称	课时数	开设年级	类型
		最强大脑——创新思维课程	64/学年（小学）32/学年（初中）	小学部、初中部	选修
		趣味竞赛数学	32/学年（初中）	初中部	选修
		悦动无人机	64/学年（小学）32/学年（初中）	小学部、初中部	选修
		3D打印社	64/学年（小学）32/学年（初中）	小学部、初中部	选修
		机器人社	64/学年（小学）32/学年（初中）	小学部、初中部	选修
		智能家居社	32/学年（初中）	初中部	选修
弘创课程	科学素养人文基础科创思维	环球课堂	32/学年（初中）	初中部	选修
		AMO/AMC	64/学年（小学）64/学年（初中）	小学部、初中部	选修
		数码解密	64/学年（小学）	小学部	选修
		三模科技	64/学年（小学）32/学年（初中）	小学部、初中部	选修
		小主持人	64/学年（小学）	小学部	选修
		朗读社团	64/学年（小学）	小学部	选修
		时光机	64/学年（小学）32/学年（初中）	小学部、初中部	选修
		创客社团	64/学年（小学）	小学部	选修
		玩转24点	64/学年（小学）	小学部	选修
		喜奥团	64/学年（小学）	小学部	选修
		数星阁思维	64/学年（小学）	小学部	选修
弘志课程	家国情怀国际视野责任担当	PCR	64/学年（小学）	小学部	选修
		AI	64/学年（小学）	小学部	选修
		Cambridge English	64/学年（小学）32/学年（初中）	小学部、初中部	选修
		Project	64/学年（小学）32/学年（初中）	小学部、初中部	选修

课程 类别	课程价值	校本课程名称	课时数	开设年级	类型
		The One 英文歌曲社	64/学年（小学）	小学部	选修
		观影中的历史	32/学年（中学）	初中部	选修
		弘学会历史社团	32/学年（初中）	初中部	选修
		玩转世界	32/学年（初中）	初中部	选修
		模拟联合国	32/学年（初中）	初中部	选修
		经典英文电影赏析	32/学年（初中）	初中部	选修

第四节　蕴蓄终身发展的力量

一　课程实施

（一）国家课程优质化实施

国家课程是全体学生必修的课程，体现国家对公民素质的最基本要求。在基础性课程的实施方面，学校依据育人目标和办学特色，结合各学科特点，归纳总结出以下三种基础性课程实施的策略。

1. 基于课程标准的教学研究

依据课标、教材、学情，站在课程的角度整体规划教学，细化解读目标，把课程标准转化为学段目标、学期目标、单元目标、课时目标，对课程标准中课程内容目标、教学建议、评价等进行系统化梳理，整合课程资源，按课程目标、课程内容、课程实施、课程评价四要素撰写课程纲要，统筹安排学科学段教学，逐步规范课程建设，通过有效的教学保证课程有序、高质量地实施。

2. 跨学科知识的整合

培养全面发展的人所需要的知识结构是跨学科的知识统整。根据学生认知规律，遵循教育教学规律，对学科知识内容进行整合。各学科教师要跳出分科学习的窠臼，打破学科界限，主动联合其他相关学科教师共同参与课程设计，创造出跨学科融合、多学科支持的学习场景。

3. 学习方式的变革

在国家课程校本化实施的过程中,学校对学习方式进行了变革,在不同年级,针对学生不同的认知特点,对学习活动的组织形式进行了区分,侧重开展了以不同的学习方式为重点的学习活动,如体验式学习、表现性学习、研究性学习、项目式学习(PBL)、融合性学习等学习方式。

4. 基于信息技术的教学变革

作为信息技术 2.0 提升工程市级试点校和教育部"基于教学改革、融合信息技术的新型教与学模式"实验校,通过技术支持,开展"基于学业全过程数据的'三化四环'智慧教学模式研究与实践"(图 6-2)。在信息技术支持下,教师由经验型教学转向基于数据精准分析教学,由教师为中心转向以生为本、以学生为中心的课堂。学生自主学习、探究学习成为教学设计的核心。

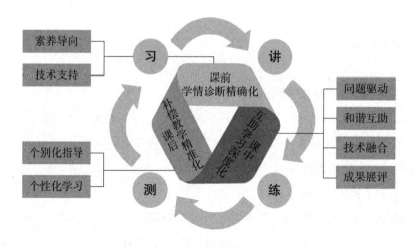

图 6-2 "三化四环"智慧课堂模式图

5. 创设多彩社团,发展学生兴趣特长

基于在体验中成长的理念,学校社团类课程的开发与实施以学生自主选择、实践为主体,以教师组织引导、服务为手段,以学校支持引领为保障。

(1) 社团课程目标。社团课程旨在促进学生了解自我的兴趣爱好、能力特质,形成自我发展的目标,促进目标的学习实现、主动积极的学习态度和实践活动能力,形成自主学习的能力与方法,养成良好的研究习惯;激发好奇心及观察力,善于从实际生活中发现和主动探索问题;树立民主平等意识,培养与他人合作学习的能力,形成团队精神,在学习活动中有自律意识和关心他人的情感与品德;培养学生自主管理的意识和领导能力,建立新型的师生关系;通过社团活动,构建健康的校园文化氛围,陶冶道德情操,涵养艺术情趣,提高科学素养,锻炼强健体魄,充实课余生活,促进身心全面发展。

(2)社团课程的实施。社团课程以活动为驱动,借助家长学校、校内外资源,开展丰富多彩的社团活动。学校统一社团活动手册,指导社团建设、开展活动和整理资料。根据日常活动、文字资料、优秀成果、参赛获奖、宣传影响等方面情况,评选出优秀社团和优秀社团辅导教师等。

(3)社团课程的评价。完善的评价激励制度是社团管理的重要部分。在对社团的评价上,学校主要遵循素质培养的原则,对社团课程和社团学生进行全面、科学的评价。对学生的评价主要考虑三方面的因素。一是学生学习该课程的学时总量,不同的学时给不同的分数;二是学生在学习过程中的表现,如态度、积极性、参与状况等,由任课教师综合考核后给出一定的评价结果;三是学习的客观效果,教师可采取适当的方式进行考核。评价以学生参与学习的学时量的考核为主、过程与结果为辅。

6. 研学体验,培养学生实践能力

让学生从学校、课堂中解放出来,到大自然、社会中观察了解身边的景物与事物,去寻求知识的真理,内容可涉及社会政治、经济、文化、历史、地理、法律等方方面面,活动综合各学科探究为一体。研学体验是学校课堂教学的延伸性活动,是进一步深化教育教学改革,全面实施推进素质教育的一个重要体现。

(1)研学课程的实施。根据研学课程情况,充分利用在校及校外时间,如周末或寒暑假,以小组合作方式为主、个人单独进行为辅。具体方案如下:第一,提前做好研学规划,制定研学活动方案和评价方式,学生可提前查阅相关资料,做好研学准备;第二,教师根据活动方案组织学生活动,引导学生边走边学,学生在研学的过程中做好观察、思考、记录、整理;第三,进行成果收集、整理、展示,评价方式可以是自我评价、小组评价、教师评价;第四,教师撰写研学反思总结,学生写研学成果报告。

(2)研学课程的评价。研学课程的评价理念、评价方式与学科课程是完全不同的。它主张采用"自我参照"标准,引导学生对自己在活动中的各种表现进行"反思性评价",突出师生之间、同伴之间对彼此的个性化表现进行评定、鉴赏。评价的主要原则为突出发展、注重过程、体现多元、关注差异、强调自评。评价的目的在于推动每个学生在原有的基础上有新的发展;关注学生在活动过程中能力的提高、情感的体验、态度与价值观的形成;评价主体多元化、评价标准多元化、评价内容与方式多元化;对信心不足的学生,更要提供尝试的机会,尽最大努力满足学生多方面的需求;重视学生自我评估、自我调整、自我改进。评价的主要方式包括活动作品鉴赏与分析、学生自我反思、教师观察评价、评价表等。观察评价要求观察记录学生在活动中的实际表现,以把握学生活动的本来面貌。自我评价是由学生自己根据研学活动特点设定目标,通过学习结果与学习目标相比对进行评价。成果评价是研学课程常用的评价方式。在活动的不同阶段,将学生的所见、所闻、所想等细节展示出来,以学生喜闻乐见的形式展出,让学生感受成果、体验喜悦,促进协作共勉。

7. 引领探究,发展项目学习课程

项目学习课程以综合实践课程为基础,培养学生动手能力、创新精神和团队合作意识。课程通过体验、探究、调查、访问、创新等项目式学习方式,促进学生感受知识、运用知识、感受生活。

(1) 项目学习课程的实施。为进一步落实国家课程标准及学科核心素养要求、回应儿童学习需求、凸显学校文化特色,学校引导每位学科教师在深入、扎实落实基础课程的基础上,基于学科特点开发系列项目式主题课程,并积极引入科研团队助力教师开发项目学习课程。通过统筹规划形成丰富的系列主题,并系统思考实施路径,促进学生整体素质和能力的提升。

(2) 项目学习的评价。项目学习课堂是目标饱满、内容丰富、方式灵动、师生共生的课堂。①学习目标是饱满的。一方面,学习目标的制定要充分依托各学科的课程标准凸显学科本质,指向学科核心素养的培养;另一方面,学习目标的制定要依据客观学情,满足不同学生的学习需求,使每位学生都能获得积极、主动的发展。②学习内容是丰富的。创造性使用教材,注重融入符合时代背景、符合地域特征、贴近学生现实、符合学生年龄和认知水平的素材,并通过选择、改编、整合、补充、拓展等方式对课程内容进行适度调整,拓宽课程资源,逐步形成满足不同层次学生学习的项目式学习主题内容。③学习方式是灵动的。将关注学生的学习作为重点,依据项目式学习内容和学习实际,灵活选择学习方法,切实转变教师的教学方式和学生的学习方式,让探究更加灵动、立体。④师生关系是共生的。引导学生在交流碰撞的过程中实现知识、思维和情感的全面、和谐、可持续发展，并在这个过程中提升教师自身专业素养和教育智慧，促使师生共同发展。

8. 遵循"四园"文化建设理念，开发环境隐性课程

学校遵循"四园"文化建设理念，发挥隐性课程教育价值。建设自然、宁静、绿色、和谐的生态校园；建设自主、多元、共享、创新的智慧学园；建设诚信、进取、责任、分享的精神家园；建设尊重、关爱、乐群、安全的幸福乐园，使学生在潜移默化的价值、规范中，陶冶性格与意志。

（1）校园课程的实施。校园中教室、廊道及其他公共场所的壁面文化内容以学校特色项目作品展示、科学人文、行为养成等为主，增加展现学生作品的平台，使之成为校园"会说话的墙"和"第二课堂"，引导师生陶冶情操，激发志向，开拓视野，以彰显学校文化定位，彰显廊道文化的传播力与渗透力。校园主要活动场所的文化布置，从外在形式到具体内涵，根据其功能、楼层的不同，统一规格要求，统一质量标准，以显示学校管理的规范化和标准化。

（2）校园课程的评价。①形象性：隐性课程是让受教育者无意识地接受的学习行为。因此，就要求环境隐性课程的显示物要生动、形象、有趣，在愉悦之中、不经意之中给受教育者的视觉、听觉、感觉器官以比较深刻的印象，达到教育的目的。②灵活性：校园环境的设置是非形式化的，既注意显示物的特点，其与周围环境搭配协同，有机地融合在一起；同时，设置的主题、目标，依据社会的发展变化，根据各个不同阶段的要求而改变，具有一定的弹性。

9. 评选"六唯少年"，激励学生全面发展

学校设立"六唯奖杯"，制定学生"六唯"评比标准。对学力突出、成绩优异的学生授予"唯真奖"；对人格健全、品德高尚的学生授予"唯善奖"；对审美尚美、情艺双馨的学生授予"唯美奖"；对信仰坚定、诚实守信的学生授予"唯信奖"；对达标争优、强壮体魄的学生授予"唯健奖"；对热爱劳动、生活规律的学生授予"唯富奖"。学校每月、每学期均开展"六唯"奖评选活动，在结业典礼中隆重表彰，增加学生的荣誉感，激励学生全面发展。学校通过实施评选活动引领激励学生，促进"六体验教育"的开展，推动培养目标的实现。

10. 建设家校共育课程，促进全面育人

整合教育资源，建立家校共育网络。举办家长学校，健全家校共育队伍，普及家庭

教育知识,推广家庭教育中的成功经验和科研成果,帮助和引导家长树立正确的家庭教育观念,掌握科学的家庭教育方法,提高家长科学教育子女的能力,构建家庭、学校、社会和谐交流的平台,实现三者的良性互动。

学校在面对丰富的、复杂的且具有地域特色的校内、校外课程资源时,采用灵活的方式,从多种角度、多个途径,把这些多元化的资源融入课程设计中。通过资源整合形成结构合理、逻辑分明的整体,为学生成长提供最佳"养料"。

增进学校与家长之间的联系和交流,整合家庭教育资源形成教育合力,为共育孩子的未来贡献良策,营造全面、健康、和谐发展的成长环境。

真诚沟通,多思多想,做好榜样,共同护航孩子的成长,共创美好未来。家校携手,共守初心,家委会充分发挥监督者和智囊团的作用,共促家校共育,助力孩子们成长进步。

二 课程评价

(一) 特色课程建设评价

制定特色课程建设评价指标,分别负责对各学科课程的建设和发展进行评价,促进学校特色学科的形成,学校特色课程建设评价办法具体见表6-3。

表6-3 深圳市坪山区弘金地学校特色课程建设评价指标

一级指标	二级指标	评价标准	评分			
			A	B	C	D
1. 特色学科发展规划(14)	1.1 特色学科发展理念(8)	① 符合时代和社会发展的需求; ② 遵循学科发展的内在逻辑; ③ 与学科教育的目的、价值吻合; ④ 满足学生的发展需求、符合学生的个性发展要求。				
	1.2 学校的学科传统与实际情况(6)	① 切合学校已有的学科传统和教育实际; ② 符合学校资源配置的实际情况,从学校的实际问题出发; ③ 学科发展规划具有明确、清晰、可发展性的目标。				

一级指标	二级指标	评价标准	评分			
			A	B	C	D
2. 特色学科标志(36)	2.1 学科团队(9)	① 学科队伍结构(职称、年龄、知识等)优化，梯队合理，发展趋势良好； ② 学科带头人具有深厚的专业背景、较高的教学和科研水平，有一定的影响力； ③ 具有一批教学水平较高、教科研能力较强、在学科梯队中承前启后的学科骨干。				
	2.2 学科课程(9)	① 具有结构完整的学科课程体系； ② 形成相互渗透、相互依托的学科课程群； ③ 学科课程突出校本特色资源优势。				
	2.3 学科教学(9)	① 特色化的课堂教学，多样化的教学风格； ② 符合学生特点、激发学生主动参与的教学方法和手段； ③ 形成具有特色的学科教学经验，形成方法论。				
	2.4 学科学习(9)	① 学生具有主动学习意愿，对学习有兴趣； ② 学生树立正确的学习观念，掌握有效的学科学习方法； ③ 学生的学科素养获得提升。				
3. 特色学科建设条件(18)	3.1 学科教学条件(6)	① 建立学科教学资源库； ② 学科教学手段与设备(仪器设备、电教器材、实验室)的建设完善、使用充分； ③ 学科教师开展有效科研活动。				
	3.2 学科运行机制(6)	① 具有规范化、制度化的学科教师培养制度，学科教师培训常规化； ② 具有完善的学科教研制度，如集体备课制度、听课制度、评课制度、质量监测制度、小课题研究制度等。				
	3.3 学科文化(6)	① 具有良好的教研氛围和教研组文化； ② 生成良好的学术环境和奋发向上的学科文化。				

一级指标	二级指标	评价标准	评分			
			A	B	C	D
4. 特色学科成效(32)	4.1 学生的全面发展(8)	① 学生发展的精神面貌良好,学习的主动性表现充分; ② 形成水平较高的特长生群体; ③ 学生参与的范围比较广; ④ 学生成果展示丰富。				
	4.2 教师的专业成长(8)	① 精神面貌:教师对教学与科研具有信心,教师自我效能感增强; ② 业务能力:教师形成自己的教学特色和教学方法,教学水平、科研能力、课程开发能力得到提升。				
	4.3 教育科研成果(8)	① 开展与特色学科相关的课题研究; ② 取得反映研究质量的科研成果,如开发出有特色的学科教材,发表关于特色学科建设的文章或出版的著作等。				
	4.4 社会影响力(8)	① 取得一定理论与实践经验,获得良好的社会声誉; ② 得到学生、教师、家长的认可和支持; ③ 特色学科建设的经验具有一定的推广性,成为其他学校借鉴的对象。				

备注: a.计分算法:各二级指标的分值跟其后的括号中。A、B、C、D为评分等级,对应的1.0、0.8、0.6、0.4分别为各评分等级所占的权重比例,得分=分值×权重比例。 b.各评价主体权重分配:课程发展委员会35％、学科组成员教师35％、学科组外教师15％、学生15％。	总得分:

2. 教师课程实施评价

教师是将课程付诸实践的主体,把握课程的实施过程。从课程实施的实践逻辑来看,教师的课程实施首先要基于教师个人对课程的理解,在课程理解的基础上设计课程,进而将预设的课程付诸实践,最后是实施课程后对过程和结果的反思。因此,将教师的课程实施能力在结构上划分为教师个人的课程理解能力、设计能力、执行能力和反思能力四个维度进行评价,具体见表6-4。

表6-4　深圳市坪山区弘金地学校教师课程实施评价指标

评价指标	评价标准	评分			
		A	B	C	D
1. 课程理解能力（20）	① 具备课程实施相关信息的获取能力，包括对获取渠道的开发及对信息的筛选能力，加深对成长教育的理解，提高自身的信息素养； ② 能够将所获取的信息通过不断学习、记忆和反复思考，联系实践经验把所接收的知识、理论内化为可以运用于实践的思维和方法。				
2. 课程设计能力（30）	① 准确把握成长教育课程目标，积极参与课程结构的构建、课程内容的选择工作，精心安排课程教学形式，具备形成学科课程特色的能力； ② 准确定位成长教育课程信息，并根据定位进行课程信息的收集、比较，对所得信息进行创新再造，并呈现在课程中。				
3. 课程执行能力（30）	① 能够根据成长教育的培养目标、所教内容和学生情况，熟练、灵活地运用多种教学方法进行教学； ② 能够在教育教学过程中充分促进学生责任担当、科创精神、时代眼光和强健身心全面发展； ③ 在实施过程中对突发事件能临时调整、灵活应变； ④ 能够选择、运用一定的新技术手段对成长教育的现象和问题进行认识和解决。				
4. 课程反思能力（20）	① 能对自己所从事的课程实施活动进行客观审视、回顾、理性思考和评价，并经过探究和决策获得有效解决方法和有价值结论的能力； ② 在反思课程的基础上，能进一步形成课程判断能力和创新能力。				
备注： a. 计分算法：各指标维度所占分值跟其后面的括号中，评分等级分为A、B、C、D，对应的1.0、0.8、0.6、0.4分别为各评分等级所占的权重比例，得分＝分值×权重比例。 b. 评价方式：对教师课程实施的评价，其主体为学校课程发展委员会（占40%）、教师自身（占40%）、教师同伴（占10%）、上课学生（占10%）。		总得分			
		等级			

3. 学生发展评价

学校注重对学生成长的过程性评价和展示性评价，围绕课程理念及内容制定《六唯成长评价手册》，对表现制定详细的评价指标，通过课程实践，逐渐形成并完善一套适合弘金地学子的评价标准。每学期、每学年、每学段结束时都要对学生的发展进行评价。

以学生合作学习评价表、学生研究性学习评价表及学生综合素养评价表为例,具体见表6-5、表6-6、表6-7。

表6-5 深圳市坪山区弘金地学校学生合作学习评价表

评价维度	评价项目	评价维度	评价方式		
			自评	互评	评价小组
个人评价	讨论与表达	主动地与小组进行讨论,积极发表个人意见,能准确地、有逻辑地表达自己的观点。			
	思考与提问	积极独立进行思考,能提出有深度的问题,勇于表达与众不同的想法。			
	协助与互学	积极协助别人,主动与小组一起互帮互学。			
小组评价	任务分工	小组进行合理的分工,每一位成员都明确知道自己的任务,各司其职。			
	责任意识	小组成员都能积极完成自己的任务,责任意识较强。			
	团队合作	小组成员之间会主动相互帮助,有团队协作意识,积极地共同合作完成任务。			
	秩序情况	小组成员之间会互相倾听组员观点,并进行沟通交流,小组具有很好的秩序和纪律。			
展示评价	展示作品	小组会认真设计和完成展示作品,成品具有较高美观度,而且很有创造性。			
	汇报内容	小组的汇报内容是有逻辑的,能很好地反映小组合作的成果。			
总体评价					

注:评定内容采用定量分析,按"A、B、C、D"四个等级进行评定。

表 6 - 6 深圳市坪山区弘金地学校学生研究性学习评价

评价维度	评价项目	评价维度	评价方式		
			自评	互评	评价小组
探究主题	确定主题	探究主题经过小组认真研讨,由小组全体成员共同确定。			
	主题质量	探究主题具有较高的科学性和创造性。			
探究计划	探究计划	探究计划可操作性较高,符合主题要求。			
	资料搜集	运用多种方式搜集丰富的、有价值的资料,资料内容契合探究计划。			
探究过程	探究记录	积极开展、落实探究计划,在探究过程中正确地、全面地记录探究发现与数据。			
	解决问题	主动发现探究过程中出现的问题,积极寻找多种或有创意的解决方法,合理、灵活调整探究计划。			
	探究结论	基于实际探究情况与所搜集的资料,进行多角度的全面分析与合理推论,得出有深度的探究结论。			
成果展示	作品展示	根据探究结论,积极、认真设计水准较高且紧扣探究主题的展示作品。			
	观赏评价	积极主动地参与主题成果的交流活动,尊重他人成果,准确恰当地进行评价。			
总体评价					

注:评定内容采用定量分析,按"A、B、C、D"四个等级进行评定。

表 6 - 7 深圳市坪山区弘金地学校学生综合素养评价表

评价维度	评价项目	评价维度	评价方式		
			自评	互评	评价小组
道德品质	尊敬师长	对老师有礼貌,孝敬父母,尊重长辈			
	团结同学	关心帮助同学,与同学友好相处,取长补短共同进步。			

评价维度	评价项目	评价维度	评价方式		
			自评	互评	评价小组
	勤奋进取	明确学习目标。有进取心,勤学好问,敢于发言。			
	正直守信	真诚正直,恪守信用,考试不作弊。			
	关心集体	爱祖国,爱家乡,爱护公物,珍视集体荣誉,维护集体利益,努力为班级和学校争光。			
	热爱劳动	积极参加力所能及的劳动,养成爱劳动的习惯,珍惜劳动成果,具有奉献精神。			
公民素养	社会责任感	乐于助人,有为他人和社会服务的愿望,积极参加公益活动和社区服务活动。			
	自尊自信	追求进步,自强不息,敢为个人的行为负责,时常反省,有错即改,宽容忍耐,不躁不馁。			
	遵纪守法	遵守校内外规章制度、法规法纪,严于律己,主动完成学习任务,自觉抵制不良诱惑。			
	安全环保	具有安全意识和环保常识,保护环境,珍惜生命,积极参加环保和安全自护活动。			
学习能力	学习兴趣	喜欢学习,有好奇心,有求知欲,并努力克服学习中存在的困难。			
	学习方法	有良好的学习习惯,能用各种学习方式提高学习效率,形成一套适合自身发展的学习方法。			
	计划与反思	能够制定有效的学习计划,善于在学习中总结与反思,善于听取他人意见,不断改进提高。			
	独立探究	能够独立思考,善于提出问题和解决问题,能初步掌握探究的策略与方法。			
交流与合作	团队精神	乐于参加集体活动,能够为实现集体目标付出努力,能与他人合作共同完成任务。			
	沟通与分享	能评价和约束自己的行为,善于与他人交流和分享,尊重并理解他人。			
运动与健康	体质与健康	有锻炼身体的习惯,掌握一至两项的运动技能,有强健的体魄,精力充沛,心理健康。			
	健康生活方式	坚持锻炼身体,积极参加体育活动,无不良嗜好,不吸烟,不酗酒,讲究卫生。			

评价维度	评价项目	评价维度	评价方式		
			自评	互评	评价小组
审美与表现	审美情趣	能感受、欣赏、珍惜生活、自然、艺术和科学中的美,健康向上,情趣优雅。			
	艺术活动与表现	积极参加各种艺术活动,能用多种方式进行艺术表现和创作,富有创新。			
总体评价					

注:评定内容采用定量分析,按"A、B、C、D"四个等级进行评定。

(二) 评价方式

学校依据体验式课程的六个维度,精心设计《六唯之星评价手册》作为评价工具,以一学期为阶段,每月将在班级、年级、校级评比一次,由学生自评、小组互评、班委评议、班主任及各科任教师审核,到学期末校级"六唯之星"将从每月校级"六唯之星"中产生,学校定期举行表彰仪式。

评价方式主要有以下五种。

(1) 学生自评。自我诊断,最大限度地调动学生参与的积极性,促进学生养成自主评价的习惯,学会自我反思并不断完善与进步。

(2) 学生间互评。培养学生正确评价的态度,准确评价的能力。在评价他人的同时也是对自己的反思评价。

(3) 过程性评价。看学生在学习过程中的表现,如态度积极性、参与状况等,可分为"优秀、良好、一般"等形式记录在案;建立学生成长档案袋,让学生自己收集学习过程中反映自己成长的资料,如学习过程中的故事、照片、数据、视频、实验操作、作品展示等。

(4) 结果性评价。看学生学习的成果,学生可通过实践操作、作品鉴定、竞赛、评比、汇报演出等形式展示;看书面方式考试或考查结果。

(5) 学生家长评价法。通过线上线下调研、问卷调查等,调动学生家长参与学生综合素质评价,促进家校协同育人,让每一位孩子健康成长。

三 课程管理

　　切实有效的课程制度是学校课程良性运行的基础,有助于规约课程开发活动及实施运行,提升制度主体对学校课程制度的接纳度。学校结合体验式课程实际,不断规范和完善课程制度,以期达成师生共进及课程改革的顺利运行。

(一) 提升课程管理的合理性

　　准确认识和把握学校课程管理自身的理念、性质、特点及规律,同时结合当下校园文化、环境等的变化对学校课程制度内容加以完善和革新,在动态中不断提升学校课程管理的合理性。学校需要构建科学规范的课程管理体系,以确保他们能够对自身课程管理行动及行为的合理性进行密切监控,同时也对学校课程管理规范化进行有力保障。

(二) 增强课程管理的可行性

　　学校课程管理不是单一存在的,是多样化的并存,其顺利、规范地运行需要确保管理的系统化,因而,必须保证各管理环节间的相辅相成,环环相扣。同时,课程管理的内容也必须是严密的、有层次的,更是统整的,最终确保学校课程管理是严密而系统的。

(三) 健全课程制度运行机制

　　研究制定课程立项、课程开发、课程实施、课程考核等环节的流程与规范。

　　1. 课程立项。课程研发指导小组进行课程开发需求调研→各学科教师申报拟开发课程→课程研发指导小组审议→通过并立项。

　　2. 课程开发。教师团队根据课程计划实施→课程实施执行小组进行专业指导与成果验收→课程领导小组最终审议→列入学校课程目录→向全校公布。

　　3. 课程实施。教师向学生介绍课程→学生自愿选择→教师开展课程教学→课程实施执行小组随机和定期检查。

　　4. 课程考核。将课程开发与实施计入教师工作量,工作实绩载入业务档案,并将教师课程开发、执教能力与教师评优评先、奖教奖学等相结合。

5. 课程评价。找准评价定位,明确评价目的。采用多层面、全方位的评价机制。构建多视角、全方位共同的评价模式,使教师自身、学校管理者、学生及家长都参与到评价工作当中。

学校根据坪山区的实验项目,以"引领性课程"为主攻方向,以构建智慧课程为中心。用教科研引导学校课程建设,以学校的办学理念和育人目标为指引,开展课程体系构建的实践研究,建立了体验式课程体系。作为信息技术 2.0 提升工程市级试点校和教育部"基于教学改革、融合信息技术的新型教与学模式"实验校,通过技术支持,开展"基于学业全过程数据的'三化四环'智慧教学模式研究与实践",实现信息技术与学科的融合,重点打造人工智能课程、融合性课程,让学生真正成为课程学习的主体,最终实现"在体验中成长"的目标。

(撰稿人:深圳市坪山区弘金地学校　周小祥、李文萍)

第七章

高协同性课程治理

高协同性课程治理是由多元主体协作,为达成提升学校课程育人水平、建设高质量课程体系,进而促进学生核心素养发展的教育目标,平等参与学校课程决策、开发、实施、评价等多环节的课程治理方式。高协同性课程治理注重治理主体协同,实现多元共治;关注治理对象协同,搭建共治平台;注重治理方式协同,建立共治渠道;主张治理机制协同,搭建共治桥梁。因此,高协同性课程治理是一个由多元主体、治理对象、治理方式、治理机制构成的共治体系和协同运行的过程。

高协同性课程治理是由多元主体协作，为达成提升学校课程育人水平、建设高质量课程体系，进而促进学生核心素养发展的教育目标，平等参与学校课程决策并参加学校课程开发、实施、评价等多环节的课程治理方式。高协同性课程治理注重治理主体协同，实现多元共治；关注治理对象协同，搭建共治平台；注重治理方式协同，建立共治渠道；主张治理机制协同，搭建共治桥梁。因此，高协同性课程治理是一个由多元主体、治理对象、治理方式、治理机制构成的共治体系和协同运行的过程。

有学者认为，课程治理体制决定课程治理的指导思想与原则、组织与方式、权力与责任、路线与机制，是课程改革发展须首先解决的根本性问题。在当代课程治理体制研究中，从统一转向分散，成为课程治理体制改革的最强声音；实现多元权力共享与多元主体共治，成为课程治理体制建构的最大共识。[①] 我们认为，多元权力共享与多元主体共治是中小学校课程治理的重要举措，多元主体包括传统课程管理模式下的相关教育行政人员、学校领导、课程专家、师生、家长、社会资源等课程相关主体。亦有学者提出，"协"强调治理主体的多元及治理方式的协作，"同"则指的是治理目标的一致和治理行为的统一，协同治理本质上是多元基础上的统一。[②] 那么，中小学课程治理如何在多元主体协同下进行课程共治？

一是治理主体协同，实现多元共治。不同主体在参与课程建设改革时有着不同的工作边界，并有相应的工作指南、要求或职责。[③] 首先，由专家对课程开发进行指导、督查及师资培训，提高教师课程开发与实施能力。其次，行政人员负责课程设置、确定授课教师、安排授课时间、制定实施方案并做好相关制度管理，做好每次授课活动的检查、巡课，期末做好教师的课程实施效果考核，调研学生学习成果。教导处与德育处则

---

① 郝德永.论课程治理的国家体制[J].教育研究,2023,44(1):58—68.
② 姚怡帆,叶中华.社会治理创新的逻辑转向——基于协同治理理论[J].领导科学论坛,2020(23):43—54.
③ 周毅,李慧.论课程治理机制的构建及创新实践[J].中国大学教学,2021(4):66—72+96.

要不断加强校本培训与学科教研,促进课程治理落地。再次,教师在开课前需撰写课程实施方案与课程纲要,并开展相关课程教研活动或课例展示。然后,学生、家长应具备对课程建设相应环节进行建议、监督、评价等基本权力。最后,协调社会各方力量,特别是将社会优质资源吸纳到学校课程中,促进学校课程在类别、层次上的整体架构,建设相对完整的学校课程体系。

二是治理对象协同,搭建共治平台。学校课程治理的对象是各级各类的课程实践活动,具体包括课程的决策、研发、实施、评价、改革等活动要素和人、财、物等课程活动条件。① 我们认为,学校享有课程开发的决策权,赋予教师的课程自主权。在课程实践过程中,需开展丰富的学习活动,从而完成课程内容的学习,落实课程任务。在评价上,各主体平等拥有参与学校课程治理的权力,学校应建立健全课程治理的自我评估、反馈和整改机制,课程评价标准也应当走向多元和开放。相关教育部门或学校则要提供人、财、物等课程活动条件,保障课程实施的人力和物力需求。

三是治理方式协同,建立共治渠道。学校课程治理的方式是多元主体之间互动的方式,而不是单向的权力压制和征求意见的方式,具体表现为依照法律、学校课程规章制度的沟通、对话和协商活动。② 因此,学校要统筹学校教育和家庭教育的关系,重视教师与家长之间的互动,建立合作伙伴关系,共同参与课程治理,指导家长配合学校进行家庭教育,如让学生在家的劳动、体育锻炼、阅读和文艺活动等与学校的德、智、体、美、劳教育相配合,共同促进学生的全面发展,落实课程治理的根本目标。

四是治理机制协同,搭建共治桥梁。在课程治理中通过师生参与机制、专家干预机制、督导机制和激励机制的有效协作可以发挥不同机制的互补功能,实现课程体系与课程资源的高质量建设、高效率运行、高度共享和高水平服务。③ 我们认为,教师的"教"与学生的"学"同等重要,师生是双主体的共生关系。而在课程开发与设计中需要专家的介入,及时诊断教学中的问题并加以修正。参与学校课程治理的相关主体按相关规章制度履行各自的监督权和评价权,保障学校课程治理督导机制有效运行。在整个课程开发与实施过程建立相对应的激励机制,激发各主体的课程治理内在能动性。

---

①② 胡定荣,齐方萍. 学校课程治理现代化的目标、内涵与实现路径[J]. 教育科学研究,2021(7):11—16+23.

③ 周毅,李慧. 论课程治理机制的构建及创新实践[J]. 中国大学教学,2021(4):66—72+96.

因此,学校应以"为每一个学生终身发展负责、促进每一个学生的全面而有个性地发展"为课程治理目标,完善各项治理机制。

总之,高协同性课程治理是一个由多元主体、治理对象、治理方式、治理机制构成的共治体系和协同运行的过程,通过一系列的具体措施有序推进课程治理,落实基于学生核心素养而构建的学校课程体系,实现多元权利共享与多元主体共治。

(撰稿人:深圳市坪山区东门小学　杨慧玉、刘进丽)

七彩光课程:让每一个孩子心里充满阳光

深圳市坪山区东门小学位于东胜街 15 号,学校现有教学班 20 个,在校学生 900余人,教职员工 70 多人。学校属于深圳市一级民办学校,是深圳市"智慧校园"示范学校、深圳教育云项目教学应用试点学校、深圳市绿色学校、广东省规范化义务学校、坪山区德育示范学校。学校追求教育要"向阳生长",以"七彩光"定位校园文化,意为校园文化陶冶每一学生的品格,学校教育照亮每一位学生的心灵,照亮每一个学生的成长之路。由此,学校提出"阳光教育"哲学,确立了"向着阳光生长"的办学理念。教师坚守"求真务实、自我超越、和融竞进、阳光未来"的学校精神,精心打造别具一格的"阳光东小"教育品牌。"七彩光"课程作为学校培育新时代人才的摇篮,旨在让每一位学生的智慧得到展现,品德得到熏陶,活力得到激发,潜能得到释放,指引每位学生找到自己的生命价值,让每个生命都能闪耀多彩之光。

第一节　一所向阳生长的学校

学校以"向着阳光的方向,做最好的自己"为校训,努力让每一个孩子内心充满阳光。在阳光文化的指引下,全体师生积极探索,勇于实践,明确目标,做最好的自己,走好每一步,让路上的自己精彩无限。

一 教育哲学:阳光教育

学校的教育哲学是"阳光教育"。所谓"阳光教育",就是以"阳光"培养"阳光"人的教育,是学校发展学生核心素养的探索之路。"阳光教育"是温暖的教育,是智慧的教育,是个性的教育,是快乐的教育,是健康的教育。

1. 阳光教育是温暖的教育。以爱育爱,以情唤情,无论教师还是家长都懂得用阳光般的爱去温暖学生,把关注的目光投向每一个学生,把阳光播洒到每个孩子的心里,让每一个孩子都学会关心、关爱、关怀、关注、关切和关照,让孩子们在善待与被善待、爱与被爱中学会合群、合作、合享。

2. 阳光教育是智慧的教育。"阳光教育"遵循学生身心发展规律,科学施教,巧妙激趣,激发学生的学习内驱动力,教师帮助和指导学生学习,认可和鼓励学生自信地学习,让学生"会学、乐学、智学",体验学习的成就感,在知识探索历程中大放光彩。

3. 阳光教育是个性的教育。"阳光教育"致力于学生个性化发展,尊重每一个孩子,尊重学生的个性发展和独特体验。阳光有七色,我们提倡对学生多理解、多赏识、多鼓励,使学生的个性和特长得到充分发展,为学生打造七彩人生。

4. 阳光教育是快乐的教育。"阳光教育"创造开放式的课堂,田野、社区、大自然处处都是孩子们充分汲取营养的快乐课堂,让每位学生享受学习的快乐、生活的快乐,享受人生最快乐的童年时光,使他们成为笑得灿烂、玩得开心、活得快乐的一代新人。

5. 阳光教育是健康的教育。"阳光教育"旨在构建大气、和谐、健康的校园人际关系,为学生设置全面发展的健康特色课程,让每一位学生塑造健康的体魄和个性,让每一位学生拥有健全的人格和心态,促进每一位师生健康和谐发展,构建健康和谐的校园文化核心。

我们深知不是"每一位学生"都能成为群体中的第一,但可以成为群体中的唯一;做最好的自己,学有所得,学有所长,学得轻松,学得快乐。

二　课程理念：让每一个孩子心里充满阳光

根据"阳光教育"哲学，学校提出"让每一个孩子心里充满阳光"的课程理念，即在东小校园里，把学生放在课程的中心，为学生提供成长的土壤、阳光和养料，让学生自由、快乐地生长，闪耀独特的光芒。

1. 课程即个性生长。让学生个性生长，课程看得见每一个生命的需求，课程提供了诸多选择，满足每个孩子的个性发展，滋养每个孩子的个性生长，实现每个孩子独特的精彩绽放。

2. 课程即生命情愫。它是静待花开的、繁花百态的、花开不同的。课程认可每一位孩子的生命体验，尊重他们的选择。依据不同孩子的发展实际，为每位孩子种下他自己独特的"生命图景"，让每一个孩子在课程中寻找到适合自己的方向，让追求生命绽放的种子生根发芽、静绽芬芳。

3. 课程即灿烂相遇。教师采用多样的、生动的教学方式保持学生学习兴趣，学生采用高阶、新颖的学习方式提升学习力，让学生在丰富的课程里，增长见识，体悟成长的精彩，让师生的相遇碰撞出绚丽的火花，让这里的每一个人自由自在地向上生长。

第二节　让孩子成为七彩阳光少年

一　育人目标

基于学校教育哲学和办学理念，我们将学校的课程目标确立为：让孩子成为"立德行，好品格；长智慧，有本领；乐健体，能实践；会审美，广兴趣；善劳动，有担当"的七彩阳光少年。

二　课程目标

依据学校课程目标，学校设计年段课程具体目标，见表 7-1。

表 7-1 深圳市坪山区东门小学年段课程目标

目标	低年级	中年级	高年级
立德行好品格	1. 懂礼貌,讲文明,守诚信,不撒谎,与同伴友好相处。 2. 讲卫生,学习基本的健康常识。 3. 爱父母,了解父母的辛劳;爱老师,尊重老师。	1. 掌握基本的人际交往礼仪,学会做人,有良好的道德观。 2. 养成健康的生活习惯,关心家庭、学校、社会环境卫生,保护自然环境。 3. 孝敬父母,尊重师长,能帮助父母做力所能及的事情,体会师长的勤劳。	1. 具有好学自律、诚实守信、团结互助、正义勇敢的品格,树立正确的价值观。 2. 形成健康的生活方式,懂得生命的意义,爱己、爱校、爱家、爱国。 3. 遵纪守法,自觉维护公共秩序,爱护公物。
长智慧有本领	1. 养成基本的听说读写习惯,乐动脑,勤思考。 2. 能够表达自己的意见,学会倾听。 3. 善于观察,保持好奇心,能发现问题,尝试提出问题。	1. 掌握基本的学习方法,培养浓厚的学习兴趣。 2. 能够大胆自信地表达自己的观点,学会反思,善于积累知识。 3. 敢质疑,能对学习和生活中的事物提出疑问,能尝试分析问题,探究问题的答案。	1. 养成良好的阅读习惯,广泛汲取课内外知识。 2. 培养科学精神,学会自主探究学习,培养创新能力。 3. 遇到问题懂得寻找解决办法,提升学生解决问题的能力。
乐健体能实践	1. 积极参加各种体育活动,感受体育活动的乐趣。 2. 懂得体育锻炼的重要性,学习基本的保健知识。 3. 在健体运动不怕困难,坚持锻炼。	1. 锻炼体能,学习多种运动项目的知识与技能,积极参加运动会比赛。 2. 了解运动防护知识,了解营养膳食对健体的作用。 3. 了解自己的情绪,关注自己的情绪变化,学会调节情绪。	1. 掌握运动项目的知识与技能,知道体育锻炼对健康的重要性,主动参与校内外体育锻炼。 2. 在遇到有难度的体育活动时,能克服困难、勇敢顽强。 3. 遭受挫折和失败时保持情绪稳定。
会审美广兴趣	1. 学习美术、音乐知识,感知身边的美,体验音乐的情感。 2. 能够使用不同的工具画出简单的画作。 3. 对音乐有好奇心,积极参与音乐演唱和游戏,初步了解中国音乐文化。	1. 在艺术课程中培养自己的兴趣,修炼一项艺术特长。 2. 将艺术课程与生活链接,提升学生的审美能力、想象能力和探究能力。 3. 进一步了解中国艺术文化和世界多元文化,开阔艺术文化视野。	1. 乐于参加艺术活动,丰富学生的兴趣爱好。 2. 理解和领悟艺术作品的内涵和情感,提升学生鉴赏美的能力。 3. 能用艺术作品表达自己的所见所闻、所感所想,提升学生的创造能力。

目标	低年级	中年级	高年级
善劳动有担当	1. 懂得劳动的意义,初步体验劳动的艰辛和乐趣,树立劳动意识。 2. 能自主参加简单的劳动项目,如个人清洁、整理物品。 3. 参与班级集体劳动,能维护室内外环境卫生。	1. 懂得劳动光荣,树立正确的劳动观念,尊重各种劳动者和劳动成果。 2. 认真学习劳动知识,积极参加劳动实践,学习基本的家务劳动技能。 3. 初步体验简单的手工制作、种植养殖等劳动。	1. 懂得劳动创造美好生活的道理,引导学生树立正确的劳动价值观。 2. 培养学生生活自理能力,主动承担劳动任务。 3. 引导学生参加校园、社区服务性劳动,增强学生的责任意识。

第三节　成就孩子的七彩人生

"阳光教育"尊重每一位孩子,尊重学生的个性发展和独特体验。阳光代表着生命、奉献、激情和活力,教育是有生命色彩的。阳光的不同色彩代表着不同孩子的性格特征、心灵感悟和成长内涵,为每一位孩子设立了"红、橙、黄、绿、青、蓝、紫"七大色系校本课程。七彩光课程的构建围绕道德素养、健康素养、表达素养、逻辑素养、创新素养、人文素养、艺术素养等目标,又分为红色传承课程、橙色健康课程、黄色灵动课程、绿色智慧课程、青色创新课程、蓝色人文课程和紫色梦想课程七个方面,强调课程实施的整合性、主体性、活动性、探究性与互动性。我们借力"七彩光课程"成就孩子的七彩人生。

一　课程逻辑

为了让每一个生命获得阳光和智慧的滋养,学校将国家课程与学校五育融合的课程目标相结合,依托多元智能理论,整合形成"七彩光"课程模式,让每一个学生行走在通往七彩人生的路上,获得实现理想的品格、能力,合作、创新、担当、悦美的能量,成长为更好的自己,学校课程逻辑框架见图7-1。

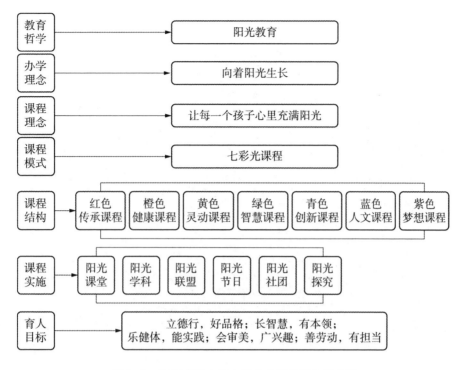

图 7-1 深圳市坪山区东门小学课程逻辑示意图

二　课程结构

根据国家课程设置要求，围绕中国学生核心素养发展指引，以学生的兴趣和需求为宗旨，构建起七个课程群，即红色传承课程、橙色健康课程、黄色灵动课程、绿色智慧课程、青色创新课程、蓝色人文课程、紫色梦想课程。各课程群担负起全方位育人的重任，既尊重学生的整体发展，又关注学生的个性特点；落实五育并举，促进学生德智体美劳的全面发展。学校课程结构见图 7-2。

三　课程设置

根据"七彩光课程"结构，结合学校课程资源、学科特点，以学生的兴趣和发展需求为出发点，以学生的自主成长为目的地，我们对学校一至六年级十二个学期的课程内

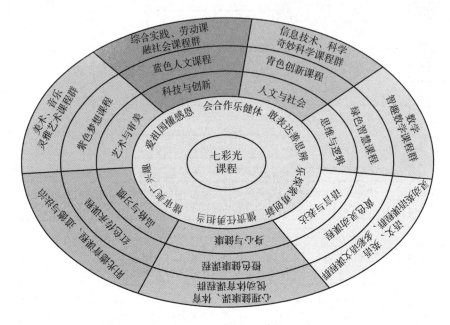

图 7-2　深圳市坪山区东门小学"七彩光课程"结构图谱

容进行系统构建，具体设置见表 7-2。

表 7-2　深圳市坪山区东门小学"七彩光课程"设置

课程 年级 学期		红色 传承课程	橙色 健康课程	黄色 灵动课程	绿色 智慧课程	青色 创新课程	蓝色 人文课程	紫色 梦想课程
一年级	上学期	道德与法治 多彩德育课程 生涯课程：认识自己	体育与健康 阳光跳绳 阳光大课间 认识自我 安全教育课程 趣味运动会 武术操 并脚跳绳 动物模仿 握拍接发球练习	语文 诗与远方 语文丛书 拼音小能手 课前三分钟 读书节 语文周 英语周	数学 整理我能行 课前三分钟 易加易减 快乐拼搭 整理我能行 家中数学 数学周	科学 走进科学家 植物与生活 魅力磁铁 体验AI	综合实践 今天我值日 我是收纳小能手	音乐、美术 笛声芽芽 快乐涂鸦 硬笔书法 课前三分钟 我的舞台我做主

课程\年级学期	红色传承课程	橙色健康课程	黄色灵动课程	绿色智慧课程	青色创新课程	蓝色人文课程	紫色梦想课程
下学期	道德与法治 多彩德育课程 生涯课程：梦想的种子在发芽	体育与健康 阳光跳绳 阳光大课间 安全教育课程 武术操 单脚跳 五步拳 推球	语文 诗与远方 语文丛书 课前三分钟	数学 计算小超人 课前三分钟 百数能手 快乐拼搭 分扣子的学问 小伙伴分家	科学 走进科学家 与"水"相逢 变废为宝 体验AI	综合实践 做自己的"小卫士"	音乐、美术 笛声芽芽 快乐涂鸦 硬笔书法 课前三分钟 我的舞台我做主 校园文化艺术节
二年级 上学期	道德与法治 多彩德育课程 生涯课程：认识自己	体育与健康 阳光大课间 安全教育课程 趣味运动会 阳光跳绳 武术操 迎面接力跳绳 马步基础 拉球	语文 诗与远方 语文丛书 看图写话	数学 口算小能手 课前三分钟 风筝的秘密 环保小卫士 购物小达人	科学 力翰科学 美丽地球 畅享AI	综合实践 垃圾分类我能行 做家务，我能行	音乐、美术 笛声芽芽 硬笔书法 课前三分钟 我的舞台我做主
二年级 下学期	道德与法治 多彩德育课程 生涯课程：梦想的种子在发芽	体育与健康 阳光大课间 安全教育课程 阳光跳绳 武术操 三人跳绳 身体柔韧 推拉球	语文 诗与远方 语文丛书 快乐写话 国学《笠翁对韵》 课前三分钟	数学 课前三分钟 除除有余 风筝的秘密 完善图书角 我来当向导	科学 力翰科学 畅想宇宙 畅享AI	综合实践 纸飞机制作	音乐、美术 笛声芽芽 硬笔书法 课前三分钟 我的舞台我做主 校园文化艺术节
三年级 上学期	道德与法治 多彩德育课程 生涯课程：中国梦，我的梦	体育与健康 阳光大课间 安全教育课程 啦啦操 武术操 八字长绳 千字文拳 小比赛	语文 诗与远方 语文丛书 国学《论语》节选	数学 计算小行家 校园中的测量 我喜爱的运动 制作年历	科学 小小编程师 百科知识大讲堂	综合实践 变废为宝	音乐、美术 笛声悠扬 硬笔书法 课前三分钟 戏剧品赏 我的舞台我做主

课程 年级学期	红色 传承课程	橙色 健康课程	黄色 灵动课程	绿色 智慧课程	青色 创新课程	蓝色 人文课程	紫色 梦想课程
四年级 下学期	道德与法治 多彩德育课程 生涯课程：父母的职业角色	体育与健康 阳光大课间 安全教育课程 啦啦操 武术操 反摇跳 少年拳 左推右功	语文 诗与远方 语文丛书 国学《论语》节选	数学 易乘易除 小小调查员 精彩足球赛 对称美学	科学 智能小车 过山车的乐趣 人体呼吸的奥秘	综合实践 树叶贴画	音乐、美术 笛声悠扬 硬笔书法 课前三分钟 戏剧品赏 我的舞台我做主 校园文化艺术节
四年级 上学期	道德与法治 多彩德育课程 生涯课程：职业之心灵体验	体育与健康 阳光大课间 安全教育课程 啦啦操 武术操 基本车轮跳 棍法基础 一对一求切磋	语文 诗与远方 语文丛书 国学《论语》节选	数学 巧算专家 旅游路线图 生日 Party 节约用水	科学 小小编程师 百科知识大讲堂 点亮小灯泡	综合实践 家庭"小厨师" 我与蚕宝宝的成长录	音乐、美术 笛声悠扬 课前三分钟 剪纸小能手 我的舞台我做主
四年级 下学期	道德与法治 多彩德育课程 生涯课程：社会职业小调查	体育与健康 阳光大课间 安全教育课程 啦啦操 武术操 车轮加速跳 刀法基础 巩固基本功练习	语文 诗与远方 语文丛书 国学《孟子》节选	数学 易学算术 探秘内角和 生长的秘密 "砖家"	科学 我是创客小能手 百科知识大讲堂	综合实践 小种植师	音乐、美术 笛声悠扬 课前三分钟 剪纸小能手 我的舞台我做主 校园文化艺术节
五年级 上学期	道德与法治 多彩德育课程 生涯课程：自我认知	体育与健康 阳光大课间 安全教育课程 啦啦操 武术操 车轮换位跳 剑法基础 一对一淘汰赛	语文 诗与远方 语文丛书	数学 加减乘除 壁纸设计师 设计游戏规则 设计旅游方案	科学 我是创客小能手 神奇高原	综合实践 家庭内务师 校园小卫士	音乐、美术 笛声悠扬 课前三分钟 我的舞台我做主

课程 / 年级学期	红色 传承课程	橙色 健康课程	黄色 灵动课程	绿色 智慧课程	青色 创新课程	蓝色 人文课程	紫色 梦想课程
下学期（六年级）	道德与法治 多彩德育课程 生涯课程：职业体验	体育与健康 阳光大课间 安全教育课程 啦啦操 武术操 组合跳 枪法基础 双人比赛	语文 诗与远方 语文丛书 国学《大学》《中庸》	数学 妙趣算算算 巧手包装 环保监测员 生活中的数学	科学 你好！AI 快乐耕作 无垠深海	综合实践 社区小义工	音乐、美术 笛声悠扬 课前三分钟 我的舞台 我做主 校园文化 艺术节
上学期（六年级）	道德与法治 多彩德育课程 生涯课程：自我认知	体育与健康 阳光大课间 安全教育课程 啦啦操 武术操 快速车轮跳 掌法基础 自由组合比赛	语文 诗与远方 语文丛书 诗词大会 走进诗人	数学 数学百分百 生活中的圆 家庭消费我参与 旅行中的数学	科学 和AI交个朋友 感受火山喷发 两极之间	综合实践 小农耕员	音乐、美术 课前三分钟 我的舞台 我做主
下学期（六年级）	道德与法治 多彩德育课程 生涯课程：职业体验	体育与健康 阳光大课间 安全教育课程 啦啦操 武术操 十人八字跳 基础验收 乒乓球比赛	语文 诗与远方 语文丛书	数学 玩转数字 小小创意师 我的变化我知道 妙笔绘图	科学 科学小实验 探索微观世界	综合实践 小小环保师	音乐、美术 课前三分钟 我的舞台 我做主 校园文化 艺术节

第四节　给予孩子向阳生长的力量

学校通过"阳光"文化的构建，以"阳光课堂、阳光学科、阳光联盟、阳光节日、阳光社团、阳光探究"为依托，创设多维、多元、多种形式的阳光阵地，给予孩子向阳生长的力量,让学生的潜能得到全面而又自由的发展,尽最大可能实现学校的培养目标,进而落实国家的育人目标。

一　构建"阳光课堂",推进学校课程有效实施

"阳光课堂"是快乐的课堂,学生思维自由,课堂气氛民主,师生关系融洽,教学氛围和谐;"阳光课堂"是智慧的课堂,课堂有活力、有生成,师生、生生之间高效互动,学生学得主动;"阳光课堂"是多元的课堂,教学方式多元,学习方式多元,学生个性发展多元。

"阳光课堂"是丰实的课堂。教师从实际出发,依据班情、学情,不同的教学内容、不同的课型等认真备课,每一个课时、每一课(章)都必须体现新课程标准要求,在课堂中培养学生的核心素养。注重学法指导,让学生知其然,更知其所以然,反对教师满堂灌,而是按照"学、导、练"的原则先学后教,师生互动,生生互动,教师走下讲台,学生走上讲台,共同参与教学活动,为学生营造丰实的课堂。

"阳光课堂"是探究的课堂。针对低年级的学生,教师引导学生对课本的内容或根据导学案上探究的内容进行自学;针对中、高年级的学生,教师要根据导学案的设计内容进行检查预习情况。学生自主交流,表达自己的观点,教师及时指导,小组交流,解决学习问题。组内学生合作探究以小组学习目标为主线,有序地分三个层次进行探究,一是交流简单容易的、已经解决的问题;二是分享学习发现、认识和感受;三是提出自己的问题,将自学过程中的认知冲突以问题的形式呈现出来。本环节力图实现师生、生生之间充分合作探究,实现课堂资源的充分共享。

"阳光课堂"是智慧的课堂。教师精讲首先要增强针对性,针对学生的疑问讲、针对学生的需要讲。要增强讲授、讲解的针对性,教师就必须调查学情、研究学情、掌握学情。掌握学情有两个重要途径,一是查阅导学案,根据学生的独学情况掌握学情;二是有一双敏锐的眼睛,通过课堂上的巡视观察掌握学情。其次,教师精讲要控制时间(一节课教师单边讲授的时间累计不超过 20 分钟),"精讲"环节可以由学生讲,但主要是教师讲。教师精讲环节要注意两个方面:第一要增强针对性,第二要控制时间。

"阳光课堂"是循序渐进的课堂。低年级段:阳光课前 3 分钟—情境导入,激发兴趣(揭示目标)—自主学习(以导学案开展自主或合作学习)—解惑质疑(合作探究)—教师精讲—检测评价—交流分享—巩固拓展—层次作业;中、高年级段:阳光课前 3 分钟—情境导入,激发兴趣(揭示目标)—检查预习(导学案)—解惑质疑(合作探究)—教

师精讲—检测评价—交流分享—巩固拓展—层次作业。

"阳光课堂"是趣味丛生的课堂。教师依据自己对当堂教学内容的理解与把握,紧扣教学目标,设计能激发学生学习兴趣的任务,引发内驱力的学习情境,让学生在轻松、愉悦的环境中学习。

二　建设"阳光学科",促进学科课程校本化实施

学校"阳光学科"是在学科课程群的基础上,开发丰富的延伸课程,形成具有学科特色的"1+X"学科课程群,将核心素养具体转化为学科育人目标,既促进学生全面发展,又满足学生个性化发展,实现学科的特色化建设,全面提升课程品质。"阳光学科"的建设路径要求学科组构建具有学科特色的课程群,通过多种途径有效实施,进一步落实国家课程标准,满足学生学习需求,凸显学校阳光文化特色。

1. "多彩语文"课程群

"多彩语文"课程群依据各年级学生情况,由易到难,由浅入深,由单一到综合,循序渐进贯穿一至六年级各个学段,围绕语文学科的"口语交际、识字写字课程、阅读理解课程、写作表达课程"四个关键能力,拓展研发"多彩语文"课程群,除基础课程以外,课程设置具体见表7-3。

表7-3　深圳市坪山区东门小学"多彩语文"课程群表

课程＼学期	识字写字课程	口语交际课程	阅读理解课程	写作表达课程
一上	趣味识字	你说我听	我爱阅读	画中写话
一下	识字对对碰	小小礼仪师	国学《三字经》	边说边写
二上	识字帮手	故事大王	韵文诵读	看图写话
二下	趣味识字	故事王国	经典贤文	快乐写话
三上	说文解字	童话世界	诗歌诵读	奇思妙想
三下	会读能写	能说会道	快乐诵读	妙笔生花
四上	归类实习	我当主播	经典阅读	趣味创作
四下	五星书法	闪亮交际官	走进"大人物"	我思我写
五上	畅游书海	品析名著	观书有悟	魅力课本剧

课程 学期	识字写字课程	口语交际课程	阅读理解课程	写作表达课程
五下	故事广场	文本仿写	文本新编	新剧登场
六上	楷书书法	即兴演讲	小说一家	能诗会赋
六下	行书书法	你争我辩	外国文学	真情流露

2."灵动英语"课程群

"灵动英语"课程群依托英语周、英语艺术节、英语风采大赛等活动实施。一方面，以听、说、读、演的形式，开展课内外听说技能训练，提高听、说、读、写水平，提升语言运用能力；另一方面，充分利用情景会话、绘本英语及英语趣配音等资源，提高孩子英语学习积极性，具体见表7-4。

表7-4　深圳市坪山区东门小学"灵动英语"课程群表

课程 学期	灵听	灵读	灵演	灵说	灵写
一上	趣音美韵 （听儿歌与绘本故事）	阅读 ABC （攀登英语有趣的字母）	我演我秀 （表演绘本故事）	有一说一 （看图说话）	妙笔生花 （字母临摹）
一下	趣音美韵 （听儿歌与绘本故事）	阅读 ABC （攀登英语有趣的字母）	我演我秀 （表演绘本故事）	有一说一 （看图说话）	妙笔生花 （字母临摹）
二上	歌声嘹亮 （听歌谣，唱歌曲）	绘本花园 （攀登英语有趣的字母组合）	演员诞生 （表演绘本故事）	拼读闯关 （拼读单词，朗读绘本）	妙笔生花 （字母创意）
二下	歌声嘹亮 （听歌谣，唱歌曲）	绘本花园 （攀登英语有趣的字母组合）	演员诞生 （表演绘本故事）	拼读闯关 （拼读单词，朗读绘本）	妙笔生花 （字母创意）
三上	夜闻昼诵 （听音，模仿，朗读，复述）	绘本花园 （攀登英语分级阅读第一级）	多彩节日 （美食节，实物名称）	最佳拍档 （简单日常情境对话）	妙言绘心 （手绘单词卡）
三下	夜闻昼诵 （听音，模仿，朗读，复述）	绘本花园 （攀登英语分级阅读第一级）	多彩节日 （美食节，实物名称）	最佳拍档 （简单日常情境对话）	妙言绘心 （手绘单词卡）

课程／学期	灵听	灵读	灵演	灵说	灵写
四上	妙音魔句（听音，模仿，朗读，复述）	妙趣阅读（阅读英语经典绘本）	缤纷节日（美食节，用餐礼仪）	阅图述文（描述图片）	阅图述文（看图写句子）
四下	妙音魔句（听音，模仿，朗读，复述）	妙趣阅读（阅读英语经典绘本）	缤纷节日（美食节，用餐礼仪）	阅图述文（描述图片）	阅图述文（看图写句子）
五上	耳闻心受（听经典电影对白）	阅文百味（典范英语1B）	畅游世界（了解和交流主要英语国家的相关信息）	声临其境（电影片段趣配音）	绘图述文（画思维导图，写小短文）
五下	耳闻心受（听经典电影对白）	阅文百味（典范英语1B）	畅游世界（了解和交流主要英语国家的相关信息）	声临其境（电影片段趣配音）	绘图述文（画思维导图，写小短文）
六上	耳听目诵（听经典英文电影）	读者无疆（典范英语2A）	文化中国（了解中国传统文化节日）	舌灿英华（英文主题小演讲）	文海泛舟（命题作文书写）
六下	耳听目诵（听经典英文电影）	读者无疆（典范英语2A）	文化中国（了解中国传统文化节日）	舌灿英华（英文主题小演讲）	文海泛舟（命题作文书写）

3."智趣数学"课程群

"智趣数学"课程群是基于数学学科基础知识开发的、激发学生学习兴趣、发展学生思维水平、培养学生创新能力的系列课程组合，课程群内容具体见表7-5。

表7-5 深圳市坪山区东门小学"智趣数学"课程群表

课程／学期	智趣运算	智趣创意	智趣统计	智趣体验
一上	易加易减	快乐拼搭（一）	整理我能行	家中数学
一下	百数能手	快乐拼搭（二）	分扣子的学问	小伙伴分家
二上	口算小能手	风筝的秘密（一）	环保小卫士	购物小达人

课程 / 学期	智趣运算	智趣创意	智趣统计	智趣体验
二下	除除有余	风筝的秘密（二）	完善图书角	我来当向导
三上	计算小行家	校园中的测量	我喜爱的运动	制作年历
三下	易乘易除	小小调查员	精彩足球赛	对称美学
四上	巧算专家	旅游路线图	生日 Party	节约用水
四下	易学算术	探秘内角和	生长的秘密	"砖家"
五上	加减乘除	壁纸设计师	设计游戏规则	设计旅游方案
五下	妙趣算算算	巧手包装	环保监测员	生活中的数学
六上	数学百分百	生活中的圆	家庭消费我参与	旅行中的数学
六下	玩转数字	小小创意师	我的变化我知道	妙笔绘图

4."悦动体育"课程群

阳光的性格、健康的体魄、灵活的动作、健美的身姿是体育课堂上学生的风采，我们致力通过"悦动体育"课程，让学生在小学六年的体育学习活动中，掌握多种运动技巧，锻炼出强健的体魄，成长为阳光少年，"悦动体育"课程群内容具体见表7-6。

表7-6 深圳市坪山区东门小学"悦动体育"课程群表

课程 / 学期	悦动参与	悦动技能	悦动健康	悦动心理
一上	并脚跳绳	动物模仿	握拍接发球练习	入学适应
一下	单脚跳	五步拳	推球	自我认知
二上	迎面接力跳绳	马步基础	拉球	我是观察小能手
二下	三人跳绳	身体柔韧	推拉球	打败拖延小怪兽
三上	八字长绳	千字文拳	小比赛	当我害怕时
三下	反摇跳	少年拳	左推右功	当我生气时
四上	基本车轮跳	棍法基础	一对一求切磋	有效地表达
四下	车轮加速跳	刀法基础	巩固基本功练习	杜绝学生欺凌
五上	车轮换位跳	剑法基础	一对一淘汰赛	性别的那些事

课程\学期	悦动参与	悦动技能	悦动健康	悦动心理
五下	组合跳	枪法基础	双人比赛	家庭方程式
六上	快速车轮跳	掌法基础	自由组合比赛	生命的长度
六下	十人八字跳	基础验收	足球比赛	我们的使命感

5. "灵雅艺术"课程群

"灵雅艺术"课程群包含音乐和美术学科。跳动的音符、优美的旋律、悦耳的歌声、灵动的舞蹈在音乐课堂中带给孩子们美的感受,依托"灵雅艺术"课程群建设,让学生感受精彩的现代艺术及经典的传统技艺,发掘学生的艺术潜质,培养学生感受美、欣赏美、创造美的艺术素养。"灵雅艺术"课程群内容见表7-7。

表7-7 深圳市坪山区东门小学"灵雅艺术"课程群表

学期课程	天音童唱	我绘我画	感受与欣赏(阳光三分钟)
一上	故事儿歌	超轻黏土美	1. 小小音乐剧 2. 莫奈作品集体欣赏
一下	律动童谣	树叶剪贴画	1. 音乐中的动物 2. 莫奈作品集体欣赏
二上	吟唱古诗词	巧剪团花	1. 趣味节奏 2. 剪纸大师库淑兰
二下	音乐唱游	创意拼贴画	1. 初识歌舞剧 2. 雕塑大师潘鹤作品赏析
三上	多彩的乡音	寻找民间美术	1. 走进戏曲 2. 中国水墨山水画
三下	你唱我来和	创意黑白画	1. 儿童歌舞剧 2. 中国水墨花鸟画
四上	动漫音乐	单色剪纸	1. 名曲回放 2. 中国古代名画赏析(人物)
四下	识读乐谱	超轻黏土娃娃	1. 环球音乐探宝 2. 中国古代名画赏析(山水)

学期课程	天音童唱	我绘我画	感受与欣赏（阳光三分钟）
五上	合唱之音	叠色剪纸	1. 声乐大家庭 2. 遇见梵高、拉斐尔
五下	童声齐唱	创意年画	1. 民歌大合唱 2. 遇见达·芬奇、毕加索
六上	女声合唱	彩色剪纸	1. 我是小戏迷 2. 齐白石、李可染作品赏析

6."奇妙科学"课程群

奇妙科学是有感知、有探究、有实践的科学课程，让孩子在体验中成为一颗科学的种子。它以科学学科为基础课程，开设了"走进科学家""科学小讲堂""科技与创想"。"奇妙科学"课程群内容具体见表7-8。

表7-8　深圳市坪山区东门小学"奇妙科学"课程群表

学期课程	走进科学家	科学小讲堂	科技与创新
一上	"自然科学的奠基人" ——达尔文	植物与生活	"畅想宇宙"——科技周
一下	"99％的汗水＋1％的灵感" ——爱迪生	与"水"相逢	"变废为宝"——科技节
二上	"自然科学的奠基人" ——达尔文	美丽地球	"畅想宇宙"——科技周
二下	"99％的汗水＋1％的灵感" ——爱迪生	魅力磁铁	"变废为宝"——科技节
三上	"一个孤独的人" ——爱因斯坦	空气是否有质量	"过山车的乐趣"——科技周
三下	"核物理学家" ——邓稼先	蚕宝宝	"智能小车"——科技节
四上	"镭的发现者" ——居里夫人	人体呼吸的奥秘	"过山车的乐趣"——科技周
四下	"五年归国路" ——钱学森	点亮小灯泡	"智能小车"——科技节

学期课程	走进科学家	科学小讲堂	科技与创新
五上	"力挽狂澜改国运" ——李四光	神奇高原	快乐耕作
五下	"百科全书式的全才" ——牛顿	无垠深海	感受火山喷发
六上	"最接近神的男人" ——尼古拉·特斯拉	两极之间	纸的艺术（纸桥）
六下	"杂交水稻之父" ——袁隆平	淡水资源	探索微观世界

7．"融社会"课程群

为了加强综合实践活动课程的实践探索，突出综合实践活动课程四大指导性学习领域，"融社会"课程群紧紧围绕"亲近与探索自然""体验与融入社会""认识与完善自我"三个维度，将包括校情、学情、学生所处的地域环境、团队活动、社区服务等大量的非指定领域与指定领域衔接、互补地加以整合，共同构成内容丰富、形式多样的"融社会"课程，具体见表7-9。

表7-9　深圳市坪山区东门小学"智趣数学"课程群表

学期课程	亲近与探索自然	体验与融入社会	认识与完善自我
一上	我们的校园	生活自理我能行	我从哪里来
一下	丰富多彩的植物	争当集体劳动小能手	快乐的少先队员
二上	金色的秋天	劳动编织美好生活	我在集体中成长
二下	我与动物是朋友	天气预报	红领巾心向党
三上	我的校园生活	家庭、学校和社区	我的角色与责任
三下	可爱的家乡	寻路和行路	做个家庭小主人
四上	蔬菜宝贝的秘密	校园文化活动我参与	我是校园志愿者
四下	花的比较	走进博物馆、纪念馆、名人故居、农业基地	我是尊老敬老的好少年

学期课程	亲近与探索自然	体验与融入社会	认识与完善自我
五上	生活垃圾的研究	走进深圳市绿野文化生态环保科普实践基地	我做环保宣传员
五下	家乡特产的调查与推介	红领巾爱心义卖行动	我是小小理财家
六上	面对地质灾害	走进"315"	社区公益服务我参与
六下	关注能源	走进比亚迪汽车工业科普实践基地	职业调查与体验

三 建设"阳光联盟"，全面培养阳光学子

"阳光联盟"是链接家长的桥梁，将家庭教育资源引入学校课程中，倡导"学校和家长做志同道合的教育伙伴，共享孩子成长阳光"的家校工作理念，通过"阳光家校七步曲"，让家长做教育的知情者、建议者、协同者、参与者、监督者和同盟者，走出一条家校携手、和谐共好的家校教育新路子。

1. 红色阳光爱之曲——家长义工。整合"家长授课志愿团"教育资源，使"家长教师进课堂"在"阳光教育"理念指导下由开始零散的活动逐步发展成为规范化、系统性、菜单式、走班式的"七色阳光家校"课堂，并完善其他形式的家长义工活动。

2. 绿色阳光思之曲——周末家庭读书沙龙。规范"周末家庭读书沙龙"制度，抓好落实，真正让以家长为主体进行管理和运作的读书沙龙完善起来。

3. 青色阳光行之曲——阳光家长漂流日记。家长漂流日记，一方面有助于家长们互相学习，共同提高家庭教育水平；另一方面也加强了学校、教师与家长之间的沟通了解。

4. 紫色阳光信之曲——"阳光家长一日驻校办公"。"阳光家长一日驻校办公"，即邀请家长听一节课或与一位学生谈心。

5. 橙色阳光健之曲——阳光家长俱乐部。主要任务是通过组织丰富多彩的主题实践活动，美化学生心灵，启迪学生智慧，奠基东小学生的阳光人生；塑造阳光家长品质，展现阳光家长风貌。

6. 蓝色阳光恒之曲——阳光父母大讲堂。学校完善"阳光父母大讲堂"，"阳光父

母大讲堂"分为校级讲堂、级部讲堂、个案讲堂三类,分别由校级家委会、级部家委会和班级家委会承担,充分展现"家长对话、互助成长,合作共生"的教育特色。

7. 黄色阳光和之曲——"阳光家长""书香家庭"评选。学校修订"阳光家长""书香家庭"评比细则,通过座谈、问卷等多种方式使学生、家长和学校心目中的阳光家长、书香家庭形成共识。

四 创新"阳光节日",丰富校园文化课程

"阳光节日"课程旨在依托传统节日和学校特色节庆,引导学生通过丰富多彩的节日活动,感受中国传统文化节日的魅力,体会现代文化、科技给生活带来的便利和多样性,提高学生文化素养,促进学生全面发展。

"阳光节日"课程具体包含"阳光节日""现代节日"两大类课程。其中,"阳光节日"主要涵盖忠贞爱国、纪念先祖、孝亲尊长、感恩长辈、民族风俗五个方面的中国传统节日;"现代节日"主要涵盖礼仪类、学科类、艺术与文化四大类学校特色节庆活动。

1. "阳光节日"课程,传承优秀传统文化

传统节日的形成过程,凝结着中华民族的民族精神,承载着中华民族的文化血脉和思想精华,是传统文化的重要载体,学校"阳光节日"以传统节日课程为依托,对中国传统文化进行深入挖掘,并以丰富多样的活动形式,传承优秀传统文化,弘扬民族精神,具体见表7-10。

表7-10 深圳市坪山区东门小学"阳光节日"课程实施方案表

节日主题	课程内容	课程总体目标
除夕民俗	除夕的来历、风俗习惯、贴春联、贴年画、吃饺子、压岁钱、节日禁忌、典故传说、文学诗词等	1. 了解除夕的风俗文化。 2. 体验农历新年贴春联、包饺子、守岁等迎春活动。 3. 感受家人团聚、喜庆祥和的节日传统。
春节仪式	办年货、贴春联、年夜饭、吃饺子、拜年	1. 了解春节是中华民族的传统节日。 2. 认识春节的由来、礼节及相关习俗。 3. 通过网络,了解、分析现今春节与传统庆祝活动异同之处。

节日主题	课程内容	课程总体目标
元宵文化	看灯展、猜灯谜、吃元宵、爱心传递、制作环保创意灯笼	1. 搜集资料了解元宵节的来历、民间故事、习俗等。 2. 搜集和元宵节有关的诗词。
清明时节	了解清明传统文化，扫墓祭奠祖先、缅怀先人、网上祭英烈等	1. 了解清明节的来历。 2. 学习革命先烈的先进事迹，缅怀先烈，弘扬革命传统。 3. 收集背诵有关清明节的诗词，了解清明习俗及文化活动。
粽艾飘香	包粽子、插艾叶、观看赛龙舟和舞狮、缅怀屈原	1. 了解端午相关知识，感受中华传统文化的博大精深。 2. 歌颂英雄人物，抒发学生爱国之情，传承中华民族精神。 3. 在活动过程中学会互助、分享。
情满中秋	赏月、品月、诵月、看望老人，并欢聚一堂吃月饼或制作月饼送祝福	1. 让学生了解中秋节的来历、传统习俗，鼓励学生搜集、整理相关古诗词、传说、歌曲等。 2. 充分认识中秋节是仅次于春节的第二大传统节日，弘扬中华传统文化。
重阳感恩	看望家中长辈、小主题手抄报、赏秋、赏菊、登高	1. 在节日氛围中，让学生了解重阳节的来历。 2. 懂得尊老、孝道是中华民族传统美德。

2. 现代节日。学校通过开展现代节日课程，让学生了解现代节日的文化寓意，引导学生关注生活，增强生活的仪式感，具体见表 7-11。

表 7-11　深圳市坪山区东门小学"现代节日"课程表

月份	节日	课程名称	课程活动
一月	元旦	喜气洋洋迎新年	迎新年元旦联欢会
三月	植树节	爱绿护绿　保护环境	植/认养一棵树、节约用纸
	学雷锋纪念日	雷锋精神永闪耀	为社区/学校/班级做件好事、倡节约、颂雷锋
四月	读书节	我爱读书　悦读越棒	与作家面对面、班校悦读沙龙、读书分享会

月份	节日	课程名称	课程活动
五月	劳动节	我爱劳动	校/家卫生大扫除、体验社区劳动岗
	母亲节	妈妈我爱您	护蛋行动、为妈妈做件事
	英语艺术节	按年度目标定主题	英语周：跳蚤市场、英语故事、戏剧、演讲、手抄报、趣配音、特色作业展……
	校园创客/科技节	小创客 我来当	创意集市、创客活动
六月	儿童节	阳光少年 魅力绽放	成长乐：六一文化周
七月	建党节	童心永向党	党史手抄报、红色故事会、红色电影观影及观后感
八月	建军节	庆八一 鱼水情	了解军队历史与故事、唱红歌、颂红诗、寻红迹
九月	教师节	老师您辛苦了	和老师说说心里话、为老师唱首歌、给老师当一天小助手
十月	国庆节	七彩少年 献礼国庆	为祖国母亲献礼系列活动
	建队节	党的怀抱 雏鹰展翅	参观队室、少先队知识手抄报大赛、二年级第二批学生入队、四五年级学生十岁礼、少代会
十一月	体育节	强健体魄 阳光拼搏	开幕式、各类竞技赛
十二月	文化艺术节	沐浴七色光 绽放七彩梦	社团展演、主题教育节目

五　建设"阳光社团"，发掘兴趣特长

七彩阳光社团作为学校课程的重要组成部分，是培养学生综合素质的重要载体，是学生培养兴趣爱好、扩大求知领域、陶冶思想情操、展示才华智慧的广阔舞台。

学校基于办学理念，围绕"健康打好基础，文化滋养内涵，科学促进发展"的育人思路，开展涵盖品格与习惯、人文与社会、身心与健康、艺术与审美、科技与创新、语言与表达、思维与逻辑七大主题的"阳光社团"活动。"阳光社团"既能有效地拓展和延伸课

堂教学内容,又能较大程度地培养学生的兴趣与特长。

"阳光社团"以发展兴趣爱好为宗旨,打破年级界限,通过形式多样的活动,丰富学生的课余生活,提高学生自主管理能力。学校社团先由师生自发组织校园招募活动,再由学生提出书面申请,并经过基本考核加入社团,最后由师生共同制定社团章程、考勤制度,辅导老师精心设计活动方案与评价方式等内容,形成一套社团课程资料。社团课程充分利用学生课余时间定期开展相关活动,指导学生做好活动记录,一方面,唤醒学生兴趣需要,调动学生积极参与实践活动积极性;另一方面,引导学生不断积累经验,发展个性特长,丰富社团活动内容,从而进一步完善社团课程规划。具体见表7-12。

表7-12 深圳市坪山区东门小学"阳光社团"课程表

社团种类	社团名称
品格与习惯	小礼仪、国学课堂、红领巾美德小讲堂
人文与社会	多彩中国、绿野环保社团
艺术与审美	天籁之音合唱团、丝蕴葫芦丝、七彩画苑、戏剧、国画、蒸蒸日上、笛声悠扬、乐"陶陶"
身心与健康	舞之翼、健身啦啦操、快乐足球、篮球小子、绳舞飞扬、心情社交、"棋"乐无穷、街舞
科技与创新	我是小创客、编程机器人
语言与表达	英语绘本、诗词达人、欢乐童谣、小主持、拼拼乐园
思维与逻辑	七巧板、推理数独、数学绘本

六 做实"阳光探究",发展项目学习课程

学校围绕"七彩阳光"课程培养目标,做实"阳光探究",发展学生探究能力,丰富学校阳光课程体系。在开展项目学习课程前,各项目课程指导老师拟定课程实施方案、课程纲要和教学计划,待学校审批通过后,开展课程学习活动。在课程实施过程中,由各项目指导老师先上一节与预设项目学习课程主题相关的导学课,激发学生的探究学习欲望,接着发布招募项目通告,引导学生自主组建团队加入项目课程学习。建立学

习团队后,确立项目主题、提出驱动性问题及子问题。其次撰写项目学习课程方案,开展项目学习探究活动,解决问题。然后建构知识,生成作品。最后,学校为各项目小组搭建成果平台,并对其学习过程及结果进行评价。具体项目学习课程见表7-13。

表7-13 深圳市坪山区东门小学项目学习课程表

学科	课 程 名 称
语文	筑梦童年,快乐成长、跟着李白去游山
数学	设计温馨实用的休闲角、探秘榕树叶中的学问
英语	我的年味春节、Family Sports Day、Mineral Water、Children's Day、光影新声、小学英语戏剧
美术	寻找坪山客家民居的装饰之美、动物剪纸
科学	变废为宝——乐器制作、自然里的趣味"虫"生
综合实践	走进坪山实体书店、圆梦中秋,点亮东小

第五节　阳光管理赋能儿童成长

课程管理贯穿于学校课程的开发、实施、评价等多个环节,使得每个环节都能落实并取得良好的效果。完善的阳光课程管理有助于组织好、协调好各项课程工作,而各部门的齐心协力能更好地助力学生的成长,确保高质量、高效率地实现课程育人目标。

一　组织建设

学校成立课程开发领导小组。校长担任组长,是校本课程开发的主要决策人和负责人,负责校本课程的总体策划、宏观调控及全面的研究和实施。副组长为教导处、德育处、科研室相关人员及科组长,负责组织实施校长决策及检查校本课程实施、协调各部门的工作、组织教师编写校本教材和安排教师上课,以及实施课程计划、对校本课程的研究和实施进行指导、评估、调查、分析学生对校本课程的需求情况及对校本课程档案整理工作等,并组织教师进行校本课程说明的撰写,组织学生报名、分班工作,规范年级组教学行为,提高教育教学能力,做好校本课程实施的经验或成果的推广和应用。

二 协同管理

1. 推进多元主体的协同管理。德育处对课程开发进行指导、督查,负责课程的设置、辅导教师的确定、授课时间的安排,以及实施方案的制定并做好制度管理。教导处不断加强校本培训和学科教研,开展多种形式的师资培训,邀请专家讲座指导,提高教师素质。开展校本课程教研活动或课例展示。学校行政领导做好每次授课活动的检查、点名、巡课,期末做好教师常规检查考核。逐步加大校本课程的投入,保障课程顺利实施。

2. 突出"执行校长"+"民主"的人本管理。首先,完善执行校长反转制。每周由一位执行校长全面负责和管理本周工作,校长室为其提供全程服务、指导、协助。工作重点包括日清检查记录、听课、主持各项活动的指导。坚持"真诚倾听、有效沟通、价值管理、团队分享"四维度民主管理模式,每个层面的监督委员会通过不同形式的监督,将发现的问题分层梳理归类,提出整改要求,并对整改落实情况进行监督。

3. 突出"润泽点亮"的文化管理。每周根据老师的状态、学校的亮点和不足写一篇文章,题为"阳光服务室与老师说",以网络跟帖形式与老师进行交流。

4. 突出共生共长的内核管理。通过阳光教师大讲堂、我最喜爱的阳光班主任(教师)评选、争做教书育人阳光楷模、师德演讲等扎实有效的系列活动,把学校精神作为学校教师职业精神的核心,并最终内化成教师日常的行为表现。

三 评价引导

1. 对学生的评价。在实践探索中,我们融合"阳光文化"理念设计了"赤橙黄绿青蓝紫"七色阳光评价卡,每一种颜色代表一个方面的评价维度,"七彩阳光卡"评价的内容涵盖品德、身心、学习、生活、艺术、审美、创新等素养,分别是:美德阳光少年、智慧阳光少年、健美阳光少年、艺术阳光少年、习惯阳光少年、实践阳光少年、和谐阳光少年。

2. 对教师的评价。通过回归专业、优化路径、提供机会等方式,深度激发教师成长内驱力,探索出一条更趋合理的"阳光教师"评价之路,开启了教师评价改革之旅。

对教师客观地评价,通过外部尊重的满足,激发教师的自信心,从而激励老师更好地工作。

四 资源调配

1. 队伍保障。建立激励措施,与教师评优评选相结合,充分调动教师参与课程开发与实施的积极性;创设宽松的环境,鼓励教师大胆、积极地尝试。

2. 制定保障。校本课程与基础课程一样,计入教师工作量,业绩载入业务档案。

3. 经费保障。对课程发展给予相应的资金支持,保证课程发展所需要的资金投入。

4. 安全管理。做好后勤安全保障。学校后勤与安全部门制定相应的措施,保证课程发展的后勤服务与课程实施。

综上所述,"七彩光课程"的探索与实践,提升了学校办学内涵,优化了学校课程体系,切实推进了学校课程深度变革,使学校教师更新了教育理念,提高了教学能力、科研能力,激活了自我发展的内需;使学生的核心素养得到提升,促进了学生全面、多元、个性发展,为学生描绘七彩的人生。

(撰稿人:深圳市坪山区东门小学 杨慧玉、刘进丽)

后 记

　　学校课程承载着精神文化体系,是教育实践的生动载体。个性化课程聚焦学校文化、教育理念、育人目标与现实基础,通过国家课程创新化实施、地方课程专题化整合、校本课程特色化培育等策略,为儿童发展提供丰富可选择的多元课程,切实满足学生个性化发展需求,形成一校一课程规划、一校一课程图谱、一校一课程特色、一生一特长的育人方略。经过学校自主规划、专家论证指导、视导诊断改进、动态优化学校课程,形成了素养化课程目标、结构化课程框架、模块化课程内容、图表化课程纲要、手册化课程指南、任务化课程实施、活动化学习体验、混融化课程评价、清单化课程管理等课程治理"九大经验",持续促进学校课程规划与实施的动态发展。每一所学校都有着独特的文化基因、课程密码,绘就了与众不同的师生画像。

　　在深圳市坪山区课程建设的十年历程中,我们经历了新区时期的校本课程建设自由发展阶段,经历了行政区成立后的学校整体课程建设规划阶段,2019年为推进区域课程整体性变革,开始研制《坪山区品质课程系列建设方案》,十易其稿,五番论证,于2020年颁布实施,形成了坪山区第一份基于坪山课程建设实际问题解决的、以学生素养目标为导向的、具有坪山区特质的课程变革方案。开展了"引领性课程、普及性课程、个性化课程"的三维变革路径的深度探索。经过三年周期,五年沉淀,我们回顾课程建设的所思、所行、所见、所得,着手课程治理现代化丛书的编写,把点点滴滴的实践真实地呈现出来,把点点滴滴的成长记录下来,使坪山课程变革行动有了系列化的具象呈现。

　　作为坪山区课程改革项目的参与者、推动者、执行者,我由衷地感谢区教育局领导的信任和支持,有幸主编丛书书稿,无不用心去揣摩每一章、每一节、每一段、每一行,无不用心去斟酌每一个图、每一个表、每一个文字、每一个符号。在《高品质学校课程体系》《个性化学校课程体系》这两本书的编写过程中,我们得到了上海市教育科学研究院知名课程专家杨四耕先生的悉心指导,我们得到了来自一线校长、主任、老师们的大力支持,尤其是参与书稿编写的成员们,他们做出了巨大的努力,也贡献了他们的智慧,才能将学校各美其美、美美与共的课程规划与实施样例,展示于此。

在此,怀着敬意,感谢大家!

王 琦

2024 年 6 月 30 日

"品质课程"阅读书目

学校整体课程规划 18 问
学校整体课程规划的七个关键
学校整体课程规划

📖 **课程治理现代化丛书**

阳光阅读的校本设计与特色创建
CIM 课程：创客教育的要素设计与实践探索
高品质学校课程体系
个性化学校课程体系
家校共育的 20 个实践模式
进阶式生涯教育
跨学科学习创意设计
美术特色课程设计与实施
体育，让儿童嗨起来：悦动体育课程的设计与实施
小剧场学校：激活戏剧课程的育人价值
小课题探究：激活学习方式
小切口课程设计：劳动教育的创意实施

📖 **新质课程文化丛书**

实践性学习的七重逻辑
面向每一个生命的课程
多模态学科实践
大规模因材施教的课程模式
为未来而学：未来课程的校本建构与深度实施
面向每一个学习者的课程设计
可感的学习经历：习性教育课程体系探索
单元课程要素统整与深度实施
具身学习与课程育人
把学生放在心上：学校课程变革之道

📖 **课程治理新范式丛书**

以学生为中心的教育治理
实践型学科课程设计与实施
共享式课程治理：集团化办学的课程治理方略
高具身性课程实施：路径、策略与方法

📖 特色学校聚焦丛书

让个性自然发荣滋长:"引发教育"的理论寻源与实践探索
面向每一个生命的教育
让每一个生命澄澈明亮:"小水滴"课程的旨趣与创意
新劳动教育:时代意蕴与实践创新
自信教育与个性生长
好学校的精神特质
教育,让个性舒展:"有氧教育"的模样与姿态
唤醒教育:触发生命的感动
生命的颜色与教育的意蕴

📖 特色课程建设丛书

幼儿园特色课程的框架与实施
课程是鲜活的:"大视野课程"的旨趣与活性
指向核心素养培育的学校课程图谱
让儿童生活在美的世界里:幼儿园全景美育的课程探索
核心素养与学习需求:学校课程建设导引
儿童自然探索课程
幼儿园视觉艺术创意活动设计与实施
连续性课程:特色课程发展的实践探索

📖 课堂教学新样态丛书

课堂,与美最近的距离:基于学科核心素养的课堂教学变革
协同教学:意蕴与智慧
决胜课堂 28 招
一百个孩子,一百个世界:基于差异的教学变革
课堂如诗:"雅美课堂"的姿态
在教室里眺望世界:基于 BYOD 的教学方式变革
课堂教学的资源设计与方式变革
境脉教学的实践范式与创意设计
任务驱动与学科实践
课堂教学的智慧属性与意义增值:"灵动课堂"的六个关键词

📖 "一校一策"课程体系建设丛书

课程坐标及其应用:教师专业视角